"十四五"国家重点出版规划项目

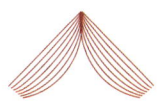

中国顶尖学科
出版工程

复旦大学
历史地理学科

主编
葛剑雄

副主编
张晓虹

学术前沿

明清黄河故道流路变迁研究

孙　涛 著

中国顶尖学科出版工程
出版工作委员会

主　　任：缪宏才
执行主编：韩建民
副 主 任：刘　芳　董龙凯
委　　员：(以姓氏笔画为序)
　　　　　付　玉　刘　芳　李　婷　陆　弦
　　　　　黄　伟　章琢之　董龙凯　蒋琤琤
　　　　　韩　龙　韩建民　储德天　缪宏才

复旦大学历史地理学科
编委会

主　　编：葛剑雄
副 主 编：张晓虹
委　　员：(以姓氏笔画为序)
　　　　　杨伟兵　吴松弟　邹　怡　张晓虹
　　　　　孟　刚　侯甬坚　徐少华　郭声波
　　　　　唐晓峰　葛剑雄　董龙凯　蓝　勇
学术秘书：孟　刚(兼)

出版说明

顶尖学科的创新和发展,一直是全社会关心的热点议题。国家的发展需要顶尖学科的支撑,高端人才的培养体现了顶尖学科的传承。为我国学科建设发展注入人文关怀和强化历史厚度,探索学科发生发展的规律,有助于推动我国的学科建设,使我国顶尖学科实力更加饱满、更具国际化和人性化、更适应未来社会融合发展的趋势。

"中国顶尖学科出版工程"缘起于2018年10月杭州电子科技大学融媒体与主题出版研究院院长韩建民教授和上海教育出版社缪宏才社长在飞往西安的飞机上的一席谈话。二位谈到,作为出版人,不仅要运营好出版社,更重要的是担负起出版人的职责,服务社会,传承文化。作为高校教师、教育出版社社长,他们的关注点不约而同地聚集在了高等教育上。近年来,教育部等国家有关部门对高等教育尤其是顶尖人才的培养格外重视。人才培养离不开学科建设,国家建设需要学科支持。学科发展水平是高校和科研机构的核心竞争力,是全社会关注的焦点。一个好的学科首先应该讲历史、讲积淀、讲传承、讲学科建设史,而目前我国大部分顶尖学科没有系统建设自己的学科史,更没有建构自己学科的学术文化传统。世界上一些著名的大学科研机构,如剑桥大学卡文迪许实验室,恰恰是高度重视科学与人文的结合,所以才产生了享誉世界的科研成果。

英国物理学博士C.P.斯诺曾经提出了两种文化,一种是人文文化,一种是科学文化。随着科学技术与社会的发展,两者之间的鸿沟越来越明显。这两种文化对社会发展都有利有弊,只有做好融合,才能健康推动社会全面进步。学科建设是两种文化融合的重要阵地,因此亟需在学科建设与发展中注入人文和历史,以起到健康发展的带动作用。

"中国顶尖学科出版工程"的出版理念就是要更重视学科史的建设,为学科发展注入历史文脉,为社会打通文理,对理工学科来说,尤其需要人文传统建设。一个没有历史和文化的理工学科是偏激片面的、没有温度的,也不会产生树干的成果。重大的成果肯定是融合升华后的成就,是在历史和文化融合的基础上铸造的果实,而枝节过细的成果往往不能产生学术根本的跃升。当下我们的人文学科也需要学科史、人物史和传统史的建设,只有这样,才是真正的学科发展,才更具国际竞争力,才更不可超越。这是我们这套书选取学科的指导思想,也是这套书不同于一般学术著作系列的特点。

这一出版工程将分辑推出我国各顶尖学科的学科史、学术经典和重要前沿成果等。对于其中的学术经典,需要说明的是,由于此前它们出版或发表于不同时期,所以格式、表述不统一之处甚多,有些字沿用了旧时写法,有些书名等是出于作者本人的书写习惯。为尊重作者的行文风格,本次出版除作必要的改动外,原则上予以保留。

第一辑是复旦大学历史地理学科系列,由我国著名历史地理学家葛剑雄先生担任主编。葛先生是我们的老作者、老朋友,他非常肯定并支持我们的理念和做法,并且身体力行。几年来大家精诚合作,在葛先生的影响、带动下,在全体作者辛苦努力下,这个项目不仅获得了国家出版基金立项支持、入选国家"十四五"出版规划,还带动了同济大学建筑学科等后续项目的启动。

希望通过这一出版工程,为我国更多的高校和科研机构带来示范性效应,推动学科发展与进步,增强学科竞争力,引领学科建设新趋势。

上海教育出版社

2022 年 10 月

复旦大学历史地理学科·序

上海教育出版社策划出版"中国顶尖学科出版工程",将复旦大学历史地理学科系列作为第一辑。复旦大学中国历史地理研究所欣然合作,组成编委会,我受命主编。

本所之所以乐意合作,并且动员同仁全力以赴,因为这是一项非常有价值、有意义并具有紧迫性的工作,也是我们这个学科点自己的需要。通过这套书的编撰,可以写出学科的历史,汇聚已有成果,总结学术经验,公布经典性论著,展示学术前沿,供国内外学术界和公众全面了解,让大家知道这个学科点是怎样造就的,评价一下它究竟是否够得上顶尖。

复旦大学历史地理学科的起点,是以谭其骧先生1950年由浙江大学移席复旦大学历史系为标志的。而谭先生与历史地理学科的渊源,还可追溯至1931年秋他与导师顾颉刚先生在燕京大学研究生课程的课堂外有关两汉州制的学术争论。1955年2月,谭先生赴京主持重编、改绘杨守敬《历代舆地图》。1957年,"杨图"编绘工作移师上海。1959年,复旦大学在历史系成立历史地理研究室。1982年,经教育部批准,成立中国历史地理研究所。1999年组建的复旦大学历史地理研究中心,成为教育部首批全国重点研究基地之一。

这一过程约长达70年,没有一个人全部经历。学科创始人谭先生已于1992年逝世,1957年起参加"杨图"编绘并曾担任中国历史地理研究所所长10年的邹逸麟先生已于2020年逝世,与邹先生同时参加"杨图"编绘的王文楚先生已退休多年。现有同仁中,周振鹤教授与我是经历时间最长的。我与他同时于1978年10月成为复旦大学历史系的研究生,由谭先生指导。我于1981年入职历史地理研究室,1996年至2007年任中国历史地理研究所所长,1999年至2007年任历史地理研究中心主任。由于自1980年起就担任谭先生的学术助手,又因整理谭先生的日记,撰写谭先生的传记,对谭先生的个人经历、学术贡献以及1978年前的情况有了一定了解。但70年的往事还留下不少空白,就是我亲历的事也未必能保持准确的记忆。

一年多来,同仁曾遍搜相关档案资料,在上海市档案馆和复旦大学档案馆发现了不少重要文件和原始资料,同时还向同仁广泛征集。但由于种种原因,有些重要的事并未留下本应有的记录,或者未能归入档案,早已散失。

本系列第一部分是学科学术史和学科论著总目。希望通过学术史的编撰,为这70年留下尽可能全面准确的记载。学科论著总目实际上是学术史中学术成果的具体化。要收全这70年来的论著同样有一定难度,因为在电子文档普遍使用和年度成果申报制度实施之前,有些个人论著从一开始就未被记录或列入索引,所以除了请同仁尽可能详细汇总外,还通过各种检索系统作了全面搜集。从谭先生开始,个人的论著中都包括一些非本学科或历史学科的论著,还有些是普及性的。考虑到一个学科点对学术的贡献和影响并不限于本学科,所以对前者全部收录;而一个学科点还有服务社会的功能,所以对具有学术性的普及论著也同样收录,非学术性的普及论著则视其重要性和影响力酌情选录。

在复旦大学其他院系,尤其是历史系,也有一些历史地理研究者,其中有的一直是我们的合作者,或者就是从这里调出的,他们的历史地理论著应视为本学科点的成果,自然应全部收录,但不收录他们离开复旦大学后的论著。本博士、硕士学科点所招收的研究生在学期间发表的论著,与本单位导师合作研究的博士后在流动站期间完成的论著,均予收录。本学科点人员离开复旦大学后的论著不再收录。历史地理研究中心所外聘的研究人员在应聘期间按合同规定完成的论著,按本中心人员标准收录。

第二部分是学术传记和相应的学术经典。考虑到学术经验需要长期积累,学术成果必须经受时间的检验,所以在首批我们按年资选定了四位,即谭其骧先生、邹逸麟先生、周振鹤教授和我。本来我们还选了姚大力教授,但他一再坚辞,我们只能尊重他本人的意见,留在下一批。

我们确定"经典"的标准,是本人论著中最高水平和最有代表性的部分,具体内容由本人选定。谭先生那本只能由我选,但我自信大致能符合谭先生的意愿。谭先生在1987年出版自选论文集《长水集》时,我曾协助编辑;他的《长水集续编》虽出版于他身后,但他生前我已在他指导下选定篇目,我大致了解谭先生对自己的论著的评价。

除谭先生的学术传记不得不由我撰写外,其他三本都由本人自撰。当时邹逸麟先生已重病在身,但为了学术传承,他以超人的毅力,不顾晚期癌症的痛苦与极度虚弱,在病床上完成了口述,将由他的学生段伟整理成文。

第三部分是青年教师或研究生的新著。之所以称为"学术前沿",是因为它们在选题、研究方法、表达方式上都有一定新意,反映了年轻一代的学术旨趣和学术水平。其中有的或许能成为作者与本学科的经典,有的会被自己或他人的同类著作所取代,这是所有被称为"前沿"的事物的必然结果。

由于没有先例可循,这三部分是否足以反映复旦大学历史地理学科的全貌和水平,我们没有把握,只能请学术界方家和广大读者鉴定。我们将在可能条件下,争取修订再版。这套书反映的是我们的过去,如果未来的同仁们能够保持并发展历史地理学科的现有水准,那么若干年后肯定能出版本系列的续编和新版。我与大家共同期待。

葛剑雄
2022 年 6 月

序

在中华文明形成与发展的悠久历程中,黄河的作用与价值无出其右。首先,在黄河泥沙冲积形成的华北平原上孕育发展出了以农耕为基础的早期华夏文明;其次,虽然历经多次王朝更替,但在黄河流域发育而成的中华文明绵延不绝,成为人类文明史上的奇迹。多年以来,我国一直将黄河作为中华民族的象征。

然而就是这样一条在我国历史上扮演过重要角色的大河,因流经水土流失严重的黄土高原地区,河水泥沙含量大,下游河道形成了善淤、善决、善徙的水文特点。历史时期黄河下游河道的多次决口与改道给沿线地区人民带来了巨大灾难,同时也造成区域社会动荡。早在汉代,司马迁就在《史记·河渠书》中详细描述了汉代及之前的黄河河道变迁及其对社会的影响。其后的历代正史河渠志延续了这一传统,也都记载了黄河河道变迁的历史事件。更有甚者,不少史家还将治乱与黄河决徙联系在一起。这当然与黄河下游地区作为中华文明核心区域之一有关,其地方社会的繁荣与发展直接影响到王朝统治的稳定与否。

正因如此,对黄河河道的治理、保证黄河下游河道稳定就成为我国历朝历代国之大事。自《汉书·沟洫志》载贾让"治河三策"以来,东汉王景、明代潘季驯和清代靳辅等著名治河专家都对黄河下游河道进行过整治,并留下数量可观的历史文献记载。在此基础上,清代朴学大家胡渭所著的《禹贡锥指》,更是对历代黄河河道变迁进行了系统梳理。不过,直至20世纪下半叶,对黄河的研究尚未从记录历代政区沿革及户口、水道、都邑变迁的沿革地理学蜕变而出,仍专注于对黄河河道变迁大势的描述。

事实上,著名历史地理学家谭其骧教授早年对黄河河道的研究也立足于他精湛的文献考证功夫,所著《〈山经〉河水下游及其支流考》和《西汉以前的黄河下游河道》两文正是沿革地理学的经典之作。然而,20世纪60年代谭先生在及时吸收地理学的最新理论与研究方法后,所撰著的名作《何以黄河在东汉以后会出现一个长期安流的局面——从历史上论证黄河中游的土地合理利用是消弭下游水害的决定性因素》，却完全摆脱了沿革地理学的桎梏，成功地运用自然地理学的理念，从全流域环境变迁的角度论述东汉以后黄河河道的形势。该文既充分展示出谭先生深厚的文献考证功力，又完美地体现出仅凭历史文献考据难以获致的眼光与分析问题的理路。由于谭先生多年的言传身教，在问题导向下基于地理学和历史学跨学科研究所形成的长于分析、精于考证的风格，逐渐成为复旦大学历史地理研究的学术特色。建立在严谨的文献考证基础上，采用地理学方法与理念展开对历代黄河变迁的研究，极大地推动了我国黄河研究水平的提高，同时也使得黄河研究成为复旦史地所的研究专长之一。代表学者有著名历史地理学家邹逸麟先生，其皇皇巨著仍是当今治黄河史中的经典之作。

进入21世纪后，随着GIS技术进入历史地理学研究领域，对黄河河道变迁的研究也有了革命性的突破。如满志敏教授利用高分辨率数字高程模型(DEM)数据反映高程差异与历史河流的泥沙堆积，结合历史地名考证对北宋黄河下游河道——京东故道进行精确的空间定位，将历史时期黄河河道的研究精度大幅度提高，并引领了随后十数年间历史时期黄河河道复原工作。本书作者孙涛博士正是在满志敏教授指导下，利用了精湛的GIS技术复原明清黄河故道。他的这一研究，是历史时期黄河河道变迁的又一力作。

本书是在孙涛博士学位论文基础上修改完成的。书中通过对明清时期黄河下游河道内流路位置进行多个时间断面上的复原，展示出黄河在固定河道较长时期的变迁过程，试图进一步揭示人工强烈干预下的河道发育过程，从而为当代河流治理提供历史经验。作为一个典型的历史河流地貌研究成果，本书的学术贡献突出表现在以下三个方面：

一是以河工地名信息记录较为丰富的黄河河工、河道舆图为基本史料，结合《行水金鉴》与《续行水金鉴》等相关治河典籍中的内容，详细梳理各时期沿河地区地名目录及清代河道厅汛设置情况，并运用现代地名资料系统进行地名比对，对明清黄河故道的河流平面形态进行复原。尤其是采用资料信息最为系统的清嘉庆二十五年(1820年)河道厅汛分界点的地理位置对黄河河道进行空间定位，大幅度提高了明清黄河故道的复原精度。

二是巧妙地把黄河厅汛分界点作为定位控制点，再结合现代数字高程影像等多源数据以判断不同时期的黄河流路，复原出1590年、1675年、1703

年、1750年(江南河段)、1761年(河南河段)、1780年(江南河段)、1820年等七个标准时间断面的黄河流路位置，清晰地呈现出明清时期黄河二百多年的变迁过程。

三是有效地利用河图中的地理信息。特别是在河宽信息不确切的条件下，利用河道弯曲的位置变化对黄河河道流路位置进行空间表达，反映出作者能够敏锐地捕捉到明清时期黄河演变的机制虽是处在人力强烈干预下，但仍受河流演变的自然规律制约的特点。

在本书中，作者处处显示出将地貌学原理应用到历史河流地貌研究中的巧思。同时他的工作也反映出，利用历史地理信息系统(HGIS)和遥感(RS)技术把历史时期河流地貌研究推进到河道内部的流路变迁中，使历史河道研究工作由"线"进入"面"成为可能。

本书之所以能在黄河研究方面取得以上成就，自然基于作者曾受过严格而专业的GIS学术训练，并在技术应用方面有相当的天赋。但我想，早在复旦大学与哈佛大学研发"中国历史地理信息系统(CHGIS)"时，他就因参加相关技术工作而具有了扎实而严格的历史文献考证能力，以及对待学术研究的严谨态度。导师满志敏教授耐心细致的指导和在历史自然地理研究中的经验积累，也在这个出色的工作中有所反映。

我希望在满志敏教授、孙涛博士这样精彩的历史河流地貌学研究的带动下，今后能有更多的历史河流地貌研究成果面世，推动我国历史自然地理学研究达到一个新的高度。

张晓虹
2021年初冬于上海高桥

目录

绪论 1
 一、黄河河道的演变研究 5
 二、黄河下游地区河流水系的研究 7
 三、明清黄河故道河道特征的研究 7
 四、黄河河道变迁对自然环境与人类社会的影响 8

第一章 河道流路变动研究的资料、思路与方法 11
 一、主要研究资料 13
  (一)文献资料 13
  (二)古代地图资料 14
  (三)现当代地图资料 17
  (四)数据部分 18
 二、研究思路与方法 20

第二章 明清黄河故道研究的定位基础
——1820年河道厅汛堤段分界 25
 一、北岸大堤堤段分界 27
  (一)河南河北道属堤段 27
  (二)山东兖沂曹道属堤段 36
  (三)江南徐州道属堤段 38
  (四)江南淮海道属堤段(一) 44
  (五)江南淮扬道属堤段 45
  (六)江南淮海道属堤段(二) 46
 二、南岸大堤堤段分界 49
  (一)河南开归陈许道属堤段 49
  (二)江南徐州道属堤段 59
  (三)江南淮扬道属堤段 64
  (四)淮海道属堤段 66

第三章 明代潘季驯治河后黄河堤内流路复原 …… 71
一、铜瓦厢以上河段 1590 年黄河流路复原 …… 73
（一）沁黄交汇处至阳武河段 …… 73
（二）阳武至铜瓦厢河段 …… 75
二、铜瓦厢至睢州河段 1590 年黄河流路复原 …… 78
（一）铜瓦厢至睢州河段 …… 78
（二）商丘至虞城河段 …… 79
三、砀山至徐州河段 1590 年黄河流路复原 …… 81
四、徐州至宿迁河段 1590 年黄河流路复原 …… 84
（一）徐州河段 …… 84
（二）邳州河段 …… 86
五、宿迁至云梯关外海口河段 1590 年黄河流路复原 …… 88
（一）邳州至宿迁河段 …… 88
（二）桃源至清河河段 …… 90
（三）清河至海口河段 …… 91
六、明代潘季驯治河前后黄河堤内流路位置情况 …… 94

第四章 清康熙时期黄河故道内流路位置情况 …… 95
一、1675 年黄河河道情形 …… 97
（一）黄沁交汇处至阳武中牟河段 …… 97
（二）阳武中牟至铜瓦厢河段 …… 100
（三）铜瓦厢至单县砀山河段 …… 101
（四）丰沛砀萧河段 …… 103
（五）徐州至邳州河段 …… 104
（六）宿迁至桃源河段 …… 106
（七）清河至海口河段 …… 107
二、1703 年黄河河道情形 …… 108
（一）郑州河段 …… 108
（二）开封至铜瓦厢河段 …… 110
（三）铜瓦厢至曹县河段 …… 112
（四）曹县商丘至江南交界河段 …… 113
（五）河南山东江南交界处至徐州河段 …… 115
（六）徐州境内河段 …… 116
（七）邳州境内河段 …… 118

（八）宿迁境内河段　　121
　　（九）桃源清河河段　　123
　　（十）清河至安东云梯关河段　　125
　　（十一）云梯关至海口河段　　128
三、康熙时期黄河故道内流路位置的变化　　130

第五章　清乾隆时期黄河故道内流路位置情况　　135
一、1761年河南段黄河下游河水流路位置　　137
　　（一）武陟荥泽至原武中牟河段　　137
　　（二）阳武中牟至祥符兰阳河段　　139
　　（三）仪封兰阳至曹县商丘河段　　141
　　（四）曹县商丘至单县虞城河段　　143
二、1750年江南段黄河流路位置　　144
　　（一）丰沛萧砀河段　　144
　　（二）徐州河段　　147
　　（三）邳州睢宁宿迁河段　　148
　　（四）桃源清河河段　　150
　　（五）安东至海口河段　　152
三、1780年江南黄河流路位置　　155
　　（一）丰沛萧砀河段　　155
　　（二）徐州铜沛两岸河段　　156
　　（三）邳州睢宁河段　　158
　　（四）宿迁河段　　160
　　（五）桃源清河河段　　162
　　（六）安东至海口河段　　164
四、乾隆时期黄河故道内流路位置的变化　　166

第六章　清嘉庆二十五年黄河故道内流路位置　　167
一、1820年河南山东段黄河大堤与河弯情况　　169
　　（一）黄沁厅上南厅河段　　169
　　（二）卫粮厅中河厅河段　　172
　　（三）祥河厅下南厅河段　　174
　　（四）下北厅兰仪厅河段　　176
　　（五）曹考厅仪睢厅睢宁厅河段　　177

（六）曹河厅商虞厅河段　　181
　　（七）粮河厅归河厅河段　　182
二、江南段黄河大堤与河弯情况　　184
　　（一）丰北厅萧南厅河段　　184
　　（二）铜沛厅河段　　187
　　（三）邳北厅睢南厅河段　　190
　　（四）宿北厅宿南厅河段　　192
　　（五）桃北厅桃南厅河段　　195
　　（六）外北厅外南厅河段　　197
　　（七）山安厅海防厅河段　　199
　　（八）海安厅海阜厅河段　　202
三、嘉庆时期黄河故道内流路位置的变化　　205

第七章　明清黄河故道流路变化的思考　　207

一、人工强烈干预下的明清黄河故道发育特征　　209
　　（一）河南山东段黄河河道的演变过程　　209
　　（二）江南段黄河故道的演变过程　　212
二、明清黄河故道演变的动力机制　　217
　　（一）自然因素对明清黄河故道演变的影响　　217
　　（二）人工干预对明清黄河故道演变的影响　　218
三、明清黄河故道内部流路研究的总结　　220

参考文献　　224

本书插图

图 0-1	研究区域示意图	4
图 1-1	五万分之一地形图覆盖区域示意图	18
图 1-2	河水流路与堤工地名位置分类示意图	20
图 1-3	研究区域内控制点地名分布示意图	23
图 1-4	徐州以上河段 DEM 数据处理影像	24
图 1-5	徐州以下河段 DEM 数据处理影像	24
图 2-1	1820 年河道厅汛关系示意图	28
图 2-2	黄沁厅堤段示意图	30
图 2-3	卫粮厅堤段示意图	32
图 2-4	祥河厅堤段示意图	33
图 2-5	下北厅堤段示意图	34
图 2-6	曹考厅堤段示意图	35
图 2-7	曹河厅堤段示意图	37
图 2-8	粮河厅堤段示意图	38
图 2-9	丰北厅堤段示意图	40
图 2-10	铜沛厅北岸堤段示意图	41
图 2-11	邳北厅堤段示意图	42
图 2-12	宿北厅堤段示意图	43
图 2-13	桃北厅堤段示意图	44
图 2-14	外北厅堤段示意图	45
图 2-15	山安厅堤段示意图	47
图 2-16	海安厅堤段示意图	49
图 2-17	上南厅堤段示意图	50
图 2-18	中河厅堤段示意图	51
图 2-19	下南厅堤段示意图	53
图 2-20	兰仪厅堤段示意图	54
图 2-21	仪睢厅堤段示意图	55
图 2-22	睢宁厅堤段示意图	56

图 2-23	商虞厅堤段示意图	57
图 2-24	归河厅堤段示意图	58
图 2-25	萧南厅堤段示意图	60
图 2-26	铜沛厅南岸堤段示意图	61
图 2-27	睢南厅堤段示意图	62
图 2-28	宿南厅堤段示意图	63
图 2-29	桃南厅堤段示意图	65
图 2-30	外南厅堤段示意图	66
图 2-31	海防厅堤段示意图	67
图 2-32	海阜厅堤段示意图	68
图 3-1	《河防一览·全河图说》沁黄交汇处至阳武河段	73
图 3-2	1590年沁黄交汇处至阳武河段流路位置复原	74
图 3-3	《河防一览·全河图说》阳武至铜瓦厢河段	76
图 3-4	1590年阳武至铜瓦厢河段流路位置复原	77
图 3-5	《河防一览·全河图说》铜瓦厢至睢州河段	78
图 3-6	1590年铜瓦厢至睢州河段流路位置复原	79
图 3-7	《河防一览·全河图说》商丘至虞城河段	80
图 3-8	1590年商丘至虞城河段流路位置复原	81
图 3-9	《河防一览·全河图说》砀山至沛县河段	82
图 3-10	《河防一览·全河图说》沛县至徐州河段	83
图 3-11	1590年砀山至徐州河段流路位置复原	83
图 3-12	《河防一览·全河图说》徐州河段	85
图 3-13	1590年徐州河段流路位置复原	86
图 3-14	《河防一览·全河图说》邳州河段	87
图 3-15	1590年邳州河段流路位置复原	88
图 3-16	《河防一览·全河图说》邳州至宿迁河段	89
图 3-17	1590年邳州至宿迁河段流路位置复原	89
图 3-18	《河防一览·全河图说》桃源至清河河段	90
图 3-19	1590年桃源至清河河段流路位置复原	91
图 3-20	《河防一览·全河图说》清河至海口河段	92
图 3-21	1590年清河至安东河段流路位置复原	92
图 3-22	1590年安东至云梯关海口河段流路位置复原	93
图 4-1	《河防刍议·黄河总图》黄沁交汇处至阳武中牟河段	98
图 4-2	1675年阳武中牟以上河段黄河河道内流路位置复原	99

图 4-3	《河防刍议·黄河总图》阳武中牟至铜瓦厢河段	100
图 4-4	1675 年阳武中牟至铜瓦厢河段黄河河道内流路位置复原	101
图 4-5	《河防刍议·黄河总图》铜瓦厢至商丘曹县河段	101
图 4-6	1675 年铜瓦厢至曹县商丘河段黄河河道内流路位置复原	102
图 4-7	《河防刍议·黄河总图》商丘曹县至永城河段	103
图 4-8	1675 年曹县商丘至砀山河段黄河河道内流路位置复原	103
图 4-9	《河防刍议·黄河总图》丰沛砀萧河段	104
图 4-10	1675 年丰沛砀萧河段黄河河道内流路位置复原	104
图 4-11	《河防刍议·黄河总图》徐州至邳州河段	105
图 4-12	1675 年徐州至邳州河段黄河河道内流路位置复原	105
图 4-13	《河防刍议·黄河总图》宿迁至桃源河段	106
图 4-14	1675 年宿迁至桃源河段黄河河道内流路位置复原	107
图 4-15	《河防刍议·黄河总图》清河至海口河段	107
图 4-16	1675 年清河至海口河段黄河河道内流路位置复原	108
图 4-17	《黄河全图》郑州河段	109
图 4-18	1703 年郑州河段黄河河道内流路位置复原	109
图 4-19	《黄河全图》开封至铜瓦厢河段	110
图 4-20	1703 年开封至铜瓦厢河段黄河河道内流路位置复原	111
图 4-21	《黄河全图》铜瓦厢至曹县河段	112
图 4-22	1703 年铜瓦厢至曹县河段黄河河道内流路位置复原	113
图 4-23	《黄河全图》曹县商丘至江南交界河段	114
图 4-24	1703 年曹县商丘至江南交界河段黄河河道内流路位置复原	114
图 4-25	《黄河全图》河南山东江南交界处至徐州河段	115
图 4-26	1703 年河南山东江南交界处至徐州河段黄河河道内流路位置复原	116
图 4-27	《黄河全图》徐州境内河段	117
图 4-28	1703 年徐州境内河段黄河河道内流路位置复原	118
图 4-29	《黄河全图》邳州境内河段	119
图 4-30	1703 年邳州境内河段黄河河道内流路位置复原	120
图 4-31	《黄河全图》宿迁境内河段	121
图 4-32	1703 年宿迁境内河段黄河河道内流路位置复原	122
图 4-33	《黄河全图》桃源清河河段	124
图 4-34	1703 年桃源清河河段黄河河道内流路位置复原	125
图 4-35	《黄河全图》清河至安东云梯关河段	126

图 4-36	1703年清河至安东云梯关河段黄河河道内流路位置复原	128
图 4-37	《黄河全图》云梯关至海口河段	129
图 4-38	1703年云梯关至海口河段黄河河道内流路位置复原	129
图 4-39	开封府河段流路位置的变化	131
图 4-40	曹单商虞至徐州河段流路位置的变化	131
图 4-41	邳北睢南铜沛厅河段流路位置的变化	132
图 4-42	宿迁桃源清河段流路位置的变化	133
图 4-43	安东至云梯关河段流路位置的变化	134
图 5-1	《豫东黄河全图》武陟荥泽至原武中牟河段	138
图 5-2	1761年武陟荥泽至原武中牟河段黄河流路位置复原	139
图 5-3	《豫东黄河全图》阳武中牟至祥符兰阳河段	140
图 5-4	1761年阳武中牟至祥符兰阳河段黄河流路位置复原	141
图 5-5	《豫东黄河全图》仪封兰阳至曹县商丘河段	142
图 5-6	1761年仪封兰阳至曹县商丘河段黄河流路位置复原	143
图 5-7	《豫东黄河全图》曹县商丘至单县虞城河段	143
图 5-8	1761年曹县商丘至单县虞城河段黄河流路位置复原	144
图 5-9	《黄河南河图》丰沛萧砀河段	146
图 5-10	1750年丰砀境内河段黄河流路位置复原	146
图 5-11	《黄河南河图》徐州河段	147
图 5-12	1750年徐州河段黄河流路复原	148
图 5-13	《黄河南河图》邳州睢宁宿迁河段	149
图 5-14	1750年邳睢宿虹境内河段黄河流路位置复原	150
图 5-15	《黄河南河图》桃源清河段	151
图 5-16	1750年桃源清河境内河段黄河流路位置复原	152
图 5-17	《黄河南河图》安东至海口河段	152
图 5-18	1750年安东至云梯关河段黄河流路位置复原	153
图 5-19	1750年云梯关至海口河段黄河流路位置复原	154
图 5-20	《黄运湖河全图》丰沛萧砀河段	155
图 5-21	1780年丰沛萧砀河段黄河流路位置复原	156
图 5-22	《黄运湖河全图》徐州河段	157
图 5-23	1780年徐州河段黄河流路位置复原	158
图 5-24	《黄运湖河全图》邳州睢宁河段	159
图 5-25	1780年邳州睢宁河段黄河流路位置复原	160
图 5-26	《黄运湖河全图》宿迁河段	161

图 5-27	1780年宿迁河段黄河流路位置复原	162
图 5-28	《黄运湖河全图》桃源清河河段	163
图 5-29	1780年桃源清河河段黄河流路位置复原	163
图 5-30	《黄运湖河全图》安东至海口河段	164
图 5-31	1780年安东至海口河段黄河流路位置复原	165
图 6-1	《六省黄河埽坝河道全图》黄沁厅上南厅河段	170
图 6-2	1820年黄沁厅上南厅河段黄河流路位置复原	171
图 6-3	《六省黄河埽坝河道全图》卫粮厅中河厅河段	173
图 6-4	1820年卫粮厅中河厅河段黄河流路位置复原	173
图 6-5	《六省黄河埽坝河道全图》祥河厅下南厅河段	174
图 6-6	1820年祥河厅下南厅河段黄河流路位置复原	175
图 6-7	《六省黄河埽坝河道全图》下北厅兰仪厅河段	176
图 6-8	1820年下北厅兰仪厅河段黄河流路位置复原	177
图 6-9	《六省黄河埽坝河道全图》曹考厅仪睢厅睢宁厅河段	179
图 6-10	1820年曹考厅仪睢厅睢宁厅河段黄河流路位置复原	180
图 6-11	《六省黄河埽坝河道全图》曹河厅商虞厅河段	181
图 6-12	1820年曹河厅商虞厅河段黄河流路位置复原	182
图 6-13	《六省黄河埽坝河道全图》粮河厅归河厅河段	183
图 6-14	1820年粮河厅归河厅河段黄河流路位置复原	184
图 6-15	《六省黄河埽坝河道全图》丰北厅萧南厅河段	186
图 6-16	1820年丰北厅萧南厅河段黄河流路位置复原	187
图 6-17	《六省黄河埽坝河道全图》铜沛厅河段	188
图 6-18	1820年铜沛厅河段黄河流路位置复原	189
图 6-19	《六省黄河埽坝河道全图》邳北厅睢南厅河段	191
图 6-20	1820年邳北厅睢南厅河段黄河流路位置复原	192
图 6-21	《六省黄河埽坝河道全图》宿北厅宿南厅河段	193
图 6-22	1820年宿北厅宿南厅河段黄河流路位置复原	194
图 6-23	《六省黄河埽坝河道全图》桃北厅桃南厅河段	195
图 6-24	1820年桃北厅桃南厅河段黄河流路位置复原	196
图 6-25	《六省黄河埽坝河道全图》外北厅外南厅河段	198
图 6-26	1820年外北厅外南厅河段黄河流路位置复原	199
图 6-27	《六省黄河埽坝河道全图》山安厅海防厅河段	200
图 6-28	1820年山安厅海防厅河段黄河流路位置复原	202
图 6-29	《六省黄河埽坝河道全图》海安厅海阜厅河段	203

图 6-30　1820年海安厅海阜厅河段黄河流路位置复原　204
图 7-1　武陟荥泽至阳武中牟河段流路变迁示意图　210
图 7-2　阳武中牟至铜瓦厢河段流路变迁示意图　210
图 7-3　铜瓦厢至商丘河段流路变迁示意图　211
图 7-4　单县商丘至丰县砀山河段流路变迁示意图　212
图 7-5　丰县至徐州河段流路变迁示意图　213
图 7-6　徐州境内河段流路变迁示意图　214
图 7-7　邳州境内河段流路变迁示意图　214
图 7-8　宿迁至桃源河段流路变迁示意图　215
图 7-9　桃源至清河河段流路变迁示意图　215
图 7-10　清河至安东河段流路变迁示意图　216
图 7-11　安东至海口河段流路变迁示意图　217
图 7-12　《黄河南河图》徐州段、《豫省黄河全图》中牟段、《黄河南河图》仁和段引河示意图　218
图 7-13　《豫省黄河全图》仪封段、《黄运湖河全图》邳州段引河产生作用后的河道示意图　219

绪论

黄河发源于我国青藏高原的巴颜喀拉山,流经青海、四川、甘肃、宁夏、内蒙古、陕西、山西、河南、山东九省区,全长5464千米,流域面积75.2万平方千米。黄河流域为中华文明形成的关键区域,是我国早期历史形成与发展的重要舞台。黄河中游穿过土质疏松的黄土高原,挟带大量的泥沙,成为世界上少有的泥沙含量高的河流,在历史上以"善淤、善决和善徙"著称于世。尤其是黄河下游流经地势低平、广土众民且降雨量并不丰沛的黄淮海平原,水少沙多、水沙输送不平衡成为这一段黄河的主要水文特点。由于黄河这一独特的水文特点,加之黄河在中国历史上的重要地位,因此黄河河道研究成为研究历史自然地理和环境变迁的重要议题。

明清黄河故道是明清两代黄河下游河道的专称。明代潘季驯治河之后,黄河河道被两岸大堤控制在单一河道内,最终形成了今天我们称为"废黄河"的明清黄河故道。从传统的黄河河道变迁研究来看,这一时段是黄河河道相对稳定的一个时期,这一稳定期一直持续到1855年黄河铜瓦厢决口后由山东入海,前后历经大约三百年。在如此长的一个时段维持在一个相对稳定的河道内,对在中国历史上以变动不居著称的黄河来说实属不易。从潘季驯治河至今近三百年的漫长岁月中,黄河河流形态得到了充分发展和调整的机会。在人工大堤的控制之下,黄河河床的演变规律与之前数千年间大为不同,因此对明清黄河故道的研究,是我们认识这一时期黄河在人工环境下变迁特点的关键问题;更由于这一时期也是黄河下游地区自然、社会、经济等受黄河河道影响最为深刻的阶段,该研究对理解这一区域人地关系有着重要的意义。同时,由于明清两代黄河下游的演变过程离现代较近,遗存的故道基本还保存着当时的形态,为研究古河道留下了较好的实地证据,可以利用DEM数据从微地貌特征研究古河道位置。此外,明清时期这一地区保留下来的丰富的地方志、档案文献以及大量的古地图资料,为我们研究黄河河道奠定了坚实的资料基础。鉴于此,本研究利用历史文献并结合现代遥感资料等多源数据,准确复原明清时期黄河下游大堤内黄河河床的演变过程,较以往明清黄河故道的研究在精度上有较大幅度的提高;在此基础上,进一步探究黄河河道的演变规律以及人类活动对其水动力和河床演变的影响,可以为黄河故道区域的河道治理、环境变迁提供历史借鉴。

人类活动形成的各种人工边界,直接改变了河道原有的动力环境,形成了适应新的动力环境的水道流路,并使得与水道相关的各种原有地貌在新的动力环境下发生演变。人类活动改变地貌作用的强度和幅度使得自然环境的变化速度远远超过缓慢而有规律的自然变化过程。但是,即使是一些

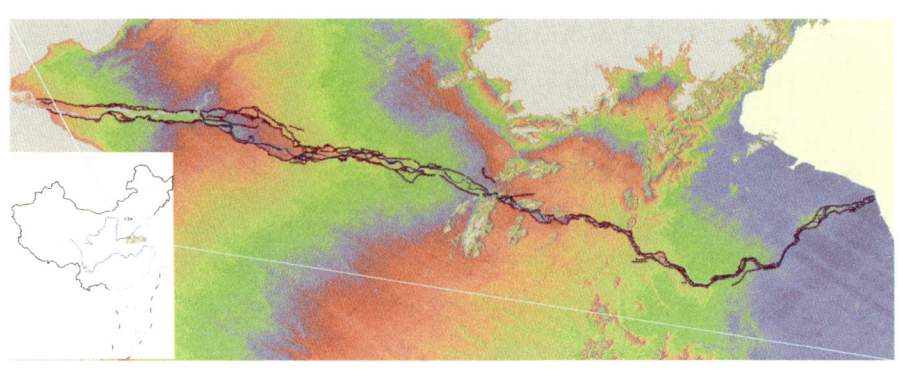

图 0-1 研究区域示意图

有计划的工程项目,如水利工程,其影响的范围与强度往往也难以预测。因此,人类活动成为现代河流动力学研究的重要内容。明清黄河故道不仅处于由山区河流向平原河流过渡的河段,也是流经受人类活动严重干扰的农耕区的河道,故它的水动力和河床演变同时受黄河挟沙量和人工水利干预两大因素作用与影响,特别是现在的黄河下游河段为1855年黄河铜瓦厢决口以后才形成,使得黄河流经地区在近一百五十年里一直处于持续堆积状态,河床高出两岸形成地上河,构成了对华北大平原地方社会的严重威胁,因此成为研究人类活动扰动下的河流地貌及河流水动力的经典主题。

黄河下游流路经过明清时期的漫长岁月,河流形态得到了充分发展和调整的机会成为现代黄河研究的基础,因此可以从一个较长时段对黄河下游的水动力环境作综合分析,为今天黄河下游河流形态变迁等相关研究和预测提供依据。这一研究将有利于黄淮海平原的经济建设和社会发展,具有十分重要的现实意义。

由于黄河在我国政治、经济、文化的历史发展中具有极其重要的地位,同时明清黄河故道对当代黄淮海地区的经济发展影响深刻,因此关于黄河及其明清黄河故道的研究论著极为丰富。关于黄河研究状况,王质彬在《黄河史研究的回顾与展望》[1]中系统整理了20世纪80年代之前的黄河研究成果,在他的基础上,贾国静在《二十世纪以来清代黄河史研究述评》[2]一文中重点分析了20世纪以后的黄河史研究的进展及学术发展取向。他们对黄河史研究的整理与评述起了正本清源的作用,更为后来的黄河研究廓清了学术脉络。由于本研究主要集中讨论明清黄河故道的河道变迁,因此需要从

---

[1] 王质彬:《黄河史研究的回顾与展望》,《黄河史志资料》1988年第2期。
[2] 贾国静:《二十世纪以来清代黄河史研究述评》,《清史研究》2008年第3期。

黄河故道的演变特征、下游地区的河流水系、明清黄河故道河道特征的研究及黄河河道变迁对自然环境和人类社会影响等方面对前人论著进行梳理，以期尽可能充分吸收前人研究所取得的成就，进一步推进明清黄河故道的研究。

一、黄河河道的演变研究

由于黄河善淤、善决和善徙的特点，有关黄河河道变迁的研究最初是由梳理历史时期黄河决溢开始的。早在1924年，沈怡先生撰写的《中国之河工》就在历史文献的基础上，对历史时期的黄河决口进行了初步统计，应该说这是首次对黄河决溢历史进行整理。1935年出版的《黄河年表》[1]，根据历史上黄河决溢后的改道情况，将历史上黄河的大变迁分成周定王五年（前602年）、新莽始建国三年（11年）、宋仁宗庆历八年（1048年）、金章宗明昌五年（1194年）、明孝宗弘治七年（1494年）和咸丰五年（1855年）等六次大迁徙。这一研究基本上奠定了黄河河道研究的走向。随后韩仲文的《清末黄河改道之争议》[2]将研究重点放在清末黄河改道上。岑仲勉先生在1955年成稿的《黄河变迁史》[3]中对黄河有史以来的变迁情况作了分阶段的研究，也大致遵循这一理路。不过岑先生又分专题，对黄河变迁作了较为细致的阐述，成为黄河变迁研究方面的早期力作。但研究重点在元代以前，正如他在编后记中所述，明清的研究相对不足。这一时期关于黄河河道的研究还有赵世暹《清顺治初年黄河并未自复故道》[4]等文。

谭其骧先生的《〈山经〉河水下游及其支流考》[5]，对西汉及西汉以前的黄河河道情况进行了细致考证，认为宿胥口以上河道经行同《汉志》大河，而宿胥口以下河段是走《汉志》所论邺东故大河。他的另一篇论文《西汉以前的黄河下游河道》[6]，再次提出《汉志》河非《禹贡》河，它是见于记载的最早的一条黄河下游河道，并且是春秋战国时期长期存在着的河道。谭先生对黄河河道的考证工作，厘清了长期以来对于历史早期黄河河道的误解，并奠定了历史地理学对黄河河道研究的基本范式。徐福龄先生《黄河下游明清时代河道和现行河道演变的对比研究》[7]，则专注于1855年铜瓦厢黄河改

1　沈怡、赵世暹、郑道隆编：《黄河年表》，国民政府军事委员会、资源委员会，1935年。
2　韩仲文：《清末黄河改道之争议》，《中和》第3卷第10期，1942年。
3　岑仲勉：《黄河变迁史》，人民出版社1957年。
4　赵世暹：《清顺治初年黄河并未自复故道》，《中华文史论丛》第2辑，1962年。
5　谭其骧：《〈山经〉河水下游及其支流考》，《中华文史论丛》第7辑，1978年。
6　谭其骧：《西汉以前的黄河下游河道》，《历史地理》创刊号，1981年。
7　徐福龄：《黄河下游明清时代河道和现行河道演变的对比研究》，《人民黄河》1979年第1期。

道,提出这次黄河北迁是河道本身演化的必然结果。此外,这一时期还有水利部黄河水利委员会编写的《黄河水利史述要》[1],仍按传统的方式,依时间顺序对各朝代的黄河决口及治理情况作了系统梳理。

鉴于前人记载黄河事件多以时间及决口地点为主要内容,对黄河流经路线的记载多模糊不清等情况,现代研究多注意从统计方法入手。邹逸麟先生在1993年出版的《黄淮海平原历史地理》[2]中对黄河的决口改道情况按时间段进行了更为详细的论述。他认为河道出山东中部丘陵即向南北两面辐射,概括了黄河历史上各条泛道共十二条,即北流的滱水、滹沱河、漳水、御河、王莽河,东流的漯水、马颊河、济清,南流的汴泗、睢水、涡水、颍水等,在这十二条泛道中行水时间最长的是漯水泛道和汴泗泛道。该著作系统地梳理了黄河历史上的主要泛道,为厘清黄河下游河道变迁历史作了相当贡献。王颋所著的《黄河故道考辨》[3]则分夏周、秦汉、魏晋、隋唐、北宋上下、金、元、明上下、清上下等时期,对黄河河道的变迁进行了考证。

20世纪90年代之后,随着遥感、地理信息系统等新技术的高速发展及应用范围的不断拓展,以新技术和传统研究方法相结合进行黄河河道变迁研究成为新的学术增长点。王守春《黄河下游1566年后和1875年后决溢时空变化研究》[4]一文利用统计方法对历史时期黄河决溢的时空过程进行了研究。该文的研究与本书的研究时段、区域最为契合,虽然该研究主要关注黄河的决溢,但他对黄河决溢空间分布特征的总结,特别是指出黄河决口地点在空间上的变化有自下游向上游移运的论点,对本书的研究有着重要的启发作用。而李孝聪《黄淮运的河工舆图及其科学价值》一文[5],利用美国国会图书馆所藏的黄河河工舆图,在系统梳理以水利为主题的中国传统舆图的特征的基础上,讨论了黄淮运的河工舆图特点。该文虽然并不是专门研究黄河,但文中对河图的分析,为本书科学地利用这类舆图提供了学术支撑。这一时期关于黄河研究成果中最值得称道的是满志敏师《北宋京东故道流路问题的研究》[6],该文将黄河故道研究推向了新的高度。他基于多源资料,利用GIS方法精确地复原出北宋京东故道的流路,为高精度复原历史河流地貌研究提供了范式,也为历史自然地理研究对象的矢量化数据生产树立了

---

[1] 水利部黄河水利委员会《黄河水利史述要》编写组:《黄河水利史述要》,黄河水利出版社1984年。
[2] 邹逸麟:《黄淮海平原历史地理》,安徽教育出版社1993年。
[3] 王颋:《黄河故道考辨》,华东理工大学出版社1995年。
[4] 王守春:《黄河下游1566年后和1875年后决溢时空变化研究》,《人民黄河》1994年第8期。
[5] 李孝聪:《黄淮运的河工舆图及其科学价值》,《水利学报》2008年第8期。
[6] 满志敏:《北宋京东故道流路问题的研究》,《历史地理》第21辑,2006年。

典范。他在文中指出,现代遥感资料在历史河流地貌研究中意义重大,不仅能带来信息化时代文献资料获取的便利,更重要的是提供了传统文献中无法表达的微地貌信息。这一结论是本研究展开的理论基础和学术指导。

二、黄河下游地区河流水系的研究

由于黄河下游河道的变迁多是因黄河决溢后袭夺其他河流河道所形成,故在研究黄河下游河道变迁时不得不涉及相关河流与黄河的关系。其中,徐福龄基于大量的文献与数据,对洪泽湖与黄河的水位关系、黄河决口上移过程、明清黄河故道河口延伸等河道演变情况进行了细致考证,厘清了黄河河道变迁尤其是明清时段的变化过程。[1] 而韩昭庆《黄淮关系及其演变过程研究——黄河长期夺淮期间淮北平原湖泊、水系的变迁和背景》[2] 对1128至1855年间黄河长期夺淮期间淮北平原湖泊、水系的变迁和背景作了细致分析,从黄河、淮北水系和人类活动三者之间的关系,综合研究了黄河长期夺淮以来淮北平原湖泊、水系的变迁过程,并对其历史背景进行了深入分析。而在黄河下游与人工运河的关系上,从先秦时期"菏济相通"直至1855年的铜瓦厢大决,钮仲勋先生曾对二者的关系进行过提纲挈领的概述,指出金元时期后二者关系开始趋向复杂并产生矛盾,评述了明清时期旨在解决矛盾的相关举措。[3]

在这一研究中,黄河与运河关系是重要的主题。王质彬《明清大运河兴废与黄河关系考》[4] 认为明清时期黄河与运河的命运息息相关,而黄河中的泥沙是其中的关键。持同样观点的还有谢永刚的《历史上运河受黄河水沙影响及其防御工程技术特点》[5]。而钮仲勋的《黄河与运河关系的历史研究》[6] 则按阶段分析了黄河与运河的关系,认为元明清黄河夺淮入海后,黄运关系也发生逆转,引黄济运、遏黄保运和避黄保运等加剧了黄运关系的复杂程度。

三、明清黄河故道河道特征的研究

关于河床演变的自然地理学研究方法是河道研究的重要方法之一,如

---

[1] 徐福龄:《黄河下游明清时代河道和现行河道演变的对比研究》,《人民黄河》1979年第1期。
[2] 韩昭庆:《黄淮关系及其演变过程研究——黄河长期夺淮期间淮北平原湖泊、水系的变迁和背景》,复旦大学出版社1999年。
[3] 钮仲勋:《黄河与运河关系的历史研究》,《人民黄河》1997年第1期。
[4] 王质彬:《明清大运河兴废与黄河关系考》,《人民黄河》1983年第6期。
[5] 谢永刚:《历史上运河受黄河水沙影响及其防御工程技术特点》,《人民黄河》1995年第10期。
[6] 钮仲勋:《黄河与运河关系的历史研究》,《人民黄河》1997年第1期。

张修桂先生通过对长江城陵矶地质地貌基础、顺直分汊河型、弯曲分汊河型等详尽、细致的论述，提供了考察湖口河段演变的研究范式。此外，他关于长江宜昌至沙市河段河床的研究[1]，将相关河道的演变逐一厘清，为三峡工程的可行性提供了坚实的理论基础，是历史地理研究经世济用的代表之一。

具体到黄河河道变迁，叶青超有系列研究[2]。其研究考证了黄河下游河床的地貌特征，认为黄河下游地貌是影响河道变迁的重要因素，而黄河河道的变迁反过来又影响着地貌的变化。张义丰《明清黄河故道的河道变迁与沉积特征》[3]，对明清黄河故道的沉积特征进行了分析，指出其特点是河道沉积物质表层细、下部粗，滩地比主槽粗。颜元亮《清代铜瓦厢改道前的黄河下游河道》[4]认为1855年铜瓦厢决口前，从砀山到清口河段每年沉积速率从6.7cm增至12.2cm，明清时期黄河的沉积速率与目前黄河下游的沉积速率相差无几。张艳艳《黄河水沙及河床演变的多时间尺度研究》[5]一文以黄河干支流河床演变为对象，对河床演变研究方法作了新的探索。

陈蕴真的博士学位论文《黄河泛滥史：从历史文献分析到计算机模拟》[6]，通过将历史文献与计算机建模相结合的方法，研究了黄河在近四千年中泛滥的过程与机制，并构建了1550—1855年黄河下游决口日概率变化的回归模型。这一研究虽然并不专门研究明清黄河故道，但为本研究分析明清黄河故道变迁的过程及其原因提供了研究思路。

四、黄河河道变迁对自然环境与人类社会的影响

关于黄河河道变迁与自然、社会经济之间的关系，一直是治黄河史者关注的重点。早在1936年，张含英先生就撰有《黄河改道之原因》[7]。他在文中指出，黄河的安危与国家的治乱之间存在直接的关系，这一结论影响深远，直到1962年，谭其骧先生的研究才改变了这一定论。

谭先生在仔细研究黄河下游河道变迁的基础上，不再仅就黄河下游河道的具体问题展开讨论，而是将研究视野扩大到造成黄河泥沙含量变动的

---

1 张修桂：《长江城陵矶—湖口河段历史演变》，《复旦学报（社会科学版）》1980年第1期。
2 叶青超：《黄河下游河流地貌》，科学出版社1990年；叶青超：《黄河三角洲的地貌结构及发育模式》，《地理学报》1982年第4期。
3 张义丰：《明清黄河故道的河道变迁与沉积特征》，收入吴祥定主编《黄河流域环境演变与水沙运行规律研究文集》第2集，地质出版社1991年。
4 颜元亮：《清代铜瓦厢改道前的黄河下游河道》，《人民黄河》1986年第1期。
5 张艳艳：《黄河水沙及河床演变的多时间尺度研究》，清华大学博士学位论文，2012年。
6 陈蕴真：《黄河泛滥史：从历史文献分析到计算机模拟》，南京大学博士学位论文，2013年。
7 张含英：《黄河改道之原因》，《陕西水利月刊》第3卷第4期，1936年。

黄河中游的黄土高原地区,分析得出历史时期黄土高原地区因为民族关系而发生的土地覆盖变迁,是造成东汉至隋唐时期黄河泥沙含量锐减的主要原因。而这一变动也使得本以善淤、善决、善徙的黄河下切力增加,不再发生大的决溢。[1] 这一研究无论是对历史自然地理学还是环境变迁研究,都有着重大的学术意义。在有关黄河变迁影响因素的讨论中,值得注意的有钮仲勋先生的《历史时期人类活动对黄河下游河道变迁的影响》[2],该文着重从人类活动的角度对黄河变迁进行分析,认为人为因素直接加速了黄河河道的变迁。叶青超《影响黄河下游河道决溢的环境因素(一)》[3]一文则认为除了人为因素外,环境因素对下游河道的变迁起着基础性的作用。

在此基础上,邹逸麟先生的《黄河下游河道变迁及其影响概述》[4],对黄河下游河道变迁进行了分析,并就河道变迁带来的一系列影响,分自然和社会两方面展开讨论。在讨论黄河对于人类社会的影响时,不少研究都集中于从政治史或社会史的角度对历代的治河进行梳理,从而体现出治河对于地方社会演变的影响。这其中有对治河技术的讨论,如水利专家姚汉源对于"固堤放淤"的详细分析[5],李可可等对历史上治理黄河泥沙的实践所进行的梳理[6];也有对河官与河政的研究,如颜元亮《清代黄河的管理》[7]从河官设置、任人制度、工程修防以及经费管理等方面论述了清代黄河的管理制度及其在具体运作中的优势与弊端,王振忠着重分析了河政所反映出的清代中后期社会治理的积重难返[8]。

就黄河对下游城市的影响而言,邹逸麟在《历史时期黄河流域的环境变迁与城市兴衰》一文中从黄河流域城市的分布与变迁的角度探讨了该区域内的社会经济在不同历史时期的演变情况。[9] 于云洪则从生态环境、周边农业经济、道路交通网络等方面入手,分析了黄河对于下游地区城市发展的规模与格局的影响。[10]

在对自然环境的影响上,尹学良等在《黄河下游河道纵剖面形成概论及

---

1 谭其骧:《何以黄河在东汉以后会出现一个长期安流的局面——从历史上论证黄河中游的土地合理利用是消弭下游水害的决定性因素》,《学术月刊》1962年第2期。
2 钮仲勋:《历史时期人类活动对黄河下游河道变迁的影响》,《地理研究》1986年第1期。
3 叶青超:《影响黄河下游河道决溢的环境因素(一)》,《人民黄河》1994年第9期。
4 邹逸麟:《黄河下游河道变迁及其影响概述》,《复旦学报(社会科学版)》1980年,历史地理专辑。
5 姚汉源:《河工史上的固堤放淤》,《水利学报》1984年第12期。
6 李可可、黎沛虹:《简论我国古代黄河泥沙运动理论及其实践》,《人民黄河》2002年第4期。
7 颜元亮:《清代黄河的管理》,收入中国科学院水利电力部水利水电科学研究院《水利史研究室五十周年学术论文集》,水利电力出版社1986年。
8 王振忠:《河政与清代社会》,《湖北大学学报(哲学社会科学版)》1994年第2期。
9 邹逸麟:《历史时期黄河流域的环境变迁与城市兴衰》,《江汉论坛》2006年第5期。
10 于云洪:《明清时期黄河水患对下游城市的影响》,《黄河文明与可持续发展》2014年第2期。

持续淤积的原因》一文中指出黄河下游河流地貌过程是"夷平过程"而非河床平行淤高,黄河河道淤积抬高主要原因也是来沙多、挟沙能力不足而非河口淤积延伸。[1] 朱嘉伟等人首次采用遥感与GIS相结合的方法对黄河下游河道地貌进行了定量的分形分维研究,从河床浅滩数量与大小的关系、河床分形分维特征与悬河稳定性关系等对下游的不同河段进行了研究。[2] 也有研究聚焦于黄河入海口三角洲以及我国东部海域生态环境。薛春汀等对1128—1855年黄河下游河道变迁所存在的四种不同看法进行了讨论,就黄河改道与入海沉积物的历时变化进行了总结。[3] 卢勇等分析了黄河夺淮经由苏北入海后的造陆过程,并指出至1855年,黄河共造陆10 000平方千米以上,河口更是向海推进了90千米,而且黄河造陆与苏北地区灾害的发生存在密切的关系。[4] 张小云以东营段为例,分析了黄河水患所造成的水系紊乱、土质恶化以及对于三角洲生态环境的影响。[5]

以上对本研究的开展奠定了基础,并成为本研究展开的前提。

作为历史地理方面的经典著作,北魏郦道元的《水经注》开河道文字记载的先河,它关于河道的表达方式成为后续河道水文记录的范式,即依据所记述河道的每个经流地点的详细描述,达到保存该河流流路信息的目标。这一记录河道的传统为后来的学者所继承,如齐召南的《水道提纲》等。但由于历史典籍的记载中对河道的描述精度有限,以历史文献为资料基础进行的历史河道变迁的复原工作,只能处理河道在较大地理尺度上的变化情况,却无法复原在更高精度上的河道及其变迁特点。

明清黄河故道包括在大堤之内的河道和河床内的水道。因为水流并不能占满整个河床,而河道内的水道摆动情况对河床的演变和河流的变化过程有着重要的意义,可以在研究精度上提升到更高的水平。对于河道的复原,除了依赖传统的文字文献外,近年来可以方便获得地图资料和DEM高程数据,这使得我们可以运用GIS和RS对明清时期黄河下游河床演变方式进行深入探讨,进而总结长时段人类活动对多沙河流干流河床演变影响的一般规律。

1　尹学良、陈金荣:《黄河下游河道纵剖面形成概论及持续淤积的原因》,《人民黄河》1993年第2期。
2　朱嘉伟、赵云章、闫振鹏、徐莉、田明中:《黄河下游河道地貌分形分维特征研究》,《测绘科学》2005年第5期。
3　薛春汀、刘健、孔祥淮:《1128—1855年黄河下游河道变迁及其对中国东部海域的影响》,《海洋地质与第四纪地质》2011年第5期。
4　卢勇、王思明、郭华:《明清时期黄淮造陆与苏北灾害关系研究》,《南京农业大学学报(社会科学版)》2007年第2期。
5　张小云:《清代黄河水患与黄河三角洲生态环境变迁的关系——以黄河东营段为例》,《中国水运(下半月)》2015年第10期。

第一章

河道流路变动研究的资料、

思路与方法

一、主要研究资料

传统的历史河道变迁的研究一般针对的是河道在较大地理尺度上的变化情况。按照此标准,明万历十七年(1589年)潘季驯修筑三省黄河两岸大堤之后,使明清黄河故道结束多股岔流并存的现象,黄河河道变化区间基本稳定在河道范围之内,可以作为一次河道变化。此外,清乾隆四十七年(1782年)的兰阳改河,人为将一百七十里河道由原南堤以北改到原南堤以南,这次人为改道可以作为清代较大的一次河流改道。最后一次黄河改道是咸丰五年(1855年)黄河在铜瓦厢决溢,其下游袭夺大清河后由今道入海,从此不再经行南道,彻底脱离了明清故道。

从1589年到1855年,黄河经历了266年的发展变化,河道本身的变化与黄河在明清故道内的地貌塑造过程息息相关,究竟黄河在河道内部的具体变动过程如何,在今天技术发达的情况下,可以通过高密度的监测对河水本身的变化情况进行及时了解。如再想要了解历史上黄河的变化情况,就需要通过历史文献的信息进行认真梳理与详细考证。作为迄今为止最后一条黄河故道,明清黄河故道在区域地貌上的遗留痕迹以及历史资料中的相关记载都相对丰富,这为研究黄河在故道内部的河身摆动情况提供了可能性。

(一) 文献资料

从历史地理的开篇之作《禹贡》开始,对黄河的记载和描述就成为中国历史典籍中有关自然河流表述的重要内容,如《史记·河渠书》《汉书·沟洫志》中都有对黄河的大量记载,其中既有描述河道状况的,也有关于黄河治理情况的。而《宋史·河渠志》之后的历代正史河渠志都将黄河的河道变迁及治理作为首要篇章进行重点记录,这为后人留下了大量宝贵丰富的黄河河道历史文献。与此同时,正史之外的地理著作中,如汉代流传下来的《水经》[1]、北魏郦道元所著《水经注》、清代齐召南所著《水道提纲》,都将水道作为地理专题对象,其中最重要的是黄河。

郭涛在《历代黄河论著提要》[2]中,对历史上250种关于黄河的主要文献进行了梳理,按类型将它们分成四大类:第一类是历代正史中的"河渠志"或"河渠书",第二类是与黄河水道相关的地理著作,第三类是各时期的治理黄

---

[1] 郭涛在《历代黄河论著提要》中提到"自唐以后,郭璞注本失传,此书(《水经》)遂专附郦道元《水经注》流传"。
[2] 郭涛:《历代黄河论著提要》,收入黄河水利委员会黄河志总编辑室编《历代治黄文选》(上册),河南人民出版社1988年,第443—515页。

河的专著及相关奏疏条陈,第四类是与黄河问题相关的文献长编。这四大类历史文献都是本研究依据的主要资料。

由于明清时期黄河治理关乎国家大政,因此这一时期有关黄河的文献更为集中。其中,《河防一览》《河防刍议》《治河全书》三部论著是这一时期的集大成者,成为本研究展开的核心史料。此外还有一些全国性水道记载的专著,也是本研究的主要资料。下面分述之。

《行水金鉴》由清人傅泽洪主编,郑元庆编辑而成,于清雍正三年(1725年)成书,共175卷,书中辑录了自上古直至康熙六十年(1721年)大量历史水利文献。其中,河水篇60卷,是研究康熙之前黄河水道变迁的主要资料。本研究所采用的版本为1986年台湾商务印书馆出版的《景印文渊阁四库全书》本。

《续行水金鉴》由清人黎世序主持,俞正燮等编修,清道光十一年(1831年)成书,全书共158卷。书中所辑资料为顺治八年(1651年)至嘉庆二十五年(1820年)的水利工程。其中,河水篇50卷,是研究清代黄河河道及其变迁的主要资料。特别是卷45至卷50的"河水工程"部分,以黄河南北两岸河道厅汛为单位,将各汛内新旧河工名称按照空间顺序列出,同时还对各堤工历史与修建信息加以说明,是本研究复原这一时期黄河河道的主要资料依据。本研究所用版本为1937年商务印书馆本。

《再续行水金鉴》是1936年郑肇经主持,武同举、赵世暹编辑,书中所辑资料上接嘉庆二十五年(1820年),下至宣统三年(1911年)。本研究所用版本为1942年版。该书所记录黄河河道的信息正与《续行水金鉴》相接,成为复原清中期至清末黄河河道的主要依据。

此外,由于黄河下游河道经行河南、山东、安徽、江苏各省,因此明清时期这些省份的地方志也有大量关于黄河河道的信息。其中,《江苏省通志稿·都水志》[1]的第一卷为黄河篇,第二卷为厅汛表,较为详细地记录了清代安徽、江苏两省境内黄河大堤的修建及发展过程,并对江南境内的河道厅汛设置作了比较具体的记载。而雍正《续河南通志》、雍正《山东通志》和乾隆《江南通志》中的黄河部分也是本研究依据的主要资料。

(二) 古代地图资料

明清时期因治河原因,绘制了大量地图。这些地图也成为本研究的主要资料。由于这类地图所含的信息特点不同,对本研究的贡献亦有别,下面

---

[1] 江苏省地方志编纂委员会办公室:《江苏省通志稿·都水志》,江苏古籍出版社1993年。

分别述之。

1.《河防一览·全河图说》

本研究采用的版本是《中国水利史典·黄河卷一》所录《河防一览·全河图说》。[1] 按其整理说明提供的信息,该版本以乾隆四十五年(1780年)所校之《四库全书》本为底本,并部分参考万历本与乾隆十三年本进行整理。

《中国水利史典·黄河卷一》所录《河防一览·全河图说》印刷精细,图中黄河两岸地名及图说文字绝大部分可清晰辨认,是为最佳的地图资料。因《河防一览》成书于万历十八年三省黄河直防堤建成之后[2],故其《全河图说》所记录的黄河"沁黄交会处"以下河段,所录内容反映了新堤筑成后,大约1590年时的黄河两岸的地名、堤工、决溢历史、支河分布等相关情况。图上河宽以示意为主,全图南北岸地名对应关系也并不确切。县州府城的出现多是表示相应堤段与所在行政区的隶属情况,从目前的研究来看,治所城市距大堤的远近不存在规律的比例关系,故仍为示意性质。同样,图上的河道弯曲信息表达并不带有明显的可参考性,主要原因还在于两岸地名位置与河道弯曲的对应关系并不精确,因此本图反映的各河段内的可用信息主要是行河位置偏左岸或偏右岸的情况,以及河工地名所在位置是否沿堤。另外,《河防一览·全河图说》通过图说的形式,反映了各个险要位置的堤工与决溢的历史情况,也成为本研究的重要参考。

2.《河防刍议·黄河总图》

本研究采用的是《中国水利史典·黄河卷二》所录《河防刍议·黄河总图》。[3] 按整理说明提供的信息,该图是以《续修四库全书》本《河防刍议》作为底本。由于康熙十三年(1674年)桃源新庄决口,康熙十五年(1676年)塞桃源新庄,图上新庄决口尚未堵塞,周边各工名为工程,实为在修的状态,因此该图所反映的时间应在1674至1676年之间,图上信息大约可断在1675年。

《河防刍议·黄河总图》在黄河描绘的风格上与《河防一览·全河图说》比较接近,图说以加框的方式标注于相应的河段或地名附近,但《河防刍议》图更偏重示意,其说明文字也远较《河防一览》图少。不过,该图上有地名或图说的位置仅选在有重要河工和明显的河道弯曲处,其保存下来的弯曲信

---

[1] 中国水利史典编委会编:《中国水利史典·黄河卷一·河防一览》卷1,中国水利水电出版社2015年,第359—374页。
[2] 周铮:《潘季驯〈河防一览图〉考》,《中国历史博物馆馆刊》第17期,1992年。
[3] 中国水利史典编委会编:《中国水利史典·黄河卷二·河防刍议》卷1,第13—34页。

息虽然数量可能与现实有差距,但对本研究来讲,其意义也十分重要。

3.《治河全书·黄河全图》

张鹏翮的《治河全书》包括了康熙时期张鹏翮上奏的治河奏疏与相关的河工档案、各类河图等。《黄河全图》是其中重要的关于黄河河道状况的专题图幅。中国地图出版社有《黄河全图》单行本[1]发行,印制精良,图中所含内容丰富,是本研究的重要参考资料。

该图所绘黄河上自星宿海,下至云梯关外海口。其中,重点反映了沁河口以下有沿黄大堤河段至康熙四十二年相关埽坝险工与治河工程的情况。因图上杨横庄引河已挑浚,但高家湾越堤[2]未见,故图上所反映的地名信息大约可定在康熙四十二年(1703年)初。

4.《豫东黄河全图》[3]

《豫东黄河全图》也称《豫省黄河全图》,本研究采用美国国会图书馆公布的《豫省黄河全图》。[4] 该图反映的是乾隆二十六年(1761年)十一月[5]河南境内沿堤新修堤工完工后的分布情况,图上描绘的主要内容为沿河新工,因此图上内容相较后期的《六省黄河埽坝河道全图》简略得多。但图上两岸大堤均标出了各厅汛交界位置,因此在具体分布位置上可与1820年地名信息作比较。

5.《黄河南河图》

该图又称《江南黄河堤工图》,反映的是乾隆十五年(1750年)江南黄河两岸的堤防工程信息。[6] 本研究采用美国国会图书馆公布的《黄河南河图》[7],该图主要特点是标出了沿河险工堤段埽坝工程,越堤位置与形态具体形象;同时还标注出了主要的沿堤地名与各厅交界的位置及距离。两相对照,河道弯曲信息明确,是较好的江南段黄河河图资料。

6.《黄运湖河全图》

本研究采用的是美国国会图书馆公布的《黄运湖河全图》。[8] 该图图说为乾隆四十五年(1780年)时任两江总督萨载向朝廷呈奏奉旨挑展陶庄新河

---

1 张鹏翮:《黄河全图》,中国地图出版社2011年。
2 乾隆《江南通志》卷53载,康熙四十二年"建高家湾迤里越堤,长五百丈"。
3 李孝聪先生主张使用《豫东黄河全图》名称,美国国会图书馆网站原图名称为《豫省黄河全图》。
4 公布网址:https://www.loc.gov/item/gm71005027。
5 席会东:《美国国会图书馆藏〈豫东黄河全图〉与乾隆朝河南河患治理》,《西北大学学报(哲学社会科学版)》2013年第4期。
6 席会东:《九曲黄河方寸中——美国国会图书馆藏〈江南黄河堤工图〉研究》,《殷都学刊》2013年第2期。
7 公布网址:https://www.loc.gov/item/gm71005024。
8 公布网址:https://www.loc.gov/item/gm71005017。

后的黄运两河情况[1],故其反映的河工河道信息亦应在乾隆四十五年。《黄运湖河全图》没有标注各厅汛界位置,图上北岸由山东省交界起,南岸由河南省交界起,图上反映的黄河河段主要在今江苏、安徽境内。

7.《六省黄河埽坝河道全图》

本研究采用的是美国国会图书馆公布的《六省黄河埽坝河道全图》。[2] 图上信息反映的应该是嘉庆二十二年(1817年)到嘉庆二十五年(1820年)的黄河两岸情形,李孝聪先生在《黄淮运的河工舆图及其科学价值》[3]一文中通过"箝口坝"的出现时间和"图内'宁'字均不避道光帝讳而缺笔或改写",对该图的时间断限有所阐述,确定"此图应绘于嘉庆二十二年之后至道光皇帝登基之前的1817至1820年间",此图沿河地名与堤工信息的断年也可在1820年。同期的《续行水金鉴》所辑资料至嘉庆二十五年(1820年);《续行水金鉴》卷45至卷50的"河水工程"部分按黄河南北两岸道厅汛分述,与《六省黄河埽坝河道全图》上各厅汛分界信息对照,可以得到比较准确的1820年黄河河形与两岸大堤的相对位置关系。

8.《江南省黄河全图》

本研究采用的是黄河水利委员会收集的《江南省黄河全图》复制件。[4] 该图有图名为"江南省黄河全图",图上北岸大堤起始处注有文字"干黄河南岸自河南虞城界起至海口止,堤长九百二里零;北岸自山东单县界起至海口止,堤长八百二十二里。前设管黄河十五厅,分驻南北两岸"。本图绘于铜瓦厢决口北徙之后的同治七年,当时江南黄河已称"干黄河"。图上黄河河道信息完整保留了1855年改道前的情形,其汛界信息、地名信息、河堤情形及河道弯曲表达都具有明确的时效性,本研究将其作为研究时段下限的地图资料。

(三)现当代地图资料

由于明清时期黄河河道的变迁对区域微地貌影响较大,故在大比例尺地形图上有一定的呈现。因此,本研究还需要一些近现代实测的地形图作为研究资料,在与微地图比对后,作出相对准确的判断。本研究所依据的实测地图主要有以下两种:

1. 20世纪二三十年代五万分之一地形图

本书下文简称为"民国五万分之一图"。它来源于《中国大陆五万分之

---

[1] 席会东:《海内外藏乾隆绘本〈黄运湖河全图〉与〈南巡盛典〉系列舆图研究》,《文津学志》第6辑,2013年。
[2] 公布网址:https://www.loc.gov/item/gm71002474。
[3] 李孝聪:《黄淮运的河工舆图及其科学价值》,《水利学报》2008年第8期。
[4] 《江南省黄河全图》,黄河水利委员会资料室,档案号:清1-11(2)-9。

一地图集成》,由日本科学书院出版。该资料是日本在 1950 以前所出版的有关中国大陆地形图的复印件集成,共计四千余幅地图。本书根据研究区域选用其中三十幅地图。根据图上标注信息,所选用地图测图时间大约在 20 世纪 20 年代,部分后来有修正,修正时间约在 30 年代。图上反映的地理信息所属时期大约为 20 世纪二三十年代。这一系列地图属于实测图,因此其图上各类地理要素位置信息的可靠程度与今日测绘地图基本相当,尤其在地名方面保留了大量自然村早期的地名,同时还有大量与黄河大堤相关的庙宇名称等信息。

2. 中国人民解放军总参谋部测绘局制《五万分之一地形图》

本书下文简称为"五万分之一地形图",本套地图涉及研究区域共应用 69 幅。本套地形图的测制时间大部分为 20 世纪 60 年代末 70 年代初,少量地图测制时间为 80 年代初;对本研究有作用的信息可分为:地名信息、地形信息、水文信息。图上地名信息标注到最小的自然村一级,村庄均呈面状分布,反映出村庄的实际分布状况;同时,图上的在用堤坝、旧坝、土坝及水湾水塘等历史遗存地物均有所体现。现有的部分道路与旧堤结合形成较为明显的线状地物形态,可以反映旧有河堤的走向和分布,尤其在村庄前后分布的越堤形态,特点较为鲜明。虽然经过了一百多年人类活动对地表形态的干预,本图在一定程度上仍保留了 1855 年断面的黄河故道旧有形态信息。虽然故道之内水量与行水时期差距巨大,而且明显受到人为活动的影响,但在五万分之一地形图上行水河槽由明显的等高线标识出河槽两岸界线,可以作为当时行水区域的划定依据。

图 1-1　五万分之一地形图覆盖区域示意图

(四) 数据部分

现代数据资料提供了更为详细的地形地貌信息,同时成为黄河故道研究数据化的基础。本研究主要采用了 SRTM 数据（SRTMDEM 90M 分辨率原始高程数据）、DEM V1 数据（GDEM V1 30M 分辨率数字高程数据）、DEM V2 数据（GDEM V2 30M 分辨率数字高程数据详细信息）[1]等基础地理信息数据。

1. 数字高程模型（DEM）数据

黄河含沙量大，河床逐年淤积，这使得黄河河道明显高于两岸。河道内部不同时期的行河位置在高程分布上也存在明显差别，这种差别可以分辨出不同时期河槽的分布差异状况。因此，使用 DEM 数据可以辨析出沿河地区微地貌的差异，以判别黄河河道的状况。

2. SRTM（Shuttle Radar Topography Mission）

该数据由美国太空总署（NASA）和国防部国家测绘局（NIMA）联合测量。原始数据的获取时间为 2000 年，经过两年多的数据处理，制成了数字地形高程模型（DEM），即现在的 SRTM 地形产品数据。本数据从 2003 年开始公开发布，此后历经修订，目前的数据为 V4.1 版本。该版本由国际热带农业中心（CIAT）利用新的插值算法得到 SRTM 地形数据，此方法更好地填补了 SRTM 90 数据的空洞。[2] SRTM 地形数据按精度可以分为 SRTM1 和 SRTM3，分别对应的分辨率精度为 30 米和 90 米数据，目前公开数据为 90 米分辨率的数据。本研究采用的是 SRTM 90M 分辨率地形数据产品，数据版本为 SRTM V4（Geotiff 格式），数据来源于中国科学院计算机网络信息中心的 SRTM 国际科学数据镜像服务系统。

3. ASTER GDEM（Advanced Spaceborne Thermal Emission and Reflection Radiometer Global Digital Elevation Model）

该数据即先进星载热发射和反射辐射仪全球数字高程模型[3]，由日本 METI 和美国 NASA 联合研制并免费面向公众分发。ASTER GDEM 数据产品基于"先进星载热发射和反辐射仪（ASTER）"数据计算生成，是目前唯一覆盖全球陆地表面的高分辨率高程影像数据。GDEM 30M 分辨率数字高程数据利用 ASTER GDEM 第一版本（V1）的数据加工得来，是全球空间分辨率为 30 米的数字高程数据产品。V1 版 ASTER GDEM 数据发布时间为 2009 年 6 月 29 日。但是，ASTER GDEM V1 原始数据局部地区存在异常，所以由

---

[1] 所用三类数据来源于中国科学院计算机网络信息中心地理空间数据云平台（http://www.gscloud.cn）。
[2] SRTMDEM 90M 分辨率原始高程数据详细信息，来源于中国科学院计算机网络信息中心地理空间数据云平台。
[3] 陈江、付建飞：《先进星载热发射和反射辐射仪（ASTER）——地质学家的最佳选择》，《地质通报》2006 年第 5 期。

ASTER GDEM V1加工的数字高程数据产品也存在个别区域的数据异常现象。ASTER GDEM V2全球数字高程数据正式发布时间为2015年1月6日。它采用更为先进的算法,对V1版GDEM影像进行了改进,提高了数据的空间分辨率精度和高程精度。[1]

除了上述基础数据外,本研究所采用的今地名信息主要来自国家地理信息公共服务平台"天地图"地名系统。[2]

二、研究思路与方法

1. 地图复原法

单纯的文本文献在还原历史事件与考证历史地名等方面具有不可替代的作用,但对于河流本身的流动变化过程无法直观地记载或反映,因此河工河道图就成为一种研究河道内河身摆动过程的重要参考资料;尤其是潘季驯治河以后,在《河防一览·全河图说》中,第一次将黄河全段沿河堤防工程作为图上主要信息要素呈现在图里。[3] 及至清代,"图说以明地利"在河防建设中的应用更为频繁,河臣巡查治河之后都会配以河图。河图的风格和作用介于传统绘图与地图之间[4],其地理信息要素虽不如后世地图那么准确,但其地理信息的专题性决定了其在河道河工方面的图上表达具有一定的准

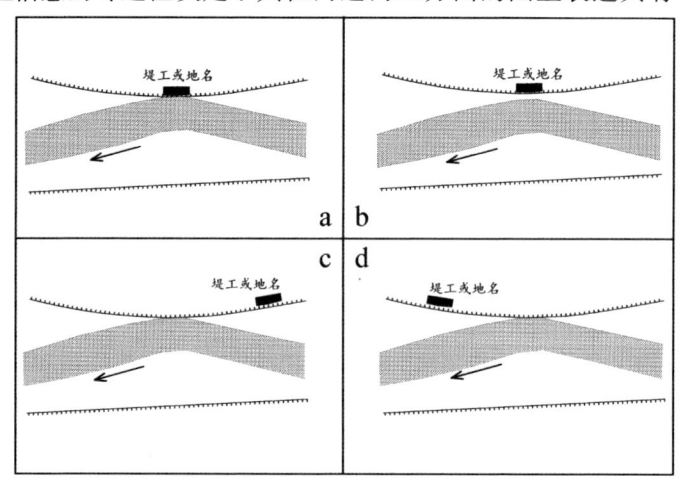

图1-2 河水流路与堤工地名位置分类示意图

---

1 GDEM V1与GDEM V2 30M分辨率数字高程数据详细信息,来源于中国科学院计算机网络信息中心地理空间数据云平台。
2 网址 www.tianditu.com。
3 明代罗洪先《广舆图》也有"黄河图",但只是表示河道与流经地点。
4 李孝聪:《古代中国地图的启示》,《读书》1997年第7期。

确性。尤其是河道内河流曲折蜿蜒,受河堤影响明显。基于此,本研究对河道内河道弯曲的位置和程度进行复原,利用这些河道弯曲的分布变化规律,进一步对河流的变化情况作研究判断。这一类的河道弯曲现象,下文简称"河弯"。图上堤工之间的距离并非等比例,但河道靠近堤工的位置非常明确。这种位置关系可以简单地分类为:a.河水沿堤行河,为河弯弯顶;b.河水靠近堤岸但并未沿堤,为河弯弯顶;c.河水下行趋势靠近堤岸,后有河弯弯顶;d.河水下行趋势远离堤岸,前有河弯弯顶。

基于以上这四种位置关系,我们就可以根据河图及图上堤工与地名信息,判断河水在河道内的行水位置了。

2. 地名考证法

河图上地名位置信息的准确程度各不相同,主要评价依据是其相对于河岸河堤的位置准确性。大致可以分为:

(1) 沿河地名考订

目前所见各类地名,其精确度并不相同,研究方法也有差异。堤工一般分布在河堤之上,部分埽工分布在堤内河岸上,相对最为准确。越堤附近地名一般分布在大堤之外的越堤内或邻近区域,其位置也比较准确。堤内山名和地名相对大堤位置可变化区域有限,一般可能变动区域仅限于一处河弯,因此也算准确。堤外靠近堤岸的山与村庄之所以标注名称,皆因其位置与大堤息息相关,距离大堤位置不远,可作参考地名,准确程度较堤内地名差一些。堤外各县州府城距堤岸的远近虽在图上表现的有所不同,但并不成比例。县州府城在图上的表达功能更强调沿河堤段属于哪个行政辖区,其位置信息准确程度大约可区分南北两岸,此类位置信息不能作为相对地名位置的推断依据。

明确了河道河工与河图的信息提取方法后,河道河弯与河工的考证就可以转化为地名的考证。

(2) 村镇级别的小地名考订方法

文献中关于黄河沿堤小地名的记载多与具体的事件有关,比如决口或是筑堤。此类文献记载最为详细,其中以张鹏翮《治河全书》各段"黄河事宜"[1]与《续行水金鉴》河水工程六卷[2]为代表:《治河全书》以县为单位,将各个堤段的起始位置及附近的村庄名称一一列出;《续行水金鉴》河水工程六卷以汛为单位,将各汛内新旧河工名称按照顺序列出并加以说明。两类文献中

---

[1] 卷10至卷12分别有"河南黄河图说""山东曹单二县黄河事宜""徐州黄河事宜""徐属黄河事宜""邳睢灵黄河事宜""宿迁黄河事宜""归仁堤事宜""清河山阳安东三县黄河事宜""高家堰事宜""淮河全图""淮河图说"。
[2] 卷45至卷50。

将沿河缕堤列出之后,再依次序将格堤越堤等一一列出,比较系统地保存了大量沿河小地名的名称和相对位置信息。

确定小地名的具体位置首先要缩小其所在位置的可能范围。由于《续行水金鉴》河水工程六卷中较好地保留了河道厅汛的各类信息,此时每县所管堤段都会涉及多个汛,以汛为单位的分段精度要高于以县为单位的精度。同时,《续行水金鉴》河水工程六卷与《六省黄河埽坝河道全图》及《中国历史地图集》(清时期)的时间断限都确定在1820年,因此将1820年的厅汛分界点确定以后就可以进行后续小地名的定位和把可能的范围系统地划分到更小的区域内,进一步提高本研究的精度。

(3) 古今地名对照方法

一旦地名确定到各汛堤段之后,就可以依据今地名系统进行地名对照,在大堤附近查找对应的地名。这一方法主要依据名称古今一致[1]或名称发音一致的原则,但具体处理又分为以下几种情况:

a. 地名一致性原则:所处河段一致为最佳,可直接确定位置,如皂河汛"朱家海"、崔镇汛"九里冈"与"九里岗";

b. 地名相似性原则:河段一致,但河工名称不见全名,以姓为线索,今有唯一同姓地名,可推测判断,如洋河汛"张工"位置定在"张庄"附近;

c. 地名疑似性原则:河段确定且无同姓地名,可参照相对位置找疑似地名,如烟墩汛堤段内"半边店",其定位点今地名为"大店";

d. 地名推测原则:河段确定且无疑似地点,仅能根据前后地名及沿堤距离等其他条件估测,准确度较低,如安东汛堤段内"时高工"。

其他河段不能确定的地名无法定位,也不能作为河道内行水位置的判定依据。

此外,黄河河工的名称都是以邻近村庄名称命名的,《续行水金鉴》中就有"半路刘埽工……乾隆年间名陶家庄,嘉庆年间名黄杨工,今名杨工,皆因民居地段而名工"。[2] 因地图所反映的信息受书写空间的限制,河工名称在图上有所简写,主要是姓氏开头的村庄简写为"姓"加"工",如皂河汛下"夏家马路工"简写为"夏工";多工相连,以每工首字并称同时加"工"命名,如安东汛下有"孙家庄工""汤家庄工"二工相连,图上简写为"孙汤工"。

一般情况下,河工名称中如果属于非姓氏工,名称一般不简写,如"九里冈工""小店工"等。在多工相连的情况下,非姓氏工名称也往往取首字简

---

[1] 包括地名中省略掉"家"的情况,如"戴家楼"今作"戴楼"。
[2] 黎世序等纂修:《续行水金鉴》卷47,商务印书馆1937年,第1021页。

写,如外北厅北岸汛下"马烟卞工"中的烟并非姓氏,而是"烟墩工"简写。因此,对于河工的定位,主要依靠其地名的位置判定。

将小地名落实在今地名上,也需要注意今地名系统的差异。本研究所采用的今地名系统为两类:一类为中国人民解放军总参谋部测绘局制《五万分之一地形图》,本套地图覆盖明清黄河故道全部河段,图上地名时代处于20世纪六七十年代,尤其是自然村地名信息保存完好;另一类为21世纪地名。本研究使用了天地图在线地图地名系统与《中国分省地图册》之《河南省地图册》《安徽省地图册》《山东省地图册》《江苏省地图册》。今地名时间以分省地图册的2008年为准,以方便说明各地名的位置与隶属关系。这两类地名系统配合使用,最后考订地点以2008年为准。

此外,在地名考订过程中注重按图复原,因为图提供的信息更直观,河道弯头尤其是当时明显的河弯信息,只有依据堤工地点等信息绘制,河弯信息才可以保持完整。

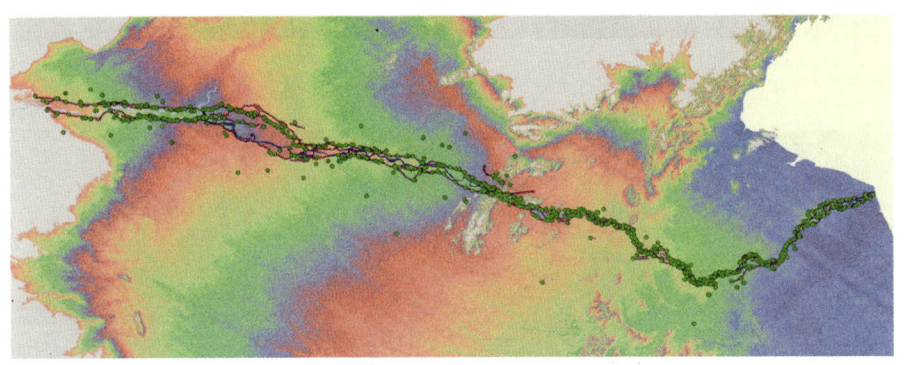

图1-3 研究区域内控制点地名分布示意图

3. 微地貌研究中的高程数据应用

黄河下游是典型的悬河。"悬河"指河床高出两岸地面的河流,又称"地上河"。悬河的成因是,含沙量大的河流至河谷开阔、比降不大、水流平缓的河段,泥沙大量堆积,河床不断抬高,水位相应上升;为防止水害,两岸大堤亦随之不断加高,年长日久,河床高出两岸地面,成为"悬河"。黄河每年大约有4亿吨泥沙淤积于下游河道,河床逐年升高,使黄河下游成为世界上著名的"悬河"。黄河在明清黄河故道行河的时间近三百年,尽管从1855年黄河改道到现在约一百五十年时间里地貌的后期塑造遮盖了大部分原始景象,但这一故道目前仍然高于两岸地面数米不等。也正是基于黄河故道河床明显高于两岸的特点,使得利用高程数据对黄河故道的研究成为可能。

明清黄河故道研究的区域内,河道高程为 0—70 米不等,其中兰考至徐州段高程约为 40—70 米,徐州至淮安清口段高程约为 14—40 米,淮安清口到废黄河口段高程约为 0—14 米。结合不同河段的高程分布特点,在确定河道边界时,高程在 20—70 米河段采用 10 米等高设色,20 米以下河段采用 5 米等高设色,这样的设色方案可以比较好地从宏观上分辨出线性特征明显的故道两岸边缘位置。

图 1-4　徐州以上河段 DEM 数据处理影像

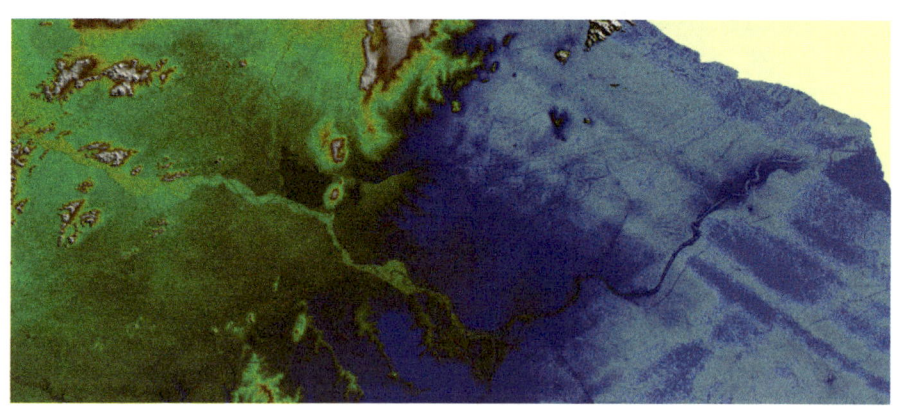

图 1-5　徐州以下河段 DEM 数据处理影像

数字高程模型(DEM)分为两类:SRTMDEM 分辨率为 90 米,利用此数据进行宏观上的地形模拟,可以对 10 千米级的现状地物进行有效识别;ASTER GDEM 分辨率为 30 米,等高距 2—3 米设色,在具体河段可以反映河道内部地貌的高低起伏,对判断河水的可能走向具有一定意义。

DEM 数据的作用主要还是在宏观地势的参考判断上,尤其是历史时期的行水河道,其典型的线性痕迹识别效果优良。

第二章 明清黄河故道研究的定位基础
——1820 年河道厅汛堤段分界

明清黄河的治理,一为治理水患,一为保证漕运。清代对黄河河务的管理在实践中不断发展,"建立起了较为完备的分段分级的管理体系和赏罚严明的条例"[1],其中涉及大堤的分段管理,将黄河沿岸堤防各堤段明确地划分到不同的管理单元中。作为具体的河务管理单位,黄河厅汛的分布直接与空间地域相关,与行政区划不同的是,厅汛所管区域是带状的沿黄大堤。将各厅汛所辖堤段一一辨明,可以为以黄河河务为主要对象的相关研究提供空间意义上的参考基础。清代厅汛分段明确,尤其在以较为详细的河图为主要参考资料时,对黄河河道内行水位置的判定有着极其重要的意义。

《续行水金鉴》[2]所辑资料由顺治八年(1651年)至嘉庆二十五年(1820年),其中河水篇50卷。在"河水工程"内容中,以黄河南北两岸河道厅汛为基本单位,将各汛内新旧河工名称按照顺序列出,并对各堤工历史与修建信息加以说明。对照其河道厅汛设置记载,整理出的河道厅汛关系如图2-1。

《续行水金鉴》河水工程六卷与《六省黄河埽坝河道全图》《中国历史地图集》(清时期)的时间断面都确定在嘉庆二十五年(1820年),综合利用三种资料,可将1820年黄河南北两岸厅汛所管河堤分段依次确定,方便后续的小地名考证工作。之后各章文字关于南北岸的叙述均沿袭《续行水金鉴》的描述方式,将沿黄河流向的左岸称为"北岸",沿黄河流向的右岸称为"南岸"。

一、北岸大堤堤段分界

(一) 河南河北道属堤段

黄沁厅,位于黄河、沁河交汇处。黄沁厅所属河段原设有沁河厅管理丹河与沁河。雍正三年,添设怀庆府黄河厅[3],管理武陟、荥泽二县黄河北岸河务,本段始有专员管理黄河河务。乾隆七年,裁沁河厅,其原管武陟县境内的黄河木栾店埽工改归黄河厅,黄河厅改称黄沁厅。[4] 乾隆四十九年,将上

---

1 颜元亮:《清代黄河的管理》,收入中国科学院水利电力部水利水电科学研究院《水利史研究室五十周年学术论文集》,第313页。
2 本书使用超星电子图书提供的商务印书馆1937年影印版。
3 "添设河南开封府南北两岸管河同知各一员,怀庆府管河同知一员。从副总河嵇曾筠请也。"——《世宗宪皇帝实录》(一)卷29,雍正三年二月丙申,《清实录》,中华书局1985年,第7册,第441页。
4 "……又怀庆府沁河通判所管沁河,止武陟、木栾店一带,埽工无多。同府原设有黄河同知、粮捕通判二员,如将丹、沁两岸埽工及水利泉źre,改令就近分管,则沁河通判亦可议裁。又阳武县县丞所管黄河南岸埽工,界联郑州,应并郑州州判兼管。……均应如所请。从之。"——《高宗纯皇帝实录》(三)卷166,乾隆七年五月上戊辰,《清实录》,第11册,第102页。"吏部议准,河东河道总督白钟山奏称:河南下北河同知原管仪封县汛堤工,今已归曹仪通判所属,其下北河同知应铸给分管开封府祥陈兰下北岸同知关防;新设曹仪通判应铸给分管曹仪河务通判关防。从之。"——《高宗纯皇帝实录》(三)卷180,乾隆七年十二月上辛卯,《清实录》,第11册,第326页。

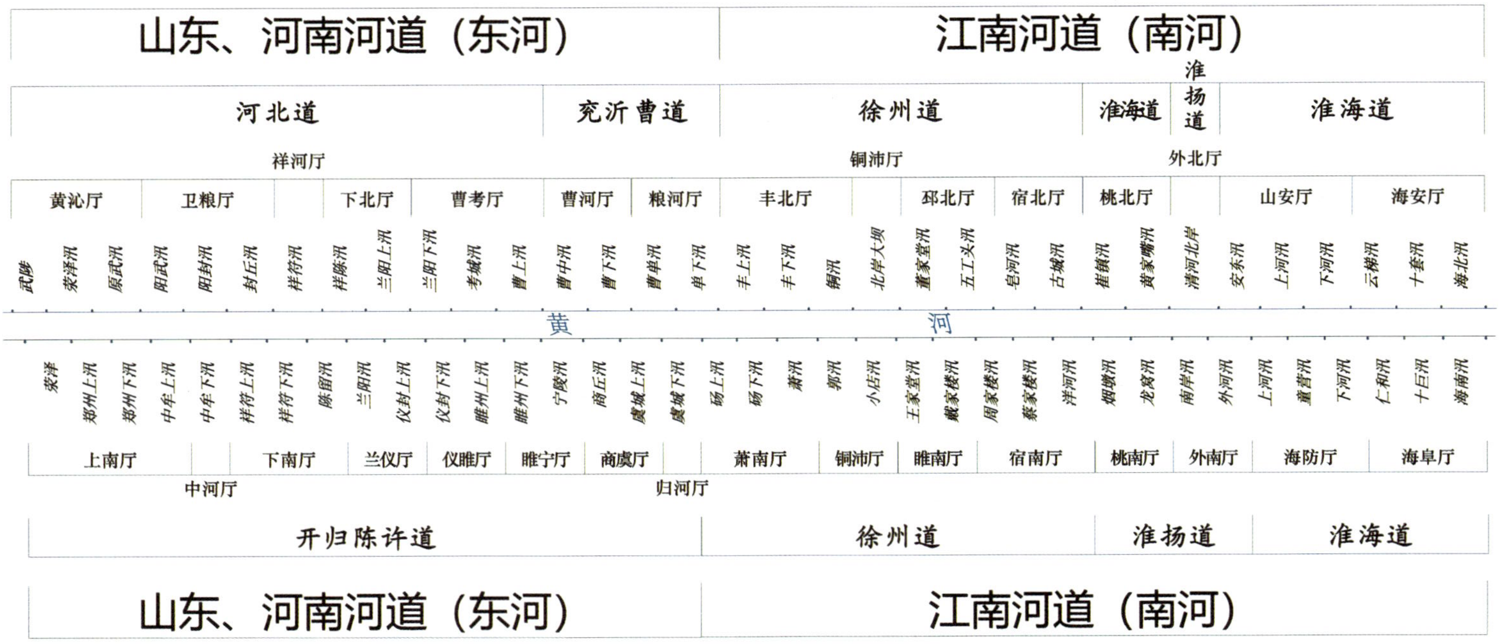

图 2-1　1820 年河道厅汛关系示意图

北厅所属原武汛堤三十七里划归黄沁厅管理。[1]

至嘉庆二十五年,黄沁厅管理武陟、荥泽、原武三县境内黄河北岸堤埽工程以及武陟县境内沁河木栾店埽工。所辖沿黄堤段西自沁河北堤尾黄河遥堤头起,东至上北卫粮厅属阳武汛上界止,总堤长一万四千五百十五丈,管有堡夫二百三十一名、河兵一百八十六名。设置三汛:武陟汛、荥泽汛、原武汛。[2]

武陟汛,原管沁河与黄河堤防工程,乾隆七年改为专管黄河堤工。所管黄河堤工西自沁河北堤尾起,东至荥泽汛上界止,堤长六千三百三十四丈,其中遥堤至缕堤头三千三百五十一丈,缕堤头至荥泽汛界二千九百八十三丈。武陟汛以下为荥泽汛,两汛交界位置应在两县交界处,根据中国历史地理信息系统(CHGIS)1820年数据提供的怀庆府与开封府界线数据,两汛交界位置应位于今原阳县夹堤村附近黄河大堤上。

荥泽汛,所管堤段西自武陟汛下界起,东至原武汛上界止,堤长一千五百三十七丈。荥泽、原武有越堤三千三百三十九丈,自头堡至原武八堡,道光元年创筑。荥泽汛以下为原武汛,两汛交界位置应在两县交界处,根据中国历史地理信息系统(CHGIS)1820年数据提供的怀庆府与开封府界线数据,两汛交界位置应位于今原阳县老庄村附近黄河大堤上。

原武汛,所管堤段自荥泽汛下界起,东至上北卫粮厅属阳武汛上界止,堤长六千七百四十四丈。原武汛以下为阳武汛,两汛交界位置应在原武、阳武两县交界处,按《六省黄河埽坝河道全图》所示在李庄以上,参考中国历史地理信息系统(CHGIS)1911年县界数据,在清代原武、阳武两县交界处阳武县境内沿堤今有李庄村,因此两汛交界位置应在今原阳县李庄村以上小刘固村附近。

卫粮厅,全称应为上北卫粮厅。卫粮厅所属河段,康熙年间在开封府黄河北岸设有同知一员管理河务。雍正三年,原同知改上北河厅[4],雍正五年

---

1 "署河东河道总督兰第锡奏,豫省黄河北岸原设四厅。内黄沁同知、上北河同知、曹考通判三缺工程现属平缓,惟下北河同知一缺旧有兰阳铜瓦厢,祥符十二堡、十八堡,三处险工。上年新改兰阳李六口工,亦其界内,是该厅现有险工四处。今年六七月河水陡长陡落,四处同时报险,均系迎溜顶冲。派员分段抢护,始获平稳。查一厅四险,同知一员,诚恐顾此失彼,请将上下各厅险工酌量改拨分管。祥符十二堡,归上北河同知管。兰阳李六口,归曹考通判管。惟留十八堡,铜瓦厢二处,归下北河同知,庶可专心料理。至上北河厅工段,里数较远,今又添拨十二堡,更觉加长。请将上北河厅原管之原武汛大堤,长六千七百四十四丈,拨归黄沁同知管辖,以资分理。得旨,如所议行。"——《高宗纯皇帝实录》(一六)卷1219,乾隆四十九年十一月辛巳,《清实录》,第24册,第360页。
2 《续行水金鉴》卷45,第969页。
3 以下各示意图中县市今地名为2011年地名,以作为古今对照依据。厅汛名称依照《六省黄河埽坝河道全图》所记名称,以作对应。

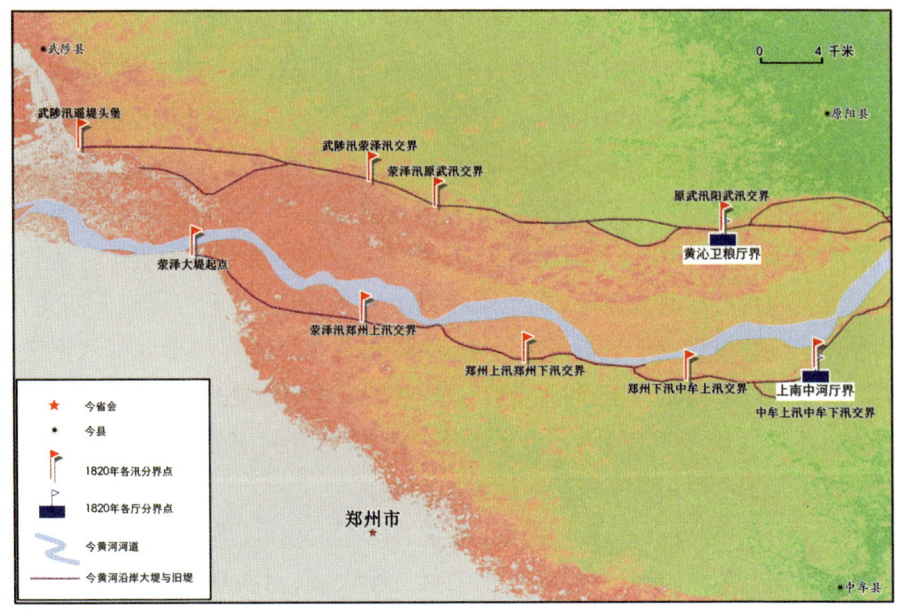

图 2-2 黄沁厅堤段示意图[1]

移驻阳武县太平镇,同时添设下北河厅[2],划原武、阳武、封丘三县境内堤工归下北河厅管理。[3] 乾隆五十年,原武汛三十七里堤工划归黄沁厅管理,原下北河厅所属祥符汛堤三十里划归上北河厅管理,上北河厅管阳武、阳封、封丘、祥符四汛。[4] 嘉庆八年,阳武、阳封、封丘三汛堤工划归卫辉府管粮通判管理,称上北卫粮厅;上北厅改名为祥河厅,只管祥符汛一地。[5]

至嘉庆二十五年,上北卫粮厅管理阳武、封丘二县境内黄河北岸堤埽工程。所辖堤段西自黄沁厅属原武汛下界起,东至祥河厅属祥符上汛上界止,总堤长一万六千四百七十九丈八尺。管有堡夫一百四十五名、埽夫二十名、

---

1 "添设河南开封府南北两岸管河同知各一员,怀庆府管河同知一员。从副总河嵇曾筠请也。"——《世宗宪皇帝实录》(一)卷29,雍正三年二月丙申,《清实录》,第7册,第441页。

2 "移河南上北河同知改驻阳武县太平镇地方,其新设之上南河同知驻中牟县杨桥,下北同知驻祥符县陈桥,怀庆府黄河同知驻武陟县二铺营,武陟县主簿驻木栾店。从河南总督田文镜请也。"——《世宗宪皇帝实录》(一)卷61,雍正五年九月壬午,《清实录》,第7册,第944页。

3 《续行水金鉴》卷45,第975页。

4 "祥符十二堡归上北河同知管,兰阳李六口归曹考通判管;惟留十八堡、铜瓦厢二处,归下北河同知,庶可专心料理。至上北河厅工段里数较远,今又添拨十二堡,更觉加长,请将上北河厅原管之原武大堤,长六千七百四十四丈,拨归黄沁同知管辖,以资分理。得旨,如所议行。"——《高宗纯皇帝实录》(一六)卷1219,乾隆四十九年十一月下辛巳,《清实录》,第24册,第360页。《清实录》时间为乾隆四十九年;《续行水金鉴》为乾隆五十年,应是实际执行时间。

5 "改河南北岸上北同知为祥符北岸河务同知,卫辉府粮河通判为上北卫粮河务通判,南岸睢州上汛千总为怀河营北岸阳封守备,下北厅属陈把总为南岸睢州上汛把总,上北厅属祥把总为祥符上汛把总。添设祥陈下汛、封丘汛外委各一员。从署东河道总督嵇承志请也。"——《仁宗睿皇帝实录》(二)卷110,嘉庆八年三月乙巳,《清实录》,第29册,第467页。

河兵一百七十名。设置三汛：阳武汛、阳封汛、封丘汛。[1]

阳武汛，管理阳武县境内堤工，所管堤段西自原武汛下界起，东至二十三堡止，堤长六千零七十三丈。阳武汛之下为阳封汛，两汛交界位置按《六省黄河埽坝河道全图》所示在三官庙附近，今原阳县沿黄河有三官庙村，两汛交界位置当在此处。

阳封汛，管理阳武、封丘二县境内堤防工程，所管堤防自阳武汛下界起，至封丘汛上界止，堤长五千零五丈五尺。阳封汛之下为封丘汛，两汛交界位置按《六省黄河埽坝河道全图》所示在于家店以上，于家店位置在五堡堤外，另有顺河集在五堡堤内；今封丘县沿黄河大堤有于店村，于店以南有顺河集；按五堡堤长估算，两汛交界位置应在今原阳县韦城村附近。

封丘汛，管理封丘县境内堤防工程，所管堤段自阳封汛下界起，至祥河厅祥符上汛上界止，堤长五千三百五十二丈五尺。封丘汛之下为祥符上汛，两汛交界位置应在封丘县、祥符县交界处，按《六省黄河埽坝河道全图》所示在辛店以上。张鹏翮《治河全书》记载祥符大堤"第一段，西自封丘县李七寨前堤界起，东至五堡东止，长一千二百七十丈，康熙九年加帮坐落新店前"。今五万分之一地形图沿黄河大堤依次有李七寨村和辛店集。综合判断两汛交界位置，应在今封丘县李七寨前大堤上。

祥河厅，位于祥符北岸。祥河厅所属河段，雍正三年后隶属于新设下北厅。乾隆四十九年隶属上北厅。[2] 嘉庆八年，因祥符汛内十二堡到十六堡多生险工，于是上北厅只管头堡至十七堡的堤埽工程，辖区缩小后的上北厅更名为祥河厅。[3]

至嘉庆二十五年，祥河厅管理黄河北岸祥符县境内上段临河堤埽工程。所辖堤段西自卫粮厅属封丘汛下界起，东至下北厅属祥符下汛上界止，总堤长五千四百十丈。管有堡夫六十五名、埽夫二十名、河兵九十八名。设置一汛：祥符汛。[4]

祥符汛，或称祥符北岸汛，《六省黄河埽坝河道全图》所示也称为祥符上汛。管理黄河北岸祥符县境内上段临河堤埽工程，所管堤段自卫粮厅属封丘

---

1 《续行水金鉴》卷45，第975页。
2 "祥符十二堡，归上河同知管。"——《高宗纯皇帝实录》（一六）卷1219，乾隆四十九年十一月下辛巳，《清实录》，第24册，第360页。
3 "改河南北岸上北同知为祥符北岸河务同知，卫辉府粮河通判为上北卫粮河务通判，南岸睢州上汛千总为怀河营北岸封丘守备，下北厅属祥符把总为南岸睢州上汛把总，上北厅属封丘把总为祥符上汛把总。添设祥陈下汛、封丘汛外委各一员。从署东河道总督嵇承志请也。"——《仁宗睿皇帝实录》（二）卷110，嘉庆八年三月乙巳，《清实录》，第29册，第467页。
4 《续行水金鉴》卷45，第980页。

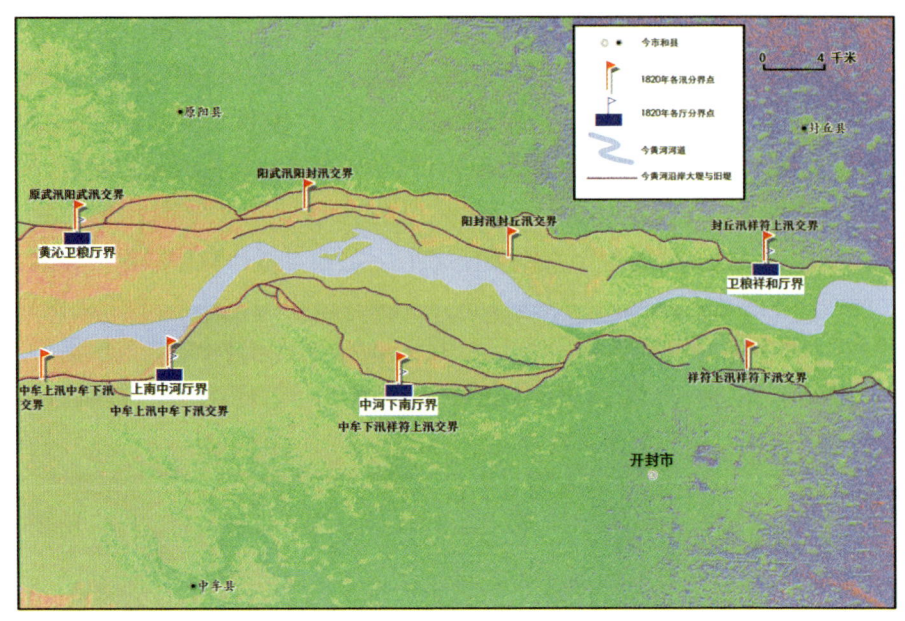

图 2-3 卫粮厅堤段示意图

汛下界起,至下北河厅属祥符下汛上界止,堤长五千四百十丈。祥符上汛与祥符下汛交界处在祥符上汛十六堡堤尾,张鹏翮《治河全书》记载祥符境内大堤"第八段西自十二堡起东至十五堡东止,长九百九十九丈,顺治七年加帮坐落马坊前;第九段西自十五堡东起东至贾家堂东止,长五百丈,顺治十八年加帮坐落厂门口西南"。今五万分之一地形图上有马坊村与厂门口村,其下有清河集村,按《六省黄河埽坝河道全图》所示,清河集应在祥符下汛六堡附近。综合考虑两汛交界位置,大约在今封丘县马坊以下厂门口西南附近。

下北厅,也称下北河厅。下北厅所管河段,雍正三年管祥符、陈留、兰阳、仪封四县境内堤工。[1] 乾隆五年,添设曹仪厅[2],仪封汛拨归曹仪厅管。乾隆四十九年,祥符汛头堡至十六堡拨归上北厅管理,兰阳汛分为上下二汛,下汛改归曹考下北厅管理。[3]

至嘉庆二十五年,下北厅管理祥符、陈留、兰阳三县境内黄河北岸堤埽工程。上自祥河厅属祥符上汛十六堡东交界处起,下至曹考厅属兰阳下汛上界止,总堤长九千二百五十九丈。管有堡夫九十七名、河兵一百九十名。

---

1 《世宗宪皇帝实录》(一)卷29,雍正三年二月丙申,《清实录》,第7册,第441页。
2 "乙未,吏部议准,河东河道总督白钟山等疏称:山东曹州府黄河同知与河南开封府下北河同知所属河工均最险要,河堤绵远,厅员势难兼顾,应添设曹仪通判一员,与原设之黄河同知、下北河同知画地分防。从之。"——《高宗纯皇帝实录》(二)卷111,乾隆五年二月下乙未,《清实录》,第10册,第643页。
3 《高宗纯皇帝实录》(一六)卷1219,乾隆四十九年十一月下辛巳,《清实录》,第24册,第360页。

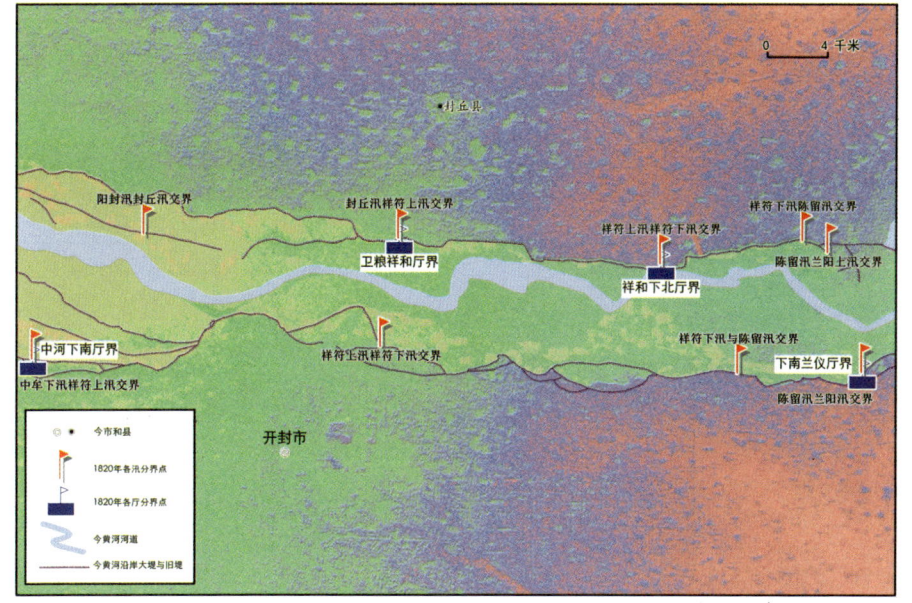

图 2-4 祥河厅堤段示意图

设置二汛:祥陈汛、兰阳上汛。[1]

  祥陈汛,所管堤段上自十七堡祥符上汛下界起,下至兰阳上汛上界止,堤长四千五百四十四丈。按《六省黄河埽坝河道全图》所示,祥陈汛实际分为:祥符下汛设有十二堡,陈留汛设有二堡。祥符下汛与陈留汛交界处,按二堡的堤长距离由铜瓦厢新庄集估测应当在今封丘县李庄附近。陈留汛与兰阳上汛交界处,按《六省黄河埽坝河道全图》所示在铜瓦厢以上新庄集附近,今铜瓦厢旧址以上存有前辛庄、后辛庄,两汛交界位置应当在两村以上的黄河大堤上。

  兰阳上汛,所管堤段上自祥陈汛陈留下界起,下至曹考厅属兰阳下汛上界止,堤长四千七百十五丈。兰阳上汛与兰阳下汛界,按《六省黄河埽坝河道全图》所示应在兰阳上汛十八堡堤尾。因受 1855 年黄河改道影响,此地地名与兰阳上汛堤长不易推测。按兰阳下汛共八堡,由兰阳下汛与考城汛交界处向上估算堤长,综合五万分之一地形图提供的沿黄旧堤信息,两汛交界位置大致应在今兰考县普营村附近。

  曹考厅,位于下北厅以下。曹考厅所管河段内,原设有黄河厅;乾隆五年在曹州设曹仪厅,专管曹县曹家庄至仪封兰阳两县交界一段的黄河河道

---

1 《续行水金鉴》卷 45,第 982 页。

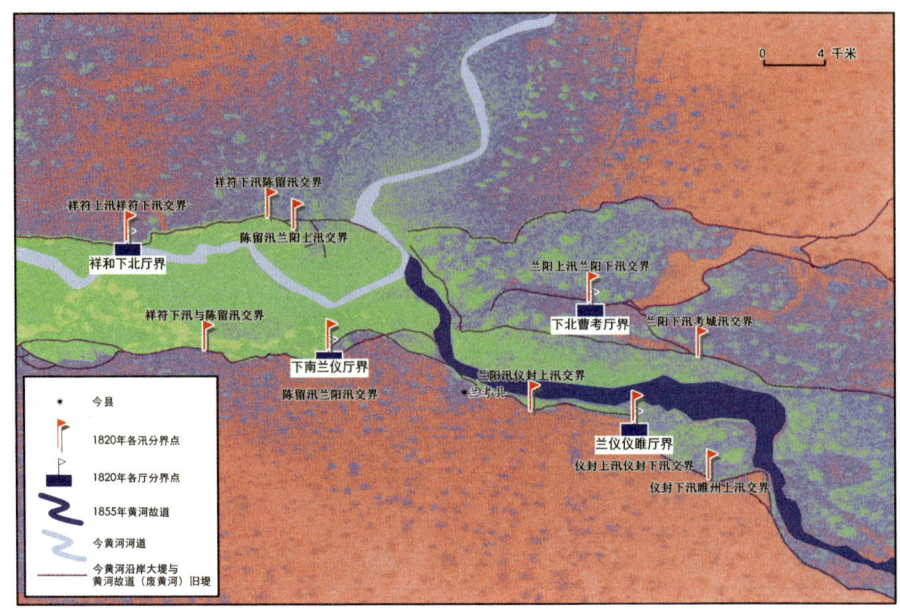

图 2-5 下北厅堤段示意图

工程,原黄河厅改为曹单厅;山东曹县的黄河北岸堤工隶属于曹单厅,河南仪封的北岸堤工隶属于下北河厅[1];乾隆四十八年[2],改曹仪厅为曹考厅,次年原下北河厅所管兰阳下汛十五里堤改归曹考厅管辖。[3]

至嘉庆二十五年,曹考厅管理河南、山东黄河北岸兰阳、考城、曹县堤埽工程。河南境内上自下北厅属兰阳上汛下界起,下至山东曹上汛止,堤长一万一千八百八十丈,管有堡夫一百四十二名、河兵一百四十二名;又管山东境内曹上汛堤东至曹河厅属曹中汛上界止,堤长八千五百七十丈四尺,管有堡夫六十四名、河兵五十名。所管河南山东两省境内总堤长二万零四百五十丈四尺,共管有堡夫二百零六名、河兵一百九十二名。设置三汛:兰阳下汛、考城汛、曹上汛。[4]

---

[1] "吏部议准,河东河道总督白钟山等奏称:山东黄运两河止设管河道一员,道里绵远,必得大员分任,专司防守。查兖沂曹道,曹单二县,即其所辖地方。东省黄河,系在曹单二县汛内,管理甚便。该道专司分巡,职事稍简,河务不难兼管。与其将黄运两河令河道一员兼管,顾此失彼,不若令兖沂曹道分任更为妥协。请将管河道改为通省运河道,专管运河一切蓄泄疏浚闸坝事宜,仍管河库事务。兖沂曹道改为分巡兖沂曹三府,专管黄河一切宜事,于运道民生,均有裨益。从之。"——《高宗纯皇帝实录》(二)卷115,乾隆五年四月下甲午,《清实录》,第10册,第691页。

[2] "(乾隆)四十八年,仪封郭家楼决口……另开新河,改南堤为北堤,移考城县治于北岸张村集,属卫辉府。将南岸考城之地全归睢州,北岸仪封之地全归考城。乃改曹仪通判为曹考。"——《续行水金鉴》卷45,第986页。

[3] 《高宗纯皇帝实录》(一六)卷1219,乾隆四十九年十一月下辛巳,《清实录》,第24册,第360页。

[4] 《续行水金鉴》卷45,第986页。

兰阳下汛,所管堤段上自兰阳上汛下界李六口大坝以北新北堤尾起,下至八堡以下考城汛上界止,堤长二千七百四十七丈;又自考城汛头堡起至八堡马店以东止,堤长三千二百四十丈。共管堤长五千九百八十七丈。兰阳下汛与考城汛交界于考城马店以东,五万分之一地形图显示今兰考县沿河旧堤有前马店、后马店村紧密相邻,应为当时马店位置。参考《六省黄河埽坝河道全图》,两汛交界处在黄河旧河道(兰阳改河之前此段黄河河道),对岸有曲家楼,今对应位置有"曲楼",因此两汛交界处应定位于今民权前马店村东。

考城汛,所管堤段上自兰阳下汛下界起,下至二十八堡下横坝山东曹县曹上汛上界止,堤长一万一千八百八十丈。考城汛与曹上汛交界处应为当时河南山东二省界,参考五万分之一地形图旧堤位置,可将交界处定于今河南民权县蔡庄附近。

曹上汛,所管堤段上自考城汛下界横坝[1]中间起,下至曹中汛上界至,堤长八千五百七十丈四尺。管有堡夫六十四名、河兵五十名。曹上汛、曹中汛交界处,按《续行水金鉴》记载应在高家庄后。《山东通志》记载两汛交界处当在沈家店、冯家庄以下红山庙附近,沈家店之前有史家楼。今五万分之一地形图"曹县"幅显示,"黄河北故道"曹县境内依次有史楼村、沈店村、冯楼村,按相对位置判断,与记载中史家楼、沈家店、冯家庄吻合;同时利用堤长距离沿旧堤估测,两汛交界处应在今山东曹县北青山乡徐庄附近。

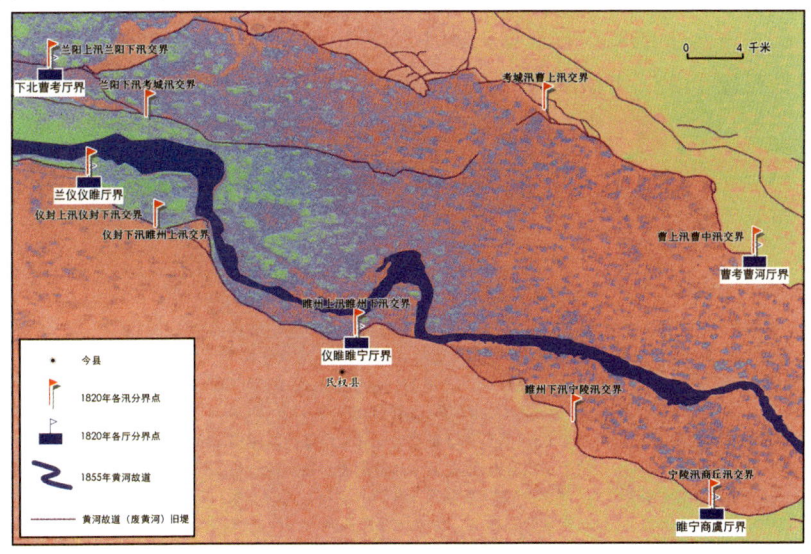

图2-6 曹考厅堤段示意图

---

1 《续行水金鉴》卷46原文注:"乾隆四十八年筑。"第991页。

(二) 山东兖沂曹道属堤段

曹河厅，位于山东境内。曹河厅所属河段，康熙年间设有兖州府属黄河管河同知一员，管理曹单二县所属各堤河工程。雍正十三年，原兖州府属管河同知归属于新设的曹州府[1]，所管堤段自河南仪封县界至江南砀山县界。乾隆五年[2]，添设曹仪通判一员，专管仪封、兰阳界县至曹县曹家庄段河道工程；原黄河同知改称曹单同知，管理曹县曹家庄至单县与江南交界段河道工程。乾隆四十七年，将原黄运协办守备改为黄河协备，专管曹单黄河工程。[3] 嘉庆四年[4]，原曹单同知改为曹河同知，专管曹县所属堤河；同时，改原曹州府管粮通判为粮河通判，专管曹县下境及单县堤河，原曹单厅分为曹河厅和粮河厅。

至嘉庆二十五年，曹河厅管理山东曹县黄河北岸堤河工程。上自曹考厅属曹上汛下界起，下至粮河厅属曹单汛上界止，总堤长一万七千一百三十二丈。设置二汛：曹中汛、曹下汛。[5]

曹中汛，所管堤段上自安陵巡检所管曹上汛下界高家庄后起，下至曹下汛上界刘家楼西止，堤长九千四百四十八丈。管有堡夫五十二名、河兵六十名。曹中汛与曹下汛交界处，按《续行水金鉴》所载应在刘家楼，《六省黄河埽坝河道全图》所示应在望鲁集以上，五万分之一地形图显示今曹县有望鲁集。沿河旧堤向上，按堡数与堤长估算，刘家楼大约在今曹县刘堤角村附近。

曹下汛，所管堤段上自曹中汛下界起，下至粮河厅属曹单汛上界止，堤长七千六百八十四丈。管有堡夫四十二名[6]、河兵八十名。曹下汛与曹单汛交界处在曹下汛二十堡堤尾；《续行水金鉴》记载：嘉庆四年设粮河厅，分曹县下汛堤长二千零五十六丈；《六省黄河埽坝河道全图》所示两汛分界点在曹下汛越堤堤尾。综合五万分之一地形图旧堤信息判断，两汛交界处大约在今单县王楼村附近。

---

1 "又兖州府军捕同知现驻桃源集地方，兖州府黄河同知现驻曹县望鲁集地方，俱应改属曹州府。"——《世宗宪皇帝实录》(二) 卷158，雍正十三年七月甲辰，《清实录》，第8册，第933页。
2 《高宗纯皇帝实录》(二) 卷115，乾隆五年四月下甲午，《清实录》，第10册，第691页。
3 "兵部等部议准，河东河道总督兰第锡奏称，山东黄运河营原设守备一员，协备一员正备衔署，建设曹县望鲁集地方。协备向无衙署，嗣于乾隆四十七年，将黄运守备改为专管运河守备，以山东河统归协备经管。运河守备，自不得仍驻旧地，请于运河适中之济宁州城内，建盖运河守备衙署。其所遗望鲁集衙署，即改为黄河协备衙署。从之。"——《高宗纯皇帝实录》(十六) 卷1230，乾隆五十年五月上癸丑，《清实录》，第24册，第500页。
4 "改山东曹单同知为曹河同知，专管曹汛堤工。曹州府管粮通判为粮河通判，管辖曹下汛及单汛堤工。裁河南修武县丞，设山东曹单管河县丞。其原管小丹河工段，归并河内县丞管理。裁河南考城汛千总，设置单协办守备。其原管旧堤，归于考城主簿，并添设之分防外委管理，增设员外外委一员。从署河东河道总督吴璥等请也。"——《仁宗睿皇帝实录》(一) 卷48，嘉庆四年七月上乙丑，《清实录》，第28册，第594页。
5 《续行水金鉴》卷46，第993页。
6 《续行水金鉴》卷46原文注："额定堡夫四十名，外加城武县拨协看堤堡夫二名。"第999页。

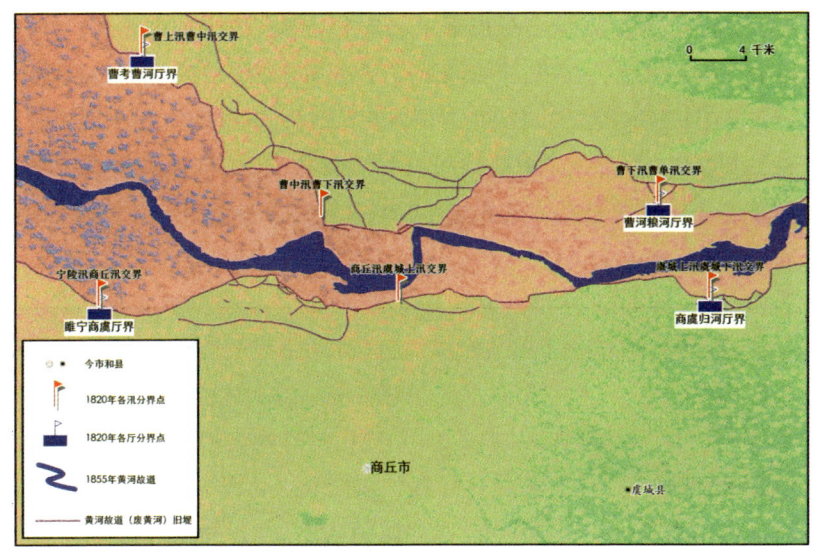

图 2-7 曹河厅堤段示意图

　　粮河厅,在曹河厅以下。粮河厅所属河段,原属曹单厅。嘉庆四年[1],原曹单同知改为曹河同知,专管曹县所属堤河。同时,改原曹州府管粮通判为粮河通判,专管曹县下境及单县堤河,原曹单厅分为曹河厅和粮河厅。

　　至嘉庆二十五年,粮河厅管理曹县下段与单县境内堤河工程。上自曹下汛夫二十一堡起,下至江南丰北厅属砀山县(丰上汛)上界止,总堤长一万四千六十五丈。设置二汛:曹单汛、单下汛。[2]

　　曹单汛,其单县部分又称单上汛。[3] 按《六省黄河埽坝河道全图》图示,其所管堤段分为两段:曹县部分称曹县汛,设六堡;单县部分称单县汛,设十四堡。所管堤段自曹下汛夫二十一堡起,至单下汛上界止,堤长七千九十六丈。[4] 管有堡夫四十名[5]、河兵三十九名。《续行水金鉴》记载:嘉庆四年,添设曹单县丞,将汛内头堡至十四堡止,堤长五千四十丈,分隶县丞,名单上汛,十五堡之后即为单下汛,因此曹单汛与单下汛交界位置在原单县汛十四堡;《山东通志》记载:(单县)第十四段堤,由李家楼前开始,到十四堡西戗堤;第十五段堤,由十四堡西开始,到三官庙。因此单县十四堡堤尾应在李家楼以下三官庙。《六省黄河埽坝河道全图》所示十四堡堤外有"黄岗",今山

1　《仁宗睿皇帝实录》(一)卷48,嘉庆四年七月上乙丑,《清实录》,第28册,第594页。
2　《续行水金鉴》卷46,第1000页。
3　《续行水金鉴》卷46原文注:"嘉庆四年,添设曹单县丞,将汛内头堡至十四堡止,堤长五千四十丈分隶县丞,名单上汛。"第1003页。
4　《续行水金鉴》卷46原文注:"曹汛堤长二千五十六丈,单汛堤长五千四十丈。"第1001页。
5　《续行水金鉴》卷46原文注:"曹县十二名,单县二十八名。"第1000页。

东单县有黄岗集,五万分之一地形图显示其南部靠近旧堤有李楼村,三官庙位置无可考。按一堡堤长二里,今将两汛交界处定于李楼以下今周新庄附近。

单下汛,所管堤段自单上汛(曹单汛)下界起,至江南丰北厅属丰上汛交界处止,堤长六千九百六十九丈。管有堡夫三十九名、河兵四十名。单下汛与丰北厅丰上汛交界处位于山东、江南两省界马良集附近,今单县与丰县交界处有马良集。

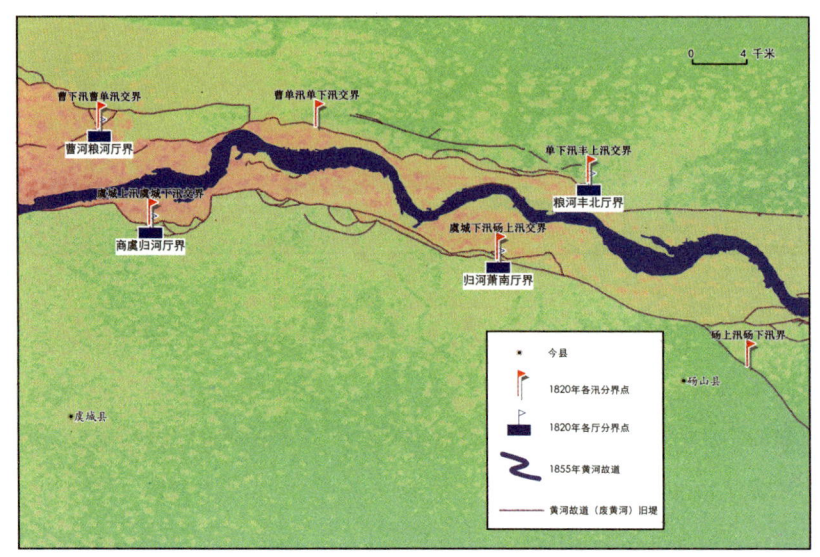

图2-8　粮河厅堤段示意图

(三) 江南徐州道属堤段

丰北厅,位于徐州以上河段。丰北厅所管河段,原隶属于徐州河务同知管辖。乾隆二年[1],设丰萧砀通判,管理江南交界处至铜山县王家山段黄河两岸工程。乾隆五十五年[2],裁原徐州盐捕通判,添设丰北通判,分管段内北岸。嘉庆八年,总河吴璥将丰汛分为丰上、丰下二汛。[3] 咸丰十年六月,裁

1　"乾隆二年,江南河道总督高斌题请添设徐州府丰萧砀通判一员。……今添设之丰萧砀通判,阜阳县县丞,山阳县童营司巡检,清河县之通济、福兴,盐城县之天妃上冈草堰,兴化县之白驹,江都县之芒稻等闸官七缺。详察情形,难以议裁,应如所请。从之。"——《高宗纯皇帝实录》(三)卷192,乾隆八年五月上辛卯,《清实录》,第11册,第471页。

2　"吏部议准,两江总督孙士毅奏请将徐州府盐捕通判裁汰,改为丰砀北通判,专管北岸工程。所有原管盐捕事务改归铜沛同知兼管。原设丰砀通判改为萧砀南通判,专管南岸工程。原设丰砀守备改为萧砀南岸河营守备,专管南岸工程。其安阜营守备请裁汰,改为丰砀北岸河营守备,专管北岸工程。原设安阜营经管工程,归并山安营守备兼管。其徐州府通判,原系简缺,今改为江工丰砀。北岸通判,定为要缺,在外拣调。从之。"——《高宗纯皇帝实录》(一八)卷1367,乾隆五十五年十一月下壬寅,《清实录》,第26册,第341—342页。

3　《续行水金鉴》卷46,第1005页。

丰北厅。[1] 丰北厅与粮河厅分界点即山东与江南两省分界处。

至嘉庆二十五年，丰北厅管理砀山、丰县、铜山三县境内黄河北岸工程。上自山东单县粮河厅马良交界处起，下至铜沛厅大坝汛大谷山止，总堤长二万七千四百丈二尺。设置三汛：丰上汛、丰下汛、铜汛。[2]

丰上汛，所管堤段自山东单县马良集起，至丰下汛毛家马路界止，堤长八千六百十六丈。管有堡夫四十名、河兵八十八名。丰上汛与粮河厅单下汛分界于单县与丰县交界处，按《六省黄河埽坝河道全图》所示应在曲家楼以上；按同治《江南省黄河全图》所示，临堤为马良坝，其北侧为曲家楼。今单县与丰县交界处有马良集，马良坝当在此附近。丰上汛、丰下汛界，按《六省黄河埽坝河道全图》所示应在吴家楼与贾家楼之间，靠近吴家楼越堤。五万分之一地形图上按"八千六百十六丈"计算，由马良集沿旧堤向下越25千米处有贾楼和吴楼两个村庄，今将交界处定于两地中间点，约在高堤湾附近。

丰下汛，所管堤段自丰上汛界起，至铜汛黄村坝尾止，堤长八千一百八十五丈二尺。管有堡夫七十八名、河兵九十名。丰下汛、铜汛交界处在黄村坝尾，据《六省黄河埽坝河道全图》所示，交界之下有包家楼。今丰县沿旧堤有黄坝村，沿旧堤向有包楼，因此两汛交界处应位于今黄坝村附近。

铜汛，所管堤段自丰下汛界黄村坝尾起，至大谷山铜沛厅大坝汛止，堤长一万五百九十九丈。管有堡夫四十八名、河兵八十三名。铜汛与铜沛大坝汛暨丰北厅、铜沛厅交界处在大谷山，《六省黄河埽坝河道全图》上无具体厅界位置，且先有小谷山后有大谷山，两山之间有郑家庄；《江南省黄河全图》先有大谷山后有小谷山，郑家庄更靠近河岸，两厅交界处应在大谷山以上堤尾处；今五万分之一地形图上有大孤山、小孤山，大孤山靠近废黄河处有"郑庄"，根据同音地名与各地名之间相互位置判断，大孤山应为"大谷山"。两厅交界处应在今大孤山山脚朱庄附近。

铜沛厅，位于丰北厅以下。铜沛厅所管河段，其黄河两岸河道工程水利

---

[1] "江南河道总督，统辖三道二十厅文武员弁数百员，操防修筑各兵数千名，原以防河险而利漕行。自河流改道，旧黄河一带本无应办之工，官多阘冗，兵皆疲惰，虚费饷需，莫此为甚。所有江南河道总督一缺，著即裁撤。其淮扬淮海道两缺，亦即裁撤。淮徐道著改为淮徐扬海兵备道，仍驻徐州。所有淮扬淮海两道应管地方河工各事宜，统归该道管辖，厅官二十员内。丰北、萧南、铜沛、宿南、宿北、桃南、桃北、外南、外北、海防、海阜、海安、山安十三厅，均系管理黄河，现在无工；又管理洪湖之中河、里河、运河、高堰、山盱、扬河、江运七厅，现在工程较少，均著一并裁撤。惟中河等七厅，有司潴蓄宣泄事宜，所有裁撤之运河中河二厅事务，著改设徐州府同知一员兼管。裁撤之高堰山盱二厅，著改设淮安府同知一员兼管。裁撤之里河厅，著改归淮安府督捕通判兼管。裁撤之扬河江运二厅，著改归扬州府清军总捕同知兼管。至裁撤黄河无工十三厅，原辖各工段泛地，即著落各该管州县官管辖。不得互相推诿。"——《文宗显皇帝实录》（五）卷322，咸丰十年六月中庚辰，《清实录》，第44册，第774页。

[2] 《续行水金鉴》卷46，第1005页。

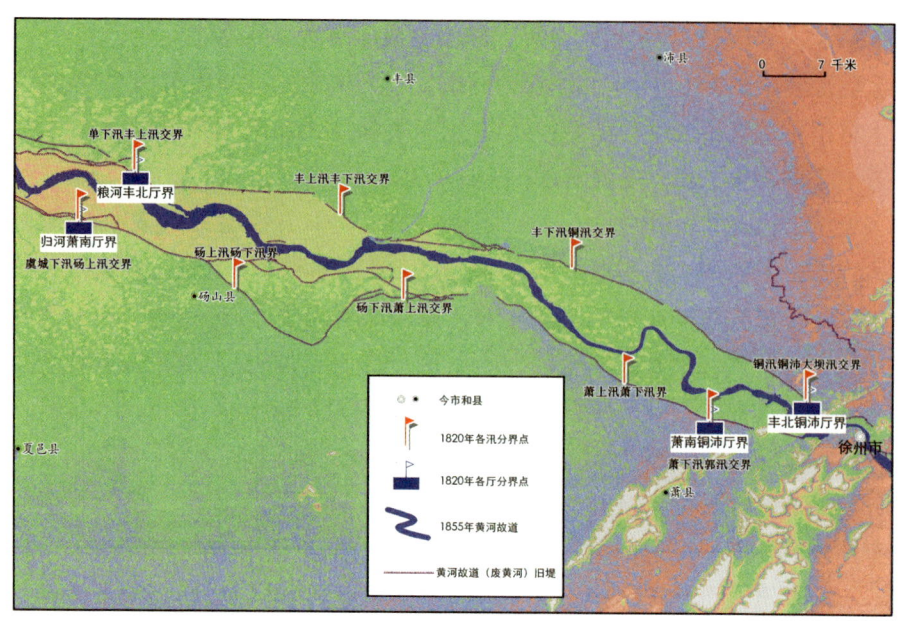

图2-9 丰北厅堤段示意图

原属于徐州府河务同知管辖。乾隆二年,添设丰萧砀通判,管理丰、萧、砀三县及铜山县北岸大谷山以上河段。[1] 同时,原徐州府河务同知改为铜沛同知。[2] 乾隆五十五年[3],裁徐州府盐粮捕水利通判,其盐粮捕水利职责归并铜沛同知管理。咸丰十年六月裁。[4]

至嘉庆二十五年,铜沛厅管理铜山县境内黄河两岸工程。北岸上自丰北铜汛界大谷山起,下至邳北厅属董家堂汛邢家楼交界处止,总堤长一万二百九十一丈,连山共计一百零八里。设置一汛:大坝汛。[5]

大坝汛,或称北岸大坝汛,所管堤段自丰北铜汛界大谷山起,中历各山,至邳北厅董汛邢家楼交界处止,各山间段缕堤堤长共一万二百九十一丈。[6] 管有堡夫五十二名、河兵一百七十五名。大坝汛邳北厅董家堂汛交界处应在邢家楼,《六省黄河埽坝河道全图》上无具体厅界位置,《江南省黄河全图》无邢家楼地名,铜沛、邳北厅界标注于骆家山与庙山之间,庙山附近有拐山;

---

1 《高宗纯皇帝实录》(三)卷192,乾隆八年五月上辛卯,《清实录》,第11册,第471页。
2 乾隆八年五月上辛卯,《高宗纯皇帝实录》记载乾隆二年总河高斌提请添设徐州府丰萧砀通判,按《续行水金鉴》,添设丰萧砀通判的同时徐州府河务同知改为铜沛同知,《实录》中未见改铜沛同知记载。参照《续行水金鉴》所述,徐州府河务同知改为铜沛同知应在乾隆二年。
3 《高宗纯皇帝实录》(一八)卷1367,乾隆五十五年十一月下壬寅,《清实录》,第26册,第341—342页。
4 《文宗显皇帝实录》(五)卷322,咸丰十年六月中庚辰,《清实录》,第44册,第774页。
5 《续行水金鉴》卷46,第1010页。
6 《续行水金鉴》卷46,原文为"二百九十一丈",当为"一万"遗漏所致。

今五万分之一地形图上拐山附近有庙山集,庙山集以上有邢楼村,故邢楼村应为原邢家楼,两厅交界处应在其之前。

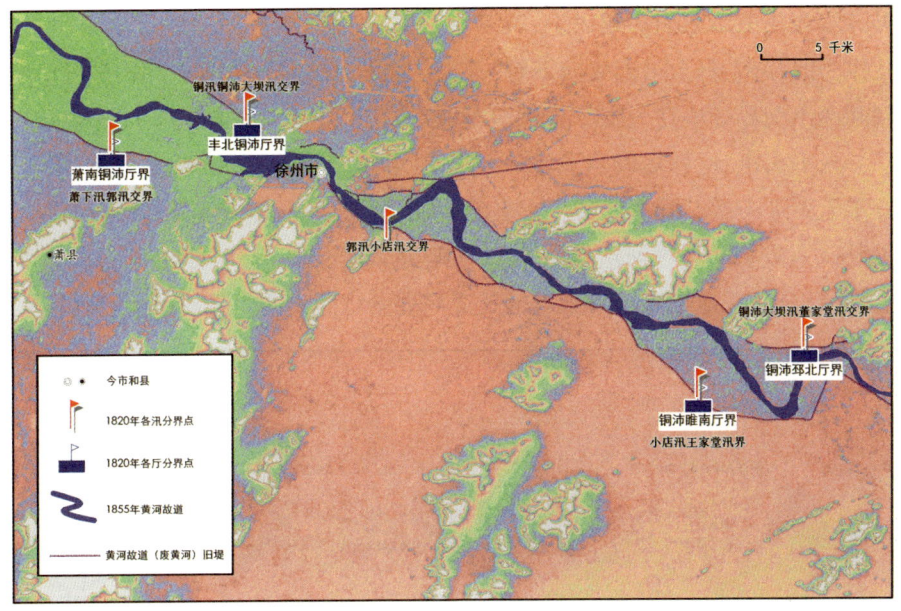

图2-10　铜沛厅北岸堤段示意图

邳北厅,位于黄河邳州北岸段。邳北厅所管河段,原属邳睢管河同知管辖,北岸设邳州汛。乾隆五十二年[1],邳睢同知改为邳北同知,专管北岸堤河工程。嘉庆五年[2],改萧南通判为同知,改邳北厅为通判。咸丰八年裁,所管河段并入宿北同知。[3]

至嘉庆二十五年,邳北厅管理遂宁、邳州两境黄河北岸工程。上自铜山县铜沛厅属大坝汛界起,下至宿迁县境宿北厅属皂河汛界止,总堤长一万九百五十二丈,无堤山岗长四千七百四十六丈。设置二汛:董家堂汛、五工头汛。[4]

董家堂汛,所管堤段自铜沛大坝汛界起,至五工头汛宋家湾工界止,堤长五千二百二丈。管有堡夫二十四名、河兵二百三十一名。董家堂汛、五工

1　"吏部议准,两江总督李世杰奏称,徐属邳睢一厅管辖黄河南北两岸埽工,必须于南北两岸分设同知,庶于修防有益。查有六塘同事简,可以移设。请将邳睢南岸改为睢南厅,仍归原同知管理。北岸改为邳北厅,即归新移同知管理。其六塘汛务仍归运河中河、分汛兼管。从之。"——《高宗纯皇帝实录》(一七)卷1275,乾隆五十二年二月下戊午,《清实录》,第25册,第66页。
2　"改江苏萧南通判为萧南同知,邳北同知为邳北通判。从总督费淳等请也。"——《仁宗睿皇帝实录》(一)卷73,嘉庆五年八月下丙子,《清实录》,第28册,第980页。
3　江苏省地方志编纂委员会办公室:《江苏省通志稿·都水志》第二卷,厅汛表,第355页。
4　《续行水金鉴》卷46,第1013页。

头汛交界处在宋家湾工堤头;《六省黄河埽坝河道全图》所示七堡工与宋家湾工相连,交界位置应在七堡工尾;《江南省黄河全图》未标明两工位置,汛界标注在羊山以下旧邳州以上;今五万分之一地形图有"旧城湖"与古邳公社作为旧邳州定位,沿旧堤向下有"宋湾"地名。按照各地名点相对位置,可判断两汛交界处应在今睢宁县王沟尤埝附近。

五工头汛,所管堤段自董家堂汛七坝尾起,至宿北皂河汛直河止,堤长五千七百五十丈。管有堡夫三十名、河兵二百名。五工头汛、宿北皂河汛交界处,《六省黄河埽坝河道全图》与《江南省黄河全图》上均标注在皂河镇以上,五万分之一地形图上睢宁与宿迁交界处高埝应为两汛界。

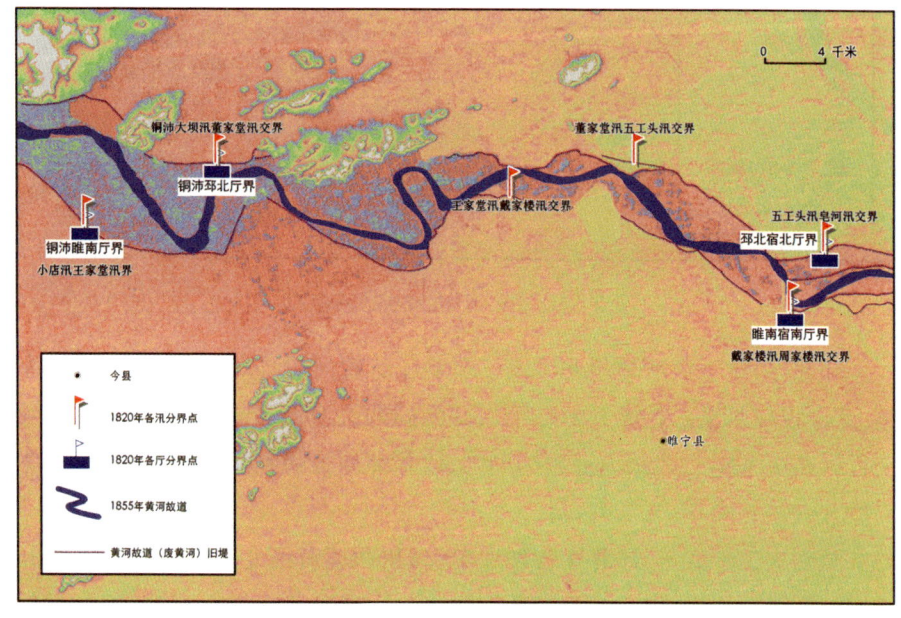

图2-11 邳北厅堤段示意图

宿北厅,位于宿迁县北岸。宿北厅所管河段,康熙二十二年改宿桃同知为宿虹河务同知。[1] 宿虹河务同知管理宿迁黄河两岸及归仁堤工程,时有四汛[2],本河段为北岸二汛——拦黄坝汛和大古城汛。嘉庆八年[3],添设宿南通判,专

---

1 "改宿桃同知为分管宿虹河务同知。添设同知一员,分管桃源河务。添设睢宁县、安东县管河县丞各一员,山阳县、外河县丞一员。裁高家堰大使缺,改设主簿一员。"——《圣祖仁皇帝实录》(二)卷112,康熙二十二年九月至十月壬戌,《清实录》,第5册,第158页。
2 《续行水金鉴》卷47,第1017页。
3 《续行水金鉴》卷47,第1017页。

管南岸堤工,同时改宿虹同知为宿北同知,专管北岸堤工。咸丰十年六月裁。[1]

至嘉庆二十五年,宿北厅管理宿迁县境黄河北岸堤埽。上自邳北厅属五工头汛界起,下至桃北厅属崔镇汛古城界止,总堤长一万七千五百五十三丈七尺。设置二汛:皂河汛、大古城汛。[2]

皂河汛[3],所管堤段自邳北厅属五工头汛界起,至大古城汛吴家墩界止,北山无堤,山坡六百六十一丈七尺,堤长八千五百四十一丈。管有堡夫五十名、河兵一百七十二名。皂河汛、大古城汛交界于吴家墩,在《六省黄河埽坝河道全图》中无吴家墩地名,所示交界处在宿迁县以上支河口以下,运河以南马陵山附近,大约在今宿迁黄河公园黄河故堤处。

大古城汛,也作古城汛,所管堤段自宿迁县西门外吴家墩皂河汛界起,至桃北厅崔镇汛界止,堤长八千六百四十五丈。管有堡夫四十四名、河兵一百七十八名。大古城汛、桃北厅崔镇汛界即宿北、桃北厅界,应在宿迁县与桃源县交界处,《六省黄河埽坝河道全图》所示在河卓工以下刘家庄以上,《江南省黄河全图》所示位于古城山边;桃源县即今泗阳县,五万分之一地形图上宿迁、泗阳交界处泗阳境内有古城,古城沿旧堤以下有刘庄,因此两汛交界位置应在今宿迁与泗阳交界处,古城以上大碾附近。

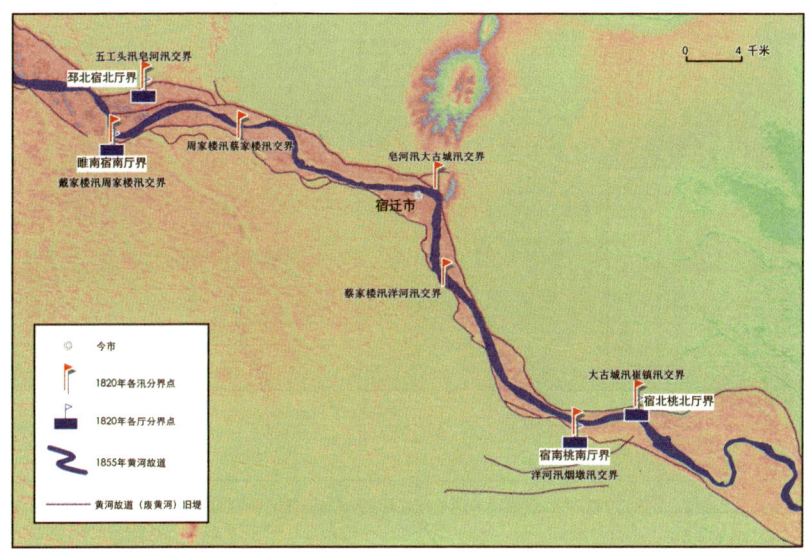

图 2-12　宿北厅堤段示意图

---

[1] "宿北厅同知,原属宿虹河务同知。嘉庆八年改设。咸丰十年六月裁。"江苏省地方志编纂委员会办公室:《江苏省通志稿·都水志》第二卷,厅汛表,第355页。
[2] 《续行水金鉴》卷47,第1017页。
[3] 《续行水金鉴》卷47原文注"刘马司"。第1017页。

(四) 江南淮海道属堤段(一)

桃北厅,位于桃源县北岸。桃北厅所管河段,原有桃源同知管理桃源县黄河两岸堤工;乾隆五十四年[1],改桃源同知为桃北同知,专管桃源境内北岸堤防工程;咸丰十年六月裁[2]。桃北厅原隶淮徐道,嘉庆七年归淮扬道管辖[3];嘉庆十六年,与中河、山安、海防、海安、海阜诸厅分归新设淮海道管辖[4]。

至嘉庆二十五年,桃北厅管理桃源县境内黄河北岸堤河。上自宿北古城汛山边起,下至清河县外北厅界止,总堤长一万四千八百三十九丈五尺。设置二汛:崔镇汛、黄嘴汛。[5]

崔镇汛,后称九里冈汛[6],所管堤段自宿北古城汛界起,至黄家嘴汛界止,堤长八千三百五十九丈五尺。管有堡夫四十六名、河兵一百六十六名。崔镇汛、黄家嘴汛交界处,《六省黄河埽坝河道全图》所示应在顾家庄以上,隔运河与众兴集相对,徐昇坝工堤头;今顾家庄无迹可寻,众兴集即泗阳县城所在地,运河对岸有地名徐陈坝,疑为原徐昇坝所在。

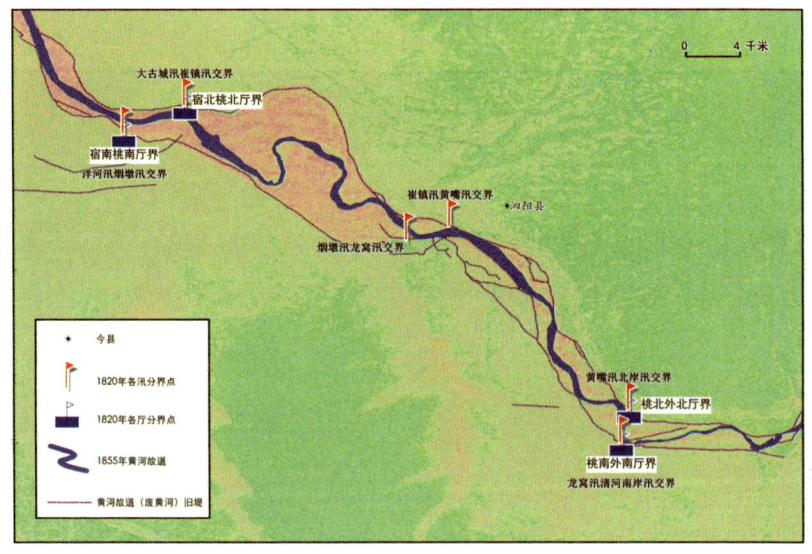

图 2-13 桃北厅堤段示意图

---

1 "裁镇江府水利通判移驻桃源,为桃源南岸通判。改江防同知为桃源北岸同知。各专司河务。从两江总督书麟请也。"——《高宗纯皇帝实录》(一七)卷 1341,乾隆五十四年十月下丁丑,《清实录》,第 25 册,第 1187 页。
2 《文宗显皇帝实录》(五)卷 322,咸丰十年六月中庚辰,《清实录》,第 44 册,第 774 页。
3 《续行水金鉴》卷 47,第 1020 页。
4 "以巡防南河马港口岸新筑长堤。添设淮海道一员,驻劄中河。以桃北、中河、山安、海防四厅属之。并设海安、海阜同知两员,守备两员,把总两员,协办把总两员。河兵三百七十五名。堡夫一百二十五名。并移海州州同、阜宁县县丞,分驻河北两岸,铸给印信。从钦差湖广总督马慧裕等请也。"——《仁宗睿皇帝实录》(四)卷 238,嘉庆十六年正月戊午,《清实录》,第 31 册,第 213 页。
5 《续行水金鉴》卷 47,第 1020 页。
6 《续行水金鉴》卷 47 原文注:"崔镇汛即九里冈汛。"第 1020 页。

黄嘴汛,即黄家嘴汛,后称矶嘴汛,也称三义汛。[1] 所管堤段自崔镇汛界起,至清河县外北厅属北岸汛界止,堤长六千四百八十丈。管有堡夫三十六名、河兵一百五十四名。黄嘴汛、北岸汛界即桃北、外北厅界,应在桃源、清河两县交界处,桃源县为今泗阳县,清河县地今属淮安市;《六省黄河埽坝河道全图》所示交界处在徐家庄工与仲工之间,今淮安市沿黄河旧堤有仲弓村,应为仲工位置所在;沿旧堤向上,淮安与泗阳交界处有交界村,因此黄嘴汛、北岸汛界应在今交界村位置。

（五）江南淮扬道属堤段

外北厅,位于桃北厅以下。外北厅所管河段,原属外河同知管理。康熙二十二年,设山阳、外河管河县丞。[2] 康熙二十四年外河同知管理北岸自骆家营至泗铺沟段,南岸自高家湾至陈家社段黄河两岸堤防工程[3],其时北岸设清河北岸汛一汛。嘉庆十七年[4],添设外北通判,管理原外河厅所管之北岸汛。咸丰十年六月裁。[5]

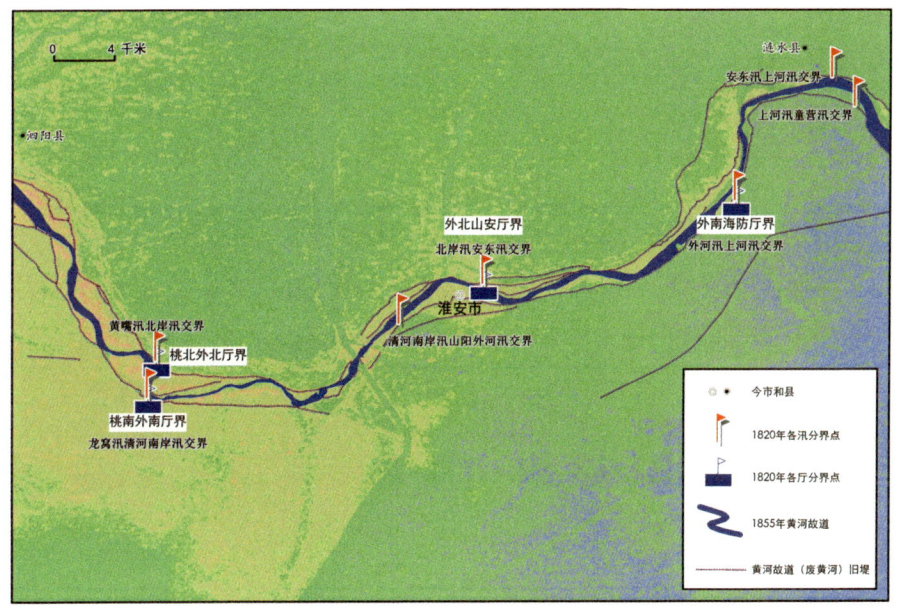

图2-14　外北厅堤段示意图

1　《续行水金鉴》卷47原文注:"府志载,即矶嘴汛,亦名三义汛。"第1022页。
2　"改宿桃同知为分管宿虹河务同知。添设同知一员,分管桃源河务。添设睢宁县、安东县、管河县丞各一员,山阳县、外河县丞一员。裁高家堰大使缺,改设主簿一员。"——《圣祖仁皇帝实录》(二)卷112,康熙二十二年九月至十月壬戌,《清实录》,第5册,第158页。
3　《续行水金鉴》卷50,第1094页。
4　《实录》不见相关记载,从《续行水金鉴》卷50,第1094页。
5　《文宗显皇帝实录》(五)卷322,咸丰十年六月中庚辰,《清实录》,第44册,第774页。

至嘉庆二十五年,外北厅管理清河县境内黄河北岸堤河工程。上自桃北厅黄嘴汛骆家营界起,下至四铺沟山安厅属安东汛界止,总堤长八千六百四十二丈。设置一汛:北岸汛。[1]

北岸汛,所管堤段自桃北厅黄嘴汛骆家营界起,至四铺沟山安厅属安东汛界止,堤长八千六百四十二丈。管有堡夫四十八名、河兵一百六十名。北岸汛与安东汛在四浦沟交界处即外北、山安厅界,按《六省黄河埽坝河道全图》所示在王家营以下。王家营今为淮安市淮阴区位置所在。王家营前堤有马烟下工,烟工即烟墩埽工,其遗址在今淮安市淮阴区黄河西路荷花公园,沿旧堤向下有二堡村,故两汛交界处应在烟墩埽工遗址与二堡之间,大约在今淮阴区黄河东路上。

(六) 江南淮海道属堤段(二)

山安厅,位于外北厅以下。山安厅所管河段,明万历二十六年设山清桃盐河务同知,管理本段河务。康熙年间,山安同知管理北岸四汛至海口六套,南岸一汛自陈家社下外河厅界至海口陆家社段。[2] 康熙十一年,分设安海同知。康熙十七年裁安海同知,其所管河段归原山清同知管理,原山清同知改为山清安海同知。康熙十九年,分设山安、外河同知,山安同知管理山阳、安东、阜宁三县黄河两岸堤河工程。[3] 雍正九年,南岸大套汛分属海防厅管理,山安厅所管河段只有清河安东两县境内黄河北岸。[4] 咸丰十年六月,裁山安厅。[5]

至嘉庆二十五年,山安厅管理清河、安东两县境内黄河北岸堤河工程。上自清河县外北厅四铺沟界起,下至海安厅云梯汛界止,总堤长二万七千丈一尺五寸。[6] 设置三汛:安东汛、上河汛、下河汛。[7]

安东汛,所管堤段自外北厅四铺沟界起,至东门工上河汛界止,堤长九千三百五十五丈六尺。管有堡夫五十二名、河兵二百七十名。安东汛、上河

---

[1] 《续行水金鉴》卷47,第1023页。
[2] 傅泽洪辑录:《行水金鉴》卷60,商务印书馆1936年,第4册,第884页。
[3] 前述河厅变动过程均源自《续行水金鉴》卷47,第1026页。
[4] "戊寅,工部议覆,江南河道总督嵇曾筠会同巡抚尹继善疏言,江南运两河工程关系运道民生,设官分职,必须因地制宜,随时通变。请将宿桃中河通判改为宿迁运河通判,安清中河通判改为桃源安清中河通判。其海防同知应移驻童家营,改为分管山安南岸河务海防同知。江防同知改为杨河江防同知,并添设童家营巡检一员,把总一员。均应如所请。从之。"——《世宗宪皇帝实录》(二)卷104,雍正九年三月戊寅,《清实录》,第8册,第381页。
[5] 《文宗显皇帝实录》(五)卷322,咸丰十年六月中庚辰,《清实录》,第44册,第774页。
[6] 山安厅,原管堤工至六套止,长三万五千一百四十二丈六尺五寸。乾隆二十九年总河高晋奏明,将二套以下堤工弃而不守,遂无修防;嘉庆十六年添设海安厅,将山安厅属之北岸汛堤八千一百四十二丈五尺改隶海安。——《续行水金鉴》卷47,第1026页。
[7] 《续行水金鉴》卷47,第1026页。

汛交界于安东县东门工,《六省黄河埽坝河道全图》有此交界标注,《江南省黄河全图》未标明;安东县即今涟水县,因安东县城原有西门工、南门工、东门工三工相连,因此东门工当在今涟水县城东附近。

上河汛,所管堤段自安东汛界东门工起,至彭家滩接下河汛界止,堤长八千九百三十三丈。管有堡夫四十八名、河兵九十二名。上河汛、下河汛界在彭家滩,《六省黄河埽坝河道全图》所示位置在朱家马路以下,《江南省黄河全图》将朱家马路记作朱家马头;五万分之一地形图涟水县有彭滩,彭滩沿旧堤以上有朱老庄与马头村,疑似朱家马头所在,沿旧堤以下有头堡、二堡等地名。由此可认为,彭滩即彭家滩,两汛交界处应在彭滩头堡之前。

下河汛,所管堤段自上河汛界起,至海安云梯汛阜宁县界止,堤长八千七百十一丈五尺五寸。管有堡夫四十八名、河兵八十八名。下河汛、云梯汛界在安东县、阜宁县交界处,《六省黄河埽坝河道全图》所示位置当在云梯关之前佃湖秸工之后。今涟水县有甸湖镇,响水县有云梯关,综合五万分之一地形图与中国历史地理信息系统(CHGIS)之1911年县界信息判读,两汛交界处大约在云梯关之前严庄附近。

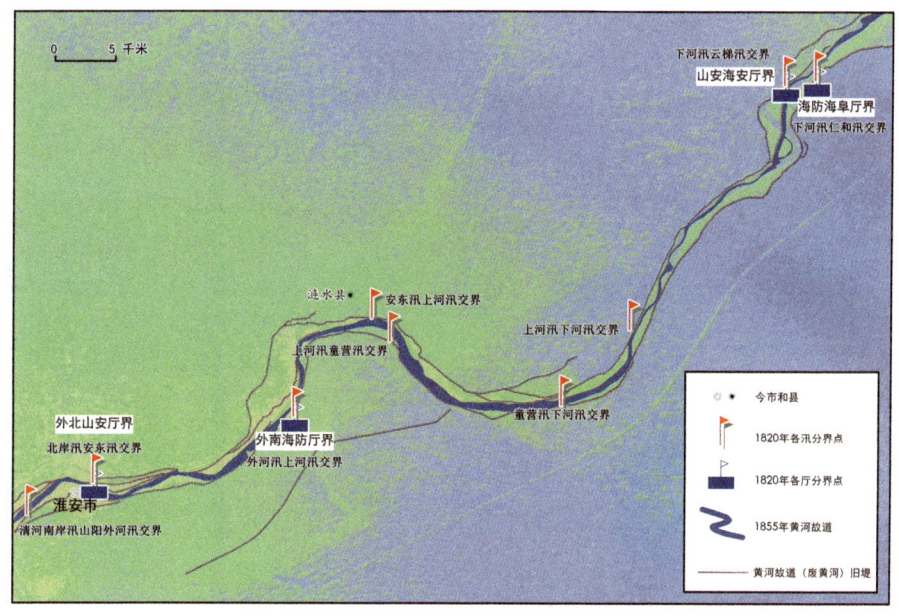

图 2-15 山安厅堤段示意图

海安厅,位于山安厅以下。海安厅所管河段,康熙时为黄河入海尾闾,设有山安、海防二厅,管理两岸堤工;山安北岸汛由云梯关外至六套以东泗汾港堤尾，堤长八千一百四十二丈五尺。乾隆二十九年¹，云梯关外缕堤废弃，不再修守。嘉庆十六年²，总督百龄奏设海安抚民同知，以山安所属原北岸汛河段改归海安厅管辖，并添设营汛。道光十四年五月，海安同知改海安通判。³ 咸丰十年六月，裁海安厅。⁴

至嘉庆二十五年，海安厅管理阜宁县黄河北岸堤工，上自山安厅下河汛云梯关交界起，下至海口龙王庙堤尾止，总堤长二万四千四百八十丈。设置三汛：云梯汛、十套汛、海北汛。⁵

云梯汛⁶，所管堤段自山安下河汛尾云梯关界起，至十套汛界止，堤长八千六百四十八丈。管有堡夫四十八名、河兵一百十九名。云梯汛、十套汛界，据《六省黄河埽坝河道全图》所示应在六套与七套之间王陈港以下。今响水县有六套乡和七套乡，两地之间有港尾村，疑似与王陈港有所关联。因此，云梯、十套两汛交界处定于六套、七套之间港尾村东北旧堤上。

十套汛，所管堤段自云梯汛六套下界起，至海北汛倪家滩下界止，堤长七千九百二十丈。管有堡夫四十四名、河兵九十五名。十套汛、海北汛界，据《六省黄河埽坝河道全图》所示应在倪家滩与沈家滩之间，《江南省黄河全图》所示两汛界在大堤上的位置与《六省黄河埽坝河道全图》一致，但沈家滩位置在倪家滩附近，五万分之一地形图上响水县沿旧河堤有倪滩和沈家滩地名，相对位置更接近于《江南省黄河全图》。综合现存河形考虑，两汛交界处应在今响水县沈家滩南河堤之上。

海北汛，所管堤段自十套汛界起，至海口龙王庙堤尾止，堤长七千九百二十丈。管有堡夫四十四名、河兵一百名。海北汛堤尾龙王庙位置今不可考，由对岸大淤尖位置及《六省黄河埽坝河道全图》《江南省黄河全图》等综合考虑，大约应在今黄海海面以下。

---

1 "丙戌，谕曰，高晋奏筹办云梯关黄河下游情形一折，所见甚是，已于折内批谕。云梯关一带，为黄河入海尾间，平沙漫衍，原不应设立堤岸与水争地。而无识者好徇浮言，或以上流清口泄水分数较多，遇海潮盛时，或不免意存顾虑，因有子堰堤防之议。殊不知清口畅泄，其收利在下河州县者，不可数计。至云梯关附近，不过阜宁、安东二邑所辖地面。以此衡彼，其轻重大小，不待智者而知。即令一时偶值盛涨，所侵溢者不敌百分之一二耳。高晋当守其定见。既知下游之制防一切，毋庸置议。并可信清口之展放，无难永远力持，于水利民生，实为交有裨益。"——《高宗纯皇帝实录》（九）卷708，乾隆二十九年四月上丙戌，《清实录》，第17册，第908—909页。

2 《仁宗睿皇帝实录》（四）卷238，嘉庆十六年正月戊午，《清实录》，第31册，第213页。

3 "改江苏山盱厅通判为同知，海安厅抚民同知为通判。从两江总督陶澍请也。"——《宣宗成皇帝实录》（四）卷252，道光十四年五月丙寅，《清实录》，第36册，第812页。

4 《文宗显皇帝实录》（五）卷322，咸丰十年六月中庚辰，《清实录》，第44册，第774页。

5 嘉庆十五年初奏设二汛：北岸汛、海安汛；十六年填筑新堤后，于十八年奏改三汛。《续行水金鉴》卷47，第1029—1030页。

6 《续行水金鉴》卷47原文注："山安北岸汛改。"第1030页。

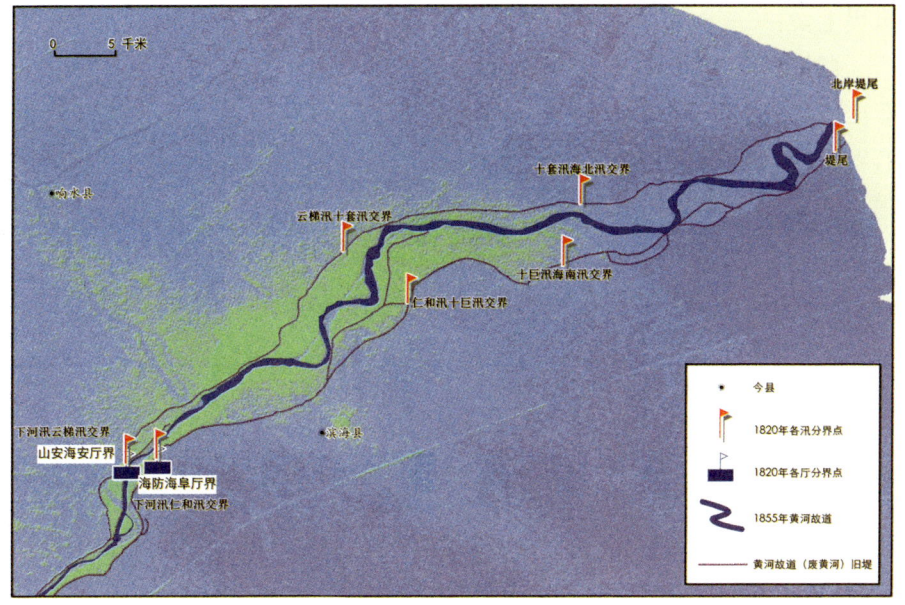

图 2-16 海安厅堤段示意图

二、南岸大堤堤段分界

(一) 河南开归陈许道属堤段

上南河厅,也称上南厅。上南河厅所管河段,原属南河同知管理,雍正二年分原南河同知为上下二厅,设上南河同知;乾隆四十七年改设守备,管理开封府下荥泽、郑州、阳武、中牟四县黄河南岸堤防工程;嘉庆十一年,中牟下汛拨隶新设中河通判管理。[1]

至嘉庆二十五年,上南河厅管理上自荥泽县广武山以东民堰头起,下至中牟下汛上界止,总堤长一万二千六百八丈四尺。设置四汛:荥泽汛、郑州上汛、郑州下汛、中牟上汛。[2]

荥泽汛,所管堤段自荥泽县民堰头起,至郑州上汛上界止,堤长二千三百六十二丈。管有堡夫二十三名、河兵十五名。荥泽汛与郑州上汛界应在荥泽与郑州交界处,按《六省黄河埽坝河道全图》所示,交界处以下有核桃园,以上有李岗。根据中国历史地理信息系统(CHGIS)1911 年县界数据,荥泽与郑州交界处应在今郑州花园口以上;今花园口附近有核桃园村,其上有岗李村。综合考虑,两汛界应在今郑州市岗李村以下花园口以上黄河

---

1 《续行水金鉴》卷48,第1035页。
2 《续行水金鉴》卷48,第1035页。

大堤上。

郑州上汛与郑州下汛堤河统管[1],因此在《续行水金鉴》中保留统称。所管堤段自荥泽汛下界起,至中牟上汛上界止,堤长六千五百二十丈九尺。管有堡夫五十名、河兵七十名。郑州上汛与郑州下汛界,按《六省黄河埽坝河道全图》所示在八堡与九堡之间。今郑州有八堡村,两汛界可定在八堡村以下黄河大堤上。郑州下汛与中牟上汛界位置在郑州与中牟县交界处,按《六省黄河埽坝河道全图》所示在杨桥附近。今黄河南岸中牟段仍有杨桥险工,两汛界当在今郑州市与中牟县交界处黄河大堤上。

中牟上汛,所管堤段自郑州下汛下界起,至中牟下汛上界止,堤长三千七百四十三丈五尺。管有堡夫三十名、河兵一百十五名。中牟上汛与中牟下汛界在中牟上汛十一堡与中牟下汛头堡之间。今中牟县有六堡村,应为中牟下汛六堡,按堡距里程沿黄河大堤计算,两汛交界位置应在中牟万滩附近。

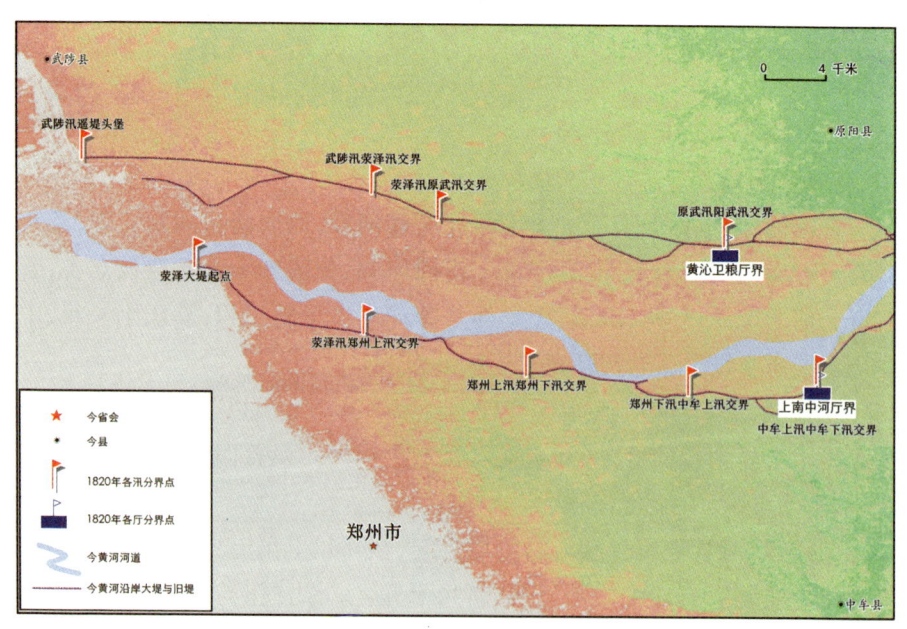

图2-17 上南厅堤段示意图

中河厅,位于上南河厅以下。中河厅所管河段,嘉庆十一年裁改开封府

---

[1] 《续行水金鉴》卷48原文注:"郑州上下汛原管郑州境内堤工,后虽分汛,堤河统管。"第1035页。

粮补通判为中河通判,并添设协办守备一员。[1]

至嘉庆二十五年,中河厅管理上自中牟上汛下界起,下至下南河厅属祥符上汛界止,总堤长六千八百六十一丈。设置一汛:中牟下汛。[2]

中牟下汛,所管堤段自中牟上汛下界起,至下南河厅属祥符上汛界止,堤长六千八百六十一丈。管有堡夫四十八名、河兵一百名。中牟下汛与祥符上汛界在中牟与开封两地交界处中牟下汛二十堡堤尾。根据中国历史地理信息系统(CHGIS)1911年县界数据,其位置应在今中牟县朱固村附近黄河大堤上;沿大堤向上有九堡村,应为中牟下汛九堡所在,根据堡距估测堤长,与1911年县界位置大致吻合。

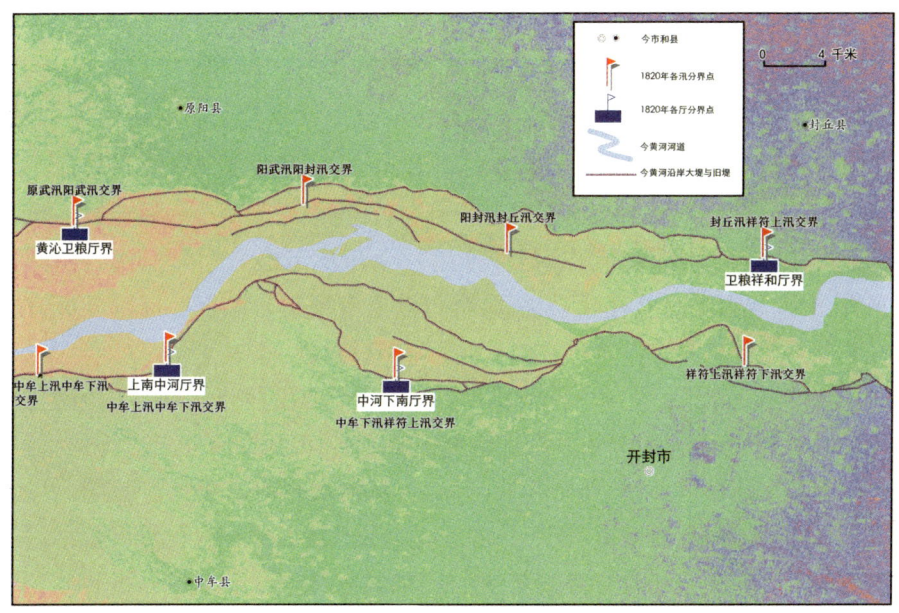

图2-18 中河厅堤段示意图

下南河厅,也称下南厅,位于中河厅以下。下南河厅所管河段,原属南河同知管理,雍正二年南河同知分为上南河厅和下南河厅二厅,下南河厅管理祥符、陈留、兰阳三县境内河务;乾隆四十九年,兰阳一汛分拨与新添设兰仪通判管理,下南河厅管理祥符上汛、祥符下汛、陈留汛三汛。[3]

---

1 《续行水金鉴》卷48,第1039页。
2 《续行水金鉴》卷48,第1039页。
3 "吏部等部议准,署河东河道总督兰第锡奏定河南新筑堤工移改文武各员划汛管理事宜。兰仪通判、都司,管兰阳、仪封及睢州上汛,共三汛。其兰阳一汛,自旧堤头堡至睢宁界止,兰阳县丞一员。陈兰分防外委一员改为专管兰阳分防外委。其陈留境内堤工十九里零,改归祥符下汛把总,同陈留县丞经管。——《高宗纯皇帝实录》(一六)卷1199,乾隆四十九年二月下癸未,《清实录》,第24册,第37页。

至嘉庆二十五年,下南河厅管理上自中河厅中牟汛下界起,下至兰仪厅兰阳汛上界止临河堤工,总堤长一万九千七十七丈。设置三汛:祥符上汛、祥符下汛、陈留汛。[1]

祥符上汛,所管堤段自中牟下汛下界起,至祥符下汛上界止,堤长八千一百二丈。管有堡夫九十九名、河兵一百零七名。祥符上汛与祥符下汛界,按《六省黄河埽坝河道全图》所示在祥工大坝以下,今此位置沿黄大堤有柳园口险工[2],根据祥工大坝工程各堤相对位置,并结合五万分之一地形图判断,祥符上汛与祥符下汛界在今开封以北陶庄村与小马圈村之间的黄河大堤上。

祥符下汛,所管堤段自祥符上汛界起,至三十八堡陈留汛界止,堤长八千二百四十二丈。管有堡夫九十九名、河兵八十名。祥符下汛与陈留汛界在祥符与陈留两县交界处,祥符下汛三十八堡堤尾处;《六省黄河埽坝河道全图》所示祥符下汛三十五堡处有埽头集,两汛交界处以下有曲兴集;张鹏翮《治河全书》记载陈留县内大堤"第一段自祥符堤界起至小寺后,止长九百二十丈,康熙二十年,创筑坐落耿家寨后";今五万分之一地形图开封县有曲兴集,沿黄河大堤向上有耿寨村,耿寨村以上有埽街。综合各资料分析,祥符下汛与陈留汛界应在今开封耿寨以上尚阳村附近。

陈留汛,所管堤段自祥符下汛下界起,至十四堡兰仪厅属兰阳汛上界止,堤长三千五百三十三丈。管有堡夫三十二名、河兵三十二名。陈留汛与兰阳汛界在陈留、兰仪两县交界处。《六省黄河埽坝河道全图》所示交界处以下六堡越堤内有蔡家楼,五万分之一地形图沿河旧堤相应位置有蔡楼村,因此两汛界应在今开封与兰考交界兰考县高堂村附近。

兰仪厅,位于下南厅以下。兰仪厅所属河段,乾隆四年改归河通判为仪考通判[3],管理仪封、考城二县境内河务。乾隆四十八年,南岸改筑新堤,原下南河厅兰阳汛来属,仪封通判改兰仪通判。[4] 乾隆五十二年,改兰仪通判为同知,原仪封汛分上下二汛,兰仪通判管理兰阳汛及仪封上汛河务。同年

---

1 《续行水金鉴》卷48,第1041页。
2 河南黄河河务局编、王以显编辑:《河南黄河河道地图1∶100000》,河南黄河河务局,1993年。
3 "添设河南归德府管河通判,改归河通判为仪考通判。从河东河道总督白钟山请也。"——《高宗纯皇帝实录》(二)卷88,乾隆四年三月上己酉,《清实录》,第10册,第364页。
4 据《清实录》,乾隆四十九年二月"兰仪通判管兰阳、仪封及睢州上汛,共三汛"。——《高宗纯皇帝实录》(一六)卷1199,乾隆四十九年二月下癸未,《清实录》,第24册,第37页。《续行水金鉴》记仪封通判改兰仪通判时间为乾隆四十八年,应为南岸改筑新堤的时间。

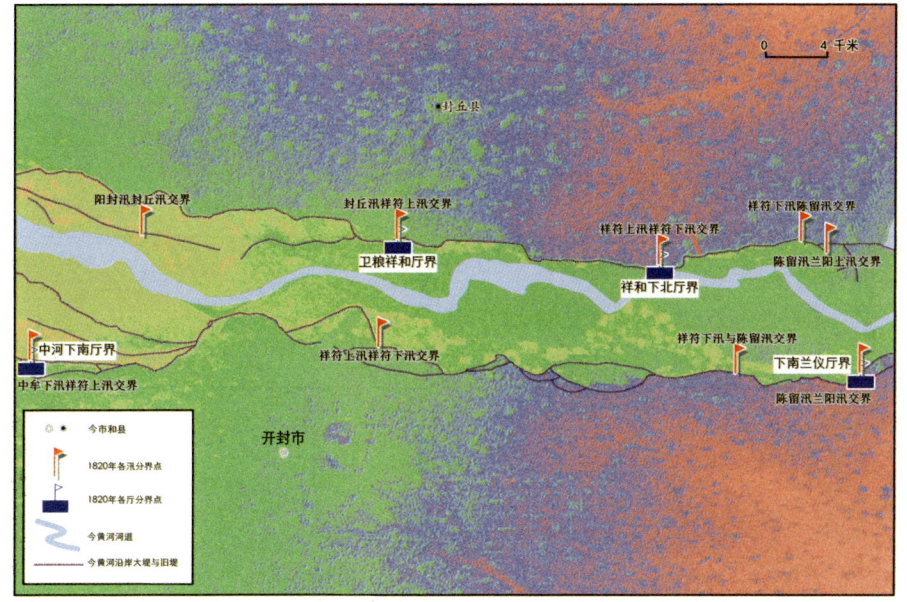

图 2-19 下南厅堤段示意图

添设仪睢厅,仪封下汛归仪睢厅管理。[1] 道光四年,仪封县地入兰阳县为兰仪县[2],所属河段分汛仍分别归兰仪、仪睢二厅管理。

至嘉庆二十五年,兰仪厅管理兰阳、仪封境内黄河南岸堤工。上自下南河厅属陈留汛下界起,下至仪睢厅属仪封下汛上界止,总堤长七千三百八十九丈五尺。设置二汛:兰阳汛、仪封上汛。[3]

兰阳汛,所管堤段自陈留下汛界起,至仪封上汛上界止,堤长五千八十六丈。管有堡夫五十四名、河兵六十五名。兰阳汛与仪封上汛界在兰阳汛十六堡堤尾,按《六省黄河埽坝河道全图》所示在兰仪县以下,兰仪县城即今兰考县城所在,其位置在兰阳汛十一堡附近;结合五万分之一地形图旧堤分布与堤长综合分析,兰阳汛与仪封上汛界应在今兰考县中岗头村附近。

仪封上汛,所管堤段自兰阳汛下界起,至仪睢厅属仪封下汛上界止,堤

---

[1] "庚子,吏部议覆,河东河道总督兰第锡等疏称,兰仪厅旧管兰阳、仪封及睢州七汛,堤河绵长,险工林立,请将兰仪通判改为兰仪同知,专管兰阳及仪封上汛,建衙署于兰阳县城内。其仪封下汛及睢州上汛改为新设仪睢通判经管,建衙署于睢州朱家寨。铸给开封府分管兰仪河务同知关防。归德府分管仪睢河务通判关防。仪封主簿改为经历,睢州县丞改为睢州州判,并给仪封厅管河经历司印,睢州管河州判关防。均应如所请。从之。"——《高宗纯皇帝实录》(一七)卷1290,乾隆五十二年十月上庚子,《清实录》,第 25 册,第 293 页。

[2] "裁开封府属仪封厅通判。所辖村庄,并归兰阳县管理。改兰阳县为兰仪县。"——《宣宗成皇帝实录》(二)卷76,道光四年十二月上己巳,《清实录》,第 34 册,第 233 页。

[3] 《续行水金鉴》卷48,第1044页。

长二千三百三丈五尺。管有堡夫二十名、河兵七十二名。仪封上汛与仪封下汛界,按《六省黄河埽坝河道全图》所示在仪封上汛八堡堤尾,附近有毛家寨、圈头集。今五万分之一地形图上沿旧堤有毛古寨和圈头村,两地与大堤相对位置与图示基本吻合。结合堤长综合判断,仪封上汛、仪封下汛界应在今兰考县岗寨村附近。

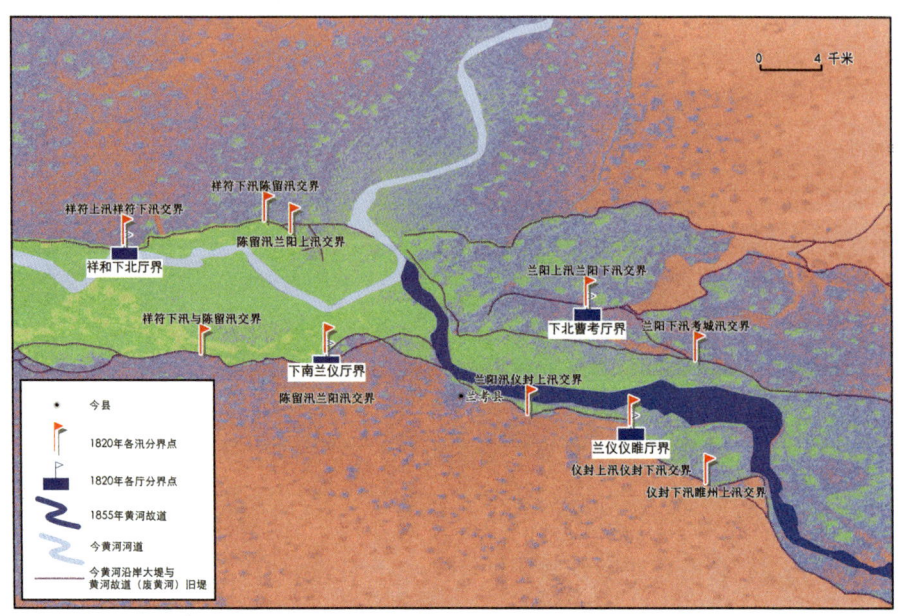

图 2-20　兰仪厅堤段示意图

仪睢厅,位于兰仪厅以下。仪睢厅所管河段,原属兰仪厅、睢宁厅二厅管理,乾隆五十二年,因兰仪、睢宁两厅所管新堤工程较多,改兰仪通判为同知,又设仪睢通判,管理原兰仪厅属仪封下汛和原睢宁厅属睢州上汛。[1]

至嘉庆二十五年,仪睢厅管理仪封境及睢州境内[2]黄河南岸堤工。上自兰仪厅属仪封上汛下界起,下至睢宁厅属睢州上汛上界止,总堤长八千六百八丈九尺。[3] 设置二汛:仪封下汛、睢州上汛。[4]

仪封下汛,所管堤段自仪封上汛下界九堡起,至睢州上汛上界止,堤长二千三百三丈五尺。管有堡夫十八名、河兵三十二名。仪封下汛与睢州上汛界,按《六省黄河埽坝河道全图》所示在高小集附近。今兰考县民权县交

1　《高宗纯皇帝实录》(一七)卷1290,乾隆五十二年十月上庚子,《清实录》,第25册,第293页。
2　《续行水金鉴》卷48原按:"睢州本无河工,乾隆四十八年新筑南堤,始在睢州境地。"第1049页。
3　《续行水金鉴》卷48原文注:"原长七千九百七十五丈九尺,睢州上汛于嘉庆三年五堡漫工,案内越增长六百三十三丈。"第1049—1050页。
4　《续行水金鉴》卷48,第1050页。

界处有高集村,按五万分之一地形图上旧越堤相互位置,高集村以上坝头村是为两汛界。

睢州上汛,所管堤段自仪封下汛下界起,至睢州下汛上界止,堤长六千三百十丈。管有堡夫四十三名、河兵一百零四名。睢州上汛与睢州下汛界,按《六省黄河埽坝河道全图》所示在睢州上汛十八堡堤尾,五万分之一地形图显示民权县沿黄旧堤有六堡。按堤长及相对位置推测,六堡以下龙门寨村水洼处应为《六省黄河埽坝河道全图》所示睢州下汛十三堡"清水"位置,六堡以上太平庄水洼处应为睢州下汛二堡"清水"位置。因此,睢州上汛与睢州下汛界应在今民权县断堤头村附近。

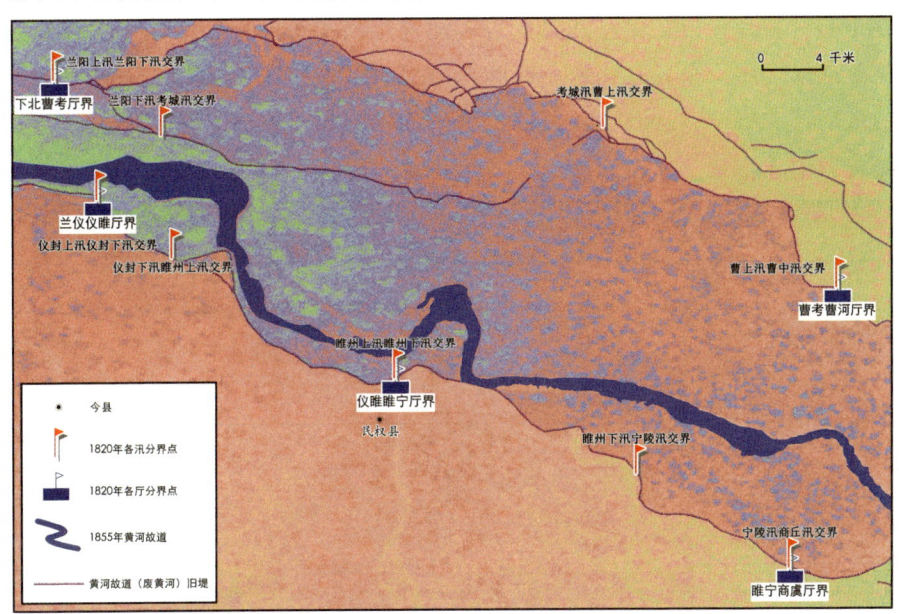

图 2-21　仪睢厅堤段示意图

睢宁厅,位于仪睢厅以下。睢宁厅所属河段,乾隆四十八年[1],裁南阳府通判,改设归德府睢宁通判,管理睢州和宁陵县境内黄河堤工。乾隆五十一年[2],添设仪睢通判,睢州上汛拨归仪睢通判管辖。乾隆五十六年,睢宁通判改为同知。[3]　嘉庆十年[4],睢宁同知改为通判。

1　《续行水金鉴》卷48,第1052页。
2　《高宗纯皇帝实录》(一七)卷1290,乾隆五十二年十月上庚子,《清实录》,第25册,第293页。《续行水金鉴》记"乾隆五十一年,添设仪睢通判",《高宗纯皇帝实录》所记五十二年为吏部"议覆"时间。
3　《续行水金鉴》卷48,第1052页。
4　"改东河黄沁通判为同知。睢宁同知为通判。从河道总督李亨特请也。"——《仁宗睿皇帝实录》(二)卷147,嘉庆十年七月庚辰,《清实录》,第29册,第1026页。

至嘉庆二十五年,睢宁厅管理睢州、宁陵两州县境内黄河南岸河务堤工。上自仪睢厅属睢州上汛下界起,下至商虞厅属商丘汛上界止,总堤长一万七十丈。设置二汛:睢州下汛、宁陵汛。[1]

睢州下汛,所管堤段自睢州上汛下界起,至宁陵汛上界止,堤长六千四百二十四丈八尺。管有堡夫四十二名、河兵八十六名。睢州下汛与宁陵汛界应在睢州、宁陵交界处,此位置在今民权与宁陵两县交界宋庄与韩道口附近,今五万分之一地形图沿旧堤以下依次存有二堡、五堡、八堡地名。

宁陵汛,所管堤段自睢州下汛下界起,至商虞厅属商丘汛上界止,堤长四千二百六十丈。管有堡夫三十二名、河兵四十名。宁陵汛与商丘汛界应在宁陵县与商丘市交界处,据《六省黄河埽坝河道全图》所示应在孔家集以下十四堡堤尾。今五万分之一地形图"柳河镇"幅沿黄河故堤有孔集乡,沿堤依次存有五堡、八堡地名,由此推测十四堡堤尾应在今宁陵、商丘交界处商堤口附近。

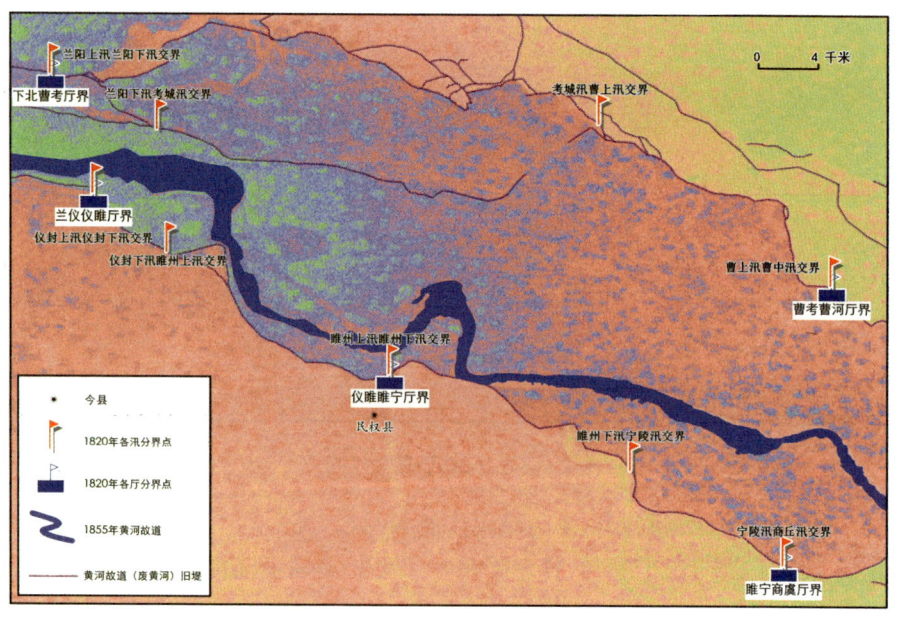

图2-22 睢宁厅堤段示意图

商虞厅,位于睢宁厅以下。商虞厅所管河段,原属归河厅管理,乾隆四年设商虞通判,管理商丘、虞城两县境内河务。乾隆元年添设协备,随同豫河营守备管理河务。乾隆四十七年,改为商虞协备。[2]

---

1 《续行水金鉴》卷48,第1052页。
2 《续行水金鉴》卷49,第1057页。

至嘉庆二十五年，商虞厅管理商丘、虞城两县境内黄河南岸。上自睢宁厅属宁陵汛下界起，下至归河厅属虞城下汛上界止，总堤长一万六千三十三丈五尺。设置二汛：商丘汛、虞城上汛。[1]

商丘汛，所管堤段自睢宁厅属宁陵汛下界起，至虞城上汛上界止，堤长八千九百十六丈五尺。管有堡夫五十六名、河兵七十六名。商丘汛与虞城上汛界应在商丘、虞城两县交界处，今两地县界已有很大改变。张鹏翮《治河全书》对商丘境内最后一段大堤描述为："第八段……长四百五十五丈……坐落蒙墙寺后；第九段，自阎家庄后起至崔家楼后止，长二百四十二丈，坐落崔家楼后；第十段……至虞城交界止，长九百四十丈，坐落二十堡。"[2] 今五万分之一地形图显示，河南商丘市境沿旧堤有老蒙墙寺，应为蒙墙寺所在；沿旧堤向下两千米左右有崔楼，应即崔家楼所在。由此按堤长推定，两汛交界处应在今虞城县李堤口附近。

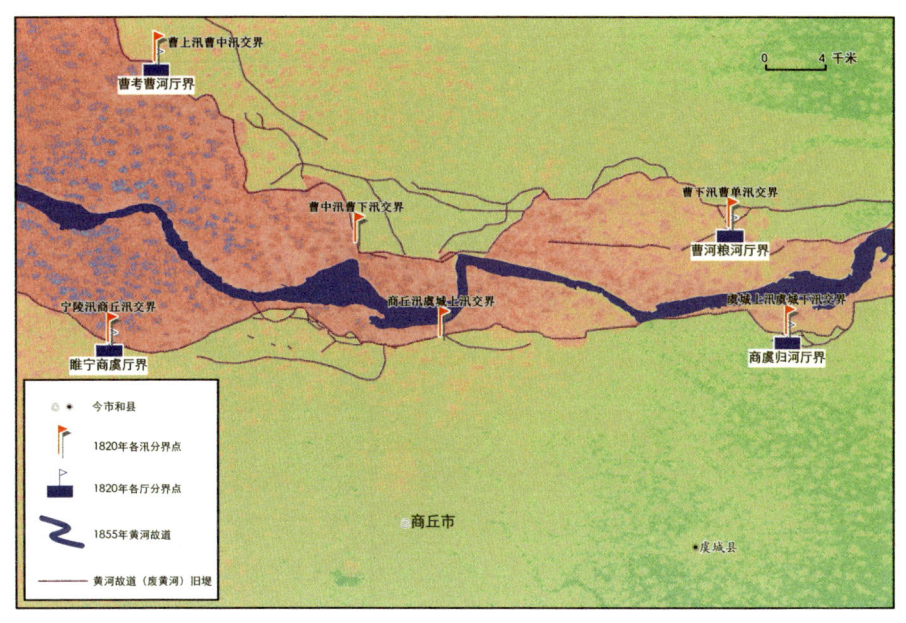

图 2-23　商虞厅堤段示意图

虞城上汛，所管堤段自商丘汛下界起，至虞城下汛上界止，堤长七千一百十七丈。管有堡夫四十四名、河兵六十四名。虞城上汛与虞城下汛界，按《六省黄河埽坝河道全图》所示交界处有大王庙，在太平庄与田家庙（六堡附近）之间。今五万分之一地形图上，虞城县沿旧堤有老田庙，按堤长记应为

1　《续行水金鉴》卷 49，第 1057 页。
2　张鹏翮：《治河全书》卷 10，清抄本，雕龙中国古籍数据库·六府文藏·史部·政书类。

田家庙所在。张鹏翮《治河全书》记载韩家楼至大王庙堤长一千二百二十丈,老田庙以上虞城县沿旧堤处有韩楼村,以两堡相距二里计,此韩楼与韩家楼位置吻合,以此相对位置推定,两汛交界处应在今虞城县袁寨村附近。

归河厅,位于商虞厅以下。归河厅所属河段,原属商虞厅,嘉庆十六年分商虞厅虞城下汛添设归河厅。[1]

至嘉庆二十五年,归河厅管理虞城县境内黄河河务。上自商虞厅属虞城上汛下界起,下至江南萧南厅砀上汛上界止,总堤长八千五百六十丈。设置一汛:虞城下汛。[2]

虞城下汛,所管堤段与归河厅管堤段相同,上自商虞厅属虞城上汛下界起,下至江南萧南厅砀上汛上界止,堤长八千五百六十丈。[3] 管有堡夫四十四名、河兵六十名。虞城县界即今河南虞城县与安徽砀山县交界处,位置大致在砀山曹庄以西,五万分之一地形图上此界线在虞城小乔集至杨堤口之间,即乔家集坝头。

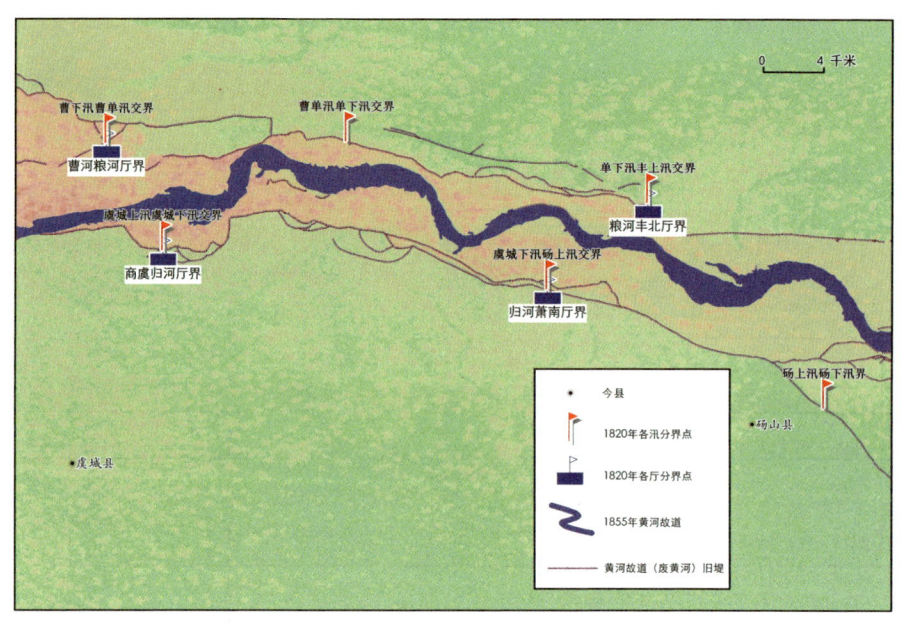

图2-24 归河厅堤段示意图

1　《续行水金鉴》卷49,第1057页。

2　《续行水金鉴》卷49,第1059页。

3　"嘉庆二十一年,咨部将十五堡以下至江南界堤北圈堰改为缕堤,原编之二十五堡起至四十八堡止改编为头堡至二十四堡。今按:圈堰创于何年,未详所有。"——《续行水金鉴》卷49,第1059—1060页。

（二）江南徐州道属堤段

萧南厅，位于归河厅以下。萧南厅所属河段，原属徐州河务同知。乾隆二年闰九月[1]，增设丰萧砀通判。乾隆五十五年十一月，改为萧砀南岸通判。[2] 嘉庆五年[3]，改为萧砀南岸同知。咸丰十年六月裁。[4] 嘉庆八年，分砀汛为砀上、砀下二汛。[5] 嘉庆二十五年，又分铜沛厅所属铜山县境内郭汛缕堤一千八百五十七丈归属萧南厅属萧汛经管。[6]

至嘉庆二十五年，萧南厅管理砀山、萧县、铜山黄河南岸堤埽工程。上自河南商虞厅属虞城县界起，下至铜沛厅属铜山县郭汛界止，总堤长二万七千九百六十四丈四尺。设置四汛：砀上汛、砀下汛、萧上汛、萧下汛。[7]

砀上汛，所管堤段自河南虞城县界起，至关家马路砀下汛界止，堤长七千二百丈。管有堡夫四十名、河兵九十五名。砀上、砀下两汛界，按《六省黄河埽坝河道全图》所示当在窦家寨与毛城铺相连大堤上，关家马路位置今不可考，按照砀上汛堤长"七千二百丈"沿堤估算，交界处应在今砀山县常楼曹阁两村庄附近，又因关家马路按名称应在交通路口，因此可将交界位置定于曹格村东南顺堤河桥处，此路为砀山县城至郭庄的一条传统交通路线。

砀下汛，所管堤段自砀上汛界关家马路起，至老堤头萧上汛界止，堤长七千二百十七丈六尺。管有堡夫四十名、河兵八十五名。据《六省黄河埽坝河道全图》所示，砀下汛、萧上汛界之老堤头位置当在定国寺至徐严庄两堤交汇处之间。今砀山县与萧县交界位置，按堤长"七千二百十七丈六尺"计算，应在砀山县大南门与萧县欧套之间。

萧上汛，所管堤段自砀下汛界起，至北辰止，堤长一万一千六百八十九丈二尺。[8] 管有堡夫七十八名[9]、河兵一百三十二名[10]。今萧县境北城集即为北辰，按《江南省黄河全图》所示，北辰以上即萧上萧下二汛分界处。铜山县胡集应为胡家楼位置，胡集至天然闸（此地今有闸口村）之间大堤五千五百米，大约相当于一千八百丈。综合五万分之一地形图信息判断，萧上、萧

---

1 《高宗纯皇帝实录》（三）卷192，乾隆八年五月上辛卯，《清实录》，第11册，第471页。
2 《高宗纯皇帝实录》（一八）卷1367，乾隆五十五年十一月下壬寅，《清实录》，第26册，第341—342页。
3 《仁宗睿皇帝实录》（一）卷73，嘉庆五年八月下丙子，《清实录》，第28册，第980页。
4 《文宗显皇帝实录》（五）卷322，咸丰十年六月中庚辰，《清实录》，第44册，第774页。
5 "嘉庆八年分砀汛为上下二汛"——同治《徐州府志》卷17，第12页。《续行水金鉴》卷49，第1061页亦有记载。
6 《续行水金鉴》卷49，第1061页。
7 《续行水金鉴》卷49，第1061页。
8 《续行水金鉴》卷49原文注："原管萧县境内堤长一万一千六百八十九丈二尺，嘉庆二十五年，分铜汛、郭汛缕堤——自北辰起至胡家楼止，铜山县境内堤长一千八百五十七丈——属萧汛管辖。"第1067页。
9 《续行水金鉴》卷49原文注："含铜沛厅改来堡夫十四名。"第1067页。
10 《续行水金鉴》卷49原文注："含铜沛厅改来兵二十二名。"第1067页。

下二汛分界处应在今萧县杨楼镇大小马路附近。

萧下汛,嘉庆二十五年,分铜沛郭汛缕堤,自北辰起至胡家楼止,添设萧下汛。所管堤段在铜山县境内堤长一千八百五十七丈,铜山县境天然闸以北缕堤三千五百五十八丈"分半隶之"。[1] 萧南厅与铜沛厅界即萧下汛与郭汛界,具体位置应在天然闸以上缕堤一千七百七十九丈处,即胡家楼(今胡集)附近。

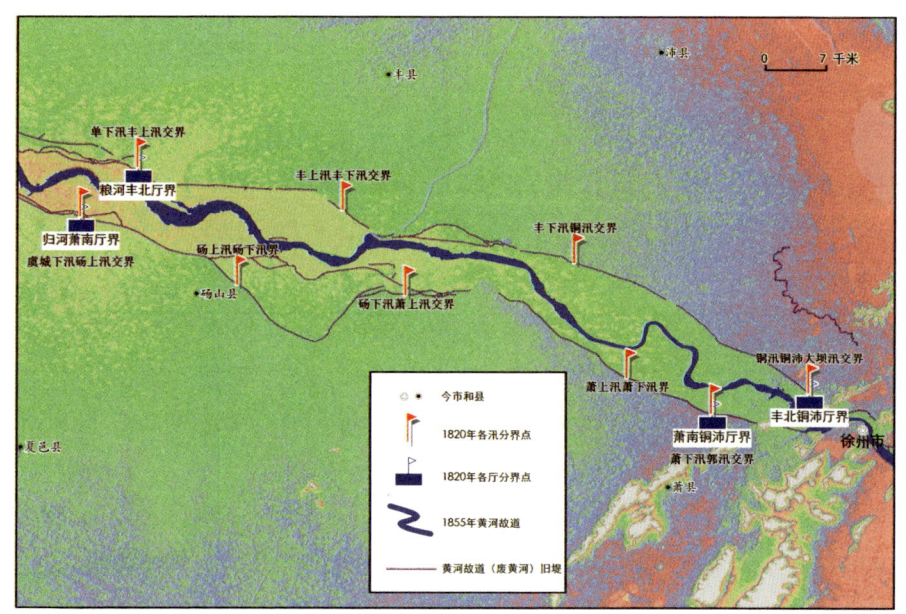

图 2-25　萧南厅堤段示意图

铜沛厅,位于萧南厅以下。铜沛厅所属南岸河段,原属徐州河务同知管理。乾隆二年,原徐州河务同知改为铜沛同知。[2] 乾隆五十六年,裁徐州府盐粮捕水利通判,其盐粮捕水利职责归并铜沛同知管理。[3] 咸丰十年六月裁。[4]

至嘉庆二十五年,铜沛厅管理铜山县境内黄河两岸工程。南岸上自萧南萧下汛胡家楼交界处起,下至睢南厅王家堂汛交界处止,总堤长一万七千三百八十八丈七尺。设置二汛:郭汛、小店汛。[5]

郭汛,所管堤段自萧南萧下汛胡家楼交界处起,至三山头小店汛界止,

1　同治《徐州府志》卷17,第12页。
2　《续行水金鉴》卷46,第1010页。
3　《高宗纯皇帝实录》(一八)卷1367,乾隆五十五年十一月下壬寅,《清实录》,第26册,第341—342页。《续行水金鉴》记为乾隆五十六年,应为相应机构裁撤及职责归并完成时间。
4　《文宗显皇帝实录》(五)卷322,咸丰十年六月中庚辰,《清实录》,第44册,第774页。
5　《续行水金鉴》卷49,第1069页。

南堤一道间山凑长七千三百二丈七尺。管有堡夫四十六名、河兵一百四十八名。郭汛与小店汛交界处三山头位置在徐州府城以下,五万分之一地形图在徐州崔庄附近有山头,此处分布有王山段山等多座山峰,应为三山头位置所在,其界应在山头东侧大堤起始处。

小店汛,所管堤段自郭汛界三山头起,至睢南厅王家堂汛交界处止,堤长一万八十六丈。管有堡夫四十八名、河兵二百五十六名。小店汛与王家堂汛界,按《六省黄河埽坝河道全图》所示应在小店工以下双沟以上,应为当时铜山县与灵璧县交界处,即今刘牌坊和官路口之间。

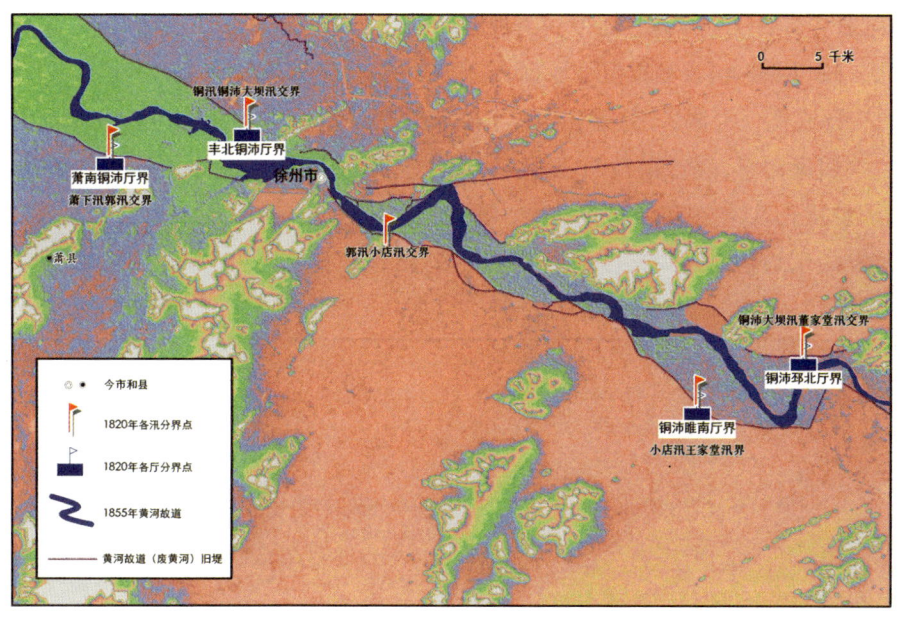

图 2-26 铜沛厅南岸堤段示意图

睢南厅,位于铜沛厅以下,睢州南岸河段。睢南厅所管河段,原属邳州睢宁、灵璧河同知管理。乾隆五十二年,裁原六塘同知;添设邳北同知,管理北岸堤工;改邳睢厅为睢南同知,专管南岸堤河闸坝工程。[1] 嘉庆八年,睢宁境内戴家楼汛兵十堡至宿迁界一段三千五百九十二丈大堤划归新设宿南通判管理。[2] 咸丰八年,裁睢南厅并归宿南通判管理。[3]

---

1 《高宗纯皇帝实录》(一七)卷1275,乾隆五十二年二月下戊午,《清实录》,第25册,第66页。《续行水金鉴》"邳北厅"下为"五十二年裁六塘同知","睢南厅"下为"五十三年裁汰六塘同知",按《清实录》记载应为"五十二年"。
2 《续行水金鉴》卷49,第1074页。
3 "睢南厅……原设同知为睢南同知,咸丰八年并归宿南通判。咸丰八年裁。"江苏省地方志编纂委员会办公室:《江苏省通志稿·都水志》第二卷,厅汛表,第355页。

至嘉庆二十五年,睢南厅管理灵璧、睢宁两县境内黄河南岸堤埽工程。上自铜沛厅属铜灵交界小店汛界起,下至宿南厅属周家楼汛界止,总堤长二万二百九十四丈。设置二汛:王家堂汛、戴家楼汛。[1]

王家堂汛,所管堤段自铜沛小店汛交界处起,至戴家楼汛界止,堤长一万二千一百七十三丈。管有堡夫六十六名、河兵二百十八名。王家堂汛与戴家楼汛界,按《六省黄河埽坝河道全图》所示应在李工与余工两险工之间。李工位置不可考,余工即余家堂工之简称。张鹏翮《治河全书》有"武官营大堤"。武官营起至余家堂止缕堤,长二千四百二十三丈;余家堂起戴家楼止缕堤,长千九百丈。今睢宁延废黄河堤有武官营子,庆安水库边"代楼"应为戴家楼。按《治河全书》堤长粗略计算,余家堂位置应在娄堰村附近。民国五万分之一图在此处有地名"鱼塘",因位于旧河堤上,或许此名称为"余堂"同音。

戴家楼汛,所管堤段自王家堂汛界起,至兵十堡宿南厅属周家楼汛界止,总堤长八千一百二十一丈。[2] 管有堡夫三十八名、河兵二百二十五名。戴家楼汛与宿南厅周家楼汛界应在睢宁、宿迁两县交界处。今交界处有"袁圩水库",在宿迁朱海以上。

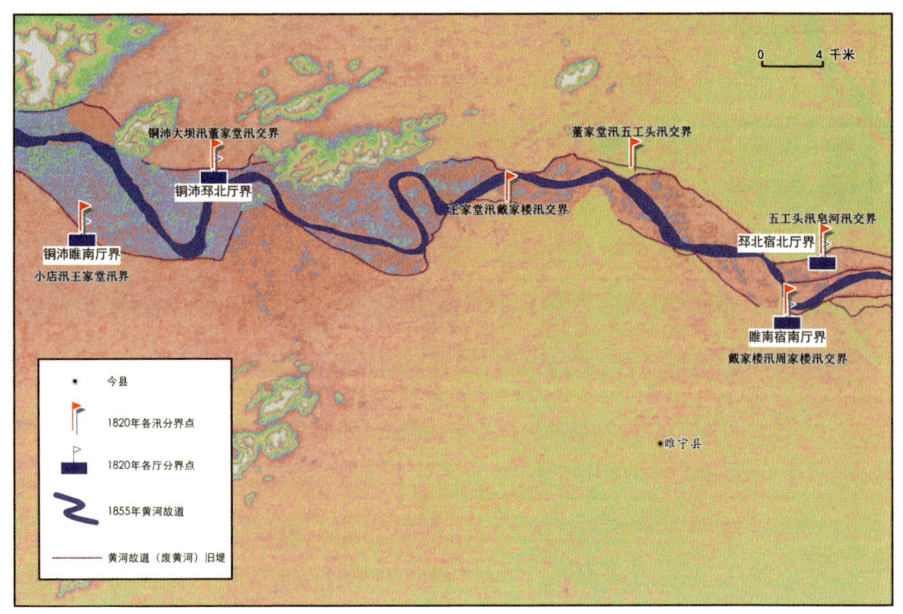

图 2-27 睢南厅堤段示意图

---

1 《续行水金鉴》卷49,第1074页。
2 《续行水金鉴》卷49原文注:"戴家楼汛地原自王家堂汛界起至宿南蔡家楼汛界止,堤长一万一千七百十四丈。嘉庆八年,将兵十堡迤下,堤长三千五百九十三丈,分属宿南厅,改为周家楼汛。"第1081页。

宿南厅，位于睢南厅以下，宿迁县南岸河段。宿南厅所管河段，原属宿虹同知管理。嘉庆八年，添设宿南通判，专管宿迁南岸黄河堤工及归仁堤工，同时睢宁境内原戴家楼汛兵十堡至宿迁界一段三千五百九十二丈大堤划归宿南通判管理。[1] 咸丰十年六月裁。[2]

至嘉庆二十五年，宿南厅管理睢宁、宿迁两县境内黄河南岸堤埽工程。上自睢南厅属戴家楼汛兵十堡下交界处起，下至桃南厅属烟墩汛洋河交界处止，堤长一万七千五百五丈五尺。设置三汛：周家楼汛、蔡家楼汛、洋河汛。[3]

周家楼汛，所管堤段自睢南厅戴家楼汛兵十堡界起，至蔡家楼汛界止，堤长三千五百九十三丈。[4] 管有堡夫十八名[5]、河兵八十二名[6]。周家楼汛与蔡家楼汛界，按《六省黄河埽坝河道全图》所示在田工之上。今按"三千五百九十三丈"沿河旧堤计算堤长，交界处应在"田马路"以上；田马路或为田工名称之全称。按《江南省黄河全图》所示，交界处以下应有旧河道河形，而由DEM影像可见，田马路以下南向河弯确有旧河道河形。

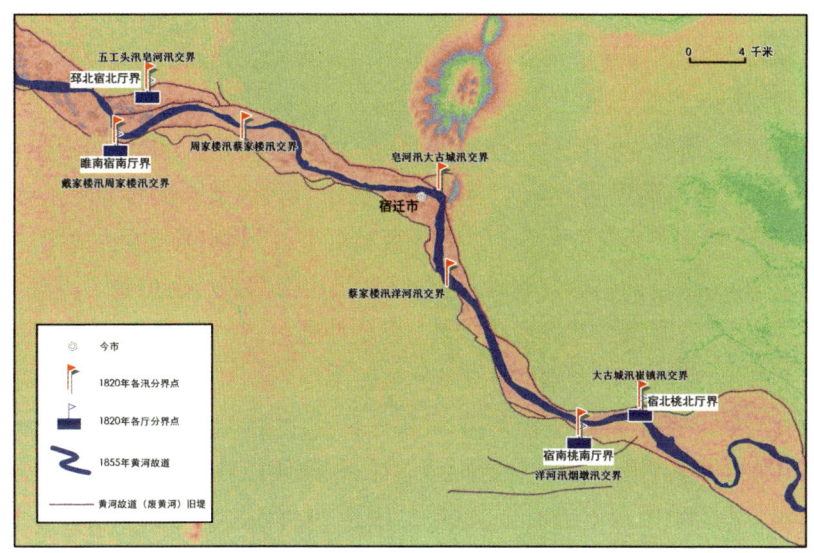

图2-28　宿南厅堤段示意图

---

1 《续行水金鉴》卷50，第1083页。
2 《文宗显皇帝实录》（五）卷322，咸丰十年六月中庚辰，《清实录》，第44册，第774页。
3 《续行水金鉴》卷50，第1083页。
4 《续行水金鉴》卷50原文注："历年加培添接及以越为缕，至道光年间实长三千九百五十七丈，属睢宁县境。"第1083页。
5 《续行水金鉴》卷50原文注："由睢南戴家楼汛改拨。"第1083页。
6 《续行水金鉴》卷50原文注："由睢南戴家楼汛改拨六十二名，嘉庆十二年咨添二十名。"第1083页。

蔡家楼汛，所管堤段自睢宁县境周家楼汛右堤头界起，至张王庙洋河汛界止，堤长七千三百八十二丈。管有堡夫三十六名、河兵一百三十名。蔡家楼汛与洋河汛界位置在张王庙，今宿迁小古城以下有张庙，此地名在五万分之一地形图上为"张老庙"，按旧有河堤距离推算也应在此地附近。

洋河汛，所管堤段自蔡家楼汛张王庙界起，至桃南厅属烟墩汛洋河钞关界止，堤长五千七百六十六丈五尺。管有堡夫二十八名、河兵一百五十名。洋河汛与桃南厅烟墩汛界位置在洋河镇钞关，即宿迁县、桃源县交界处。根据"中国历史地理信息系统（CHGIS V4.0）"1820年徐州府与淮安府府界数据，将交界处定于洋河镇东教场附近。

（三）江南淮扬道属堤段

桃南厅，位于宿南厅以下，桃源县南岸河段。桃南厅所管河段，原属桃虹同知管理。乾隆五十四年十月[1]，改镇江府水利通判为桃源南岸河务通判，管理南岸各堤工。咸丰十年六月裁。[2] 桃南厅原属淮徐道，嘉庆七年，因距徐州甚远，改淮扬道属。[3]

至嘉庆二十五年，桃南厅管理桃源县境黄河南岸堤工。上自宿南洋河汛白洋河钞关起，下至清河县外南厅南岸汛交界处止，总堤长一万六千三百十五丈四尺。设置二汛：烟墩汛、龙窝汛。[4]

烟墩汛，所管堤段自宿南洋河汛界起，至龙窝汛界止，堤长八千二百五十丈六尺。管有堡夫四十六名、河兵一百六十六名。烟墩汛与龙窝汛界，按《六省黄河埽坝河道全图》所示在桃源县城以上，即泗阳县老县城以上，"王骆鲍工"堤头。今泗阳老县城以上有"骆湾"，应为骆工所在位置。再按旧有大堤距离估算，两汛交界处当在骆湾与杨集两地之间。

龙窝汛，所管堤段自烟墩汛界起，至外南厅属南岸汛界止，堤长八千六十四丈八尺。管有堡夫四十四名、河兵一百五十九名。龙窝汛与外南厅南岸汛界应在桃源、清河两县交界处，今泗阳与淮阴以淮泗河为界，五万分之一地形图中沿旧堤以下依次有头堡、二堡、三堡等地名，可以证明此处头堡以上应为两汛交界处，故此汛界位置当在淮泗河与头堡附近。

外南厅，位于桃南厅以下。外南厅所属河段，原属山清外河同知管理。康熙十九年，分设山安、外河同知。康熙二十四年，外北厅分定，其南岸有清

---

[1] 《高宗纯皇帝实录》（一七）卷1341，乾隆五十四年十月下丁丑，《清实录》，第25册，第1187页。
[2] 《文宗显皇帝实录》（五）卷322，咸丰十年六月中庚辰，《清实录》，第44册，第774页。
[3] 《续行水金鉴》卷50，第1090页。
[4] 《续行水金鉴》卷50，第1091页。

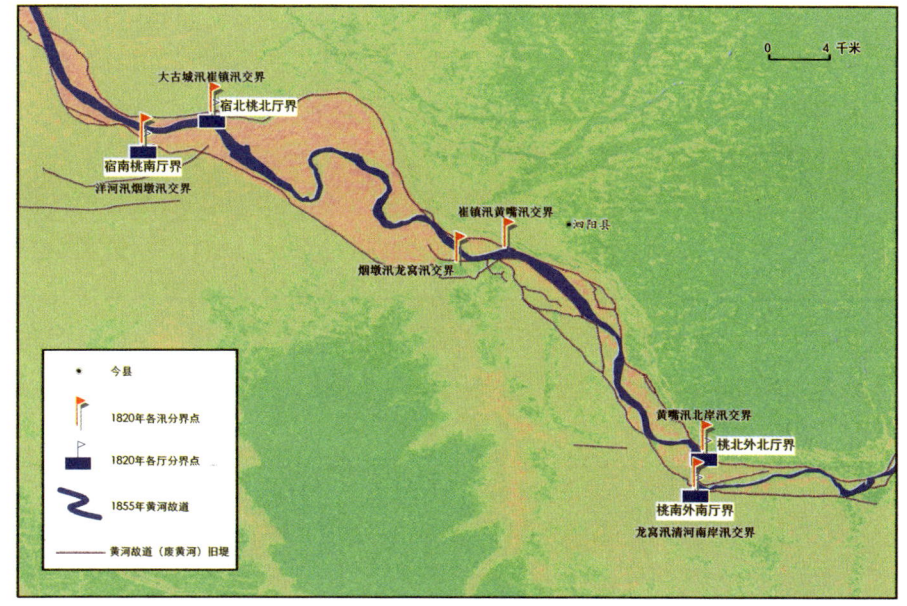

图 2-29 桃南厅堤段示意图

河南岸汛、山阳外河汛、上河汛、下河汛。[1] 雍正九年,下河汛新港工头以下堤工划归海防厅属。[2] 乾隆五十四年[3],南岸汛内头堡三百六十丈堤工划归新设桃南通判管理。嘉庆十六年,增设外河通判[4],上河汛地划归海防厅。[5] 嘉庆十七年,外河厅属北岸堤工归新设外北通判管理,改外北同知为外南同知,管理南岸堤工。[6] 咸丰十年六月裁。[7]

至嘉庆二十五年,外南厅管理清河、山阳二县黄河南岸工程。上自桃源县桃南厅属龙窝汛高家湾界起,越清口下至山阳县海防厅上河汛界三岔堤止,总堤长一万五千二百三十五丈。设置二汛:南岸汛、外河汛。[8]

南岸汛,所管堤段自桃南厅龙窝汛界起,越清口至外河汛季家浅止,堤长五千四十丈。管有堡夫二十八名、河兵一百五十名。清河南岸汛与山阳外河汛交界处有季家浅,但季家浅位置不可考。《江南通志》载:自季家浅

---

1 《续行水金鉴》卷50,第1094页。
2 《续行水金鉴》卷50,第1094页。
3 《高宗纯皇帝实录》(一七)卷1341,乾隆五十四年十月下丁丑,《清实录》,第25册,第1187页。
4 "增设江南淮安府外河通判一员、守备一员。从总督百龄请也。"——《仁宗睿皇帝实录》(四)卷252,嘉庆十六年十二月下甲戌,《清实录》,第31册,第411页。
5 《仁宗睿皇帝实录》(四)卷238,嘉庆十六年正月戊午,《清实录》,第31册,第213页。
6 《续行水金鉴》卷50,第1094页。
7 《文宗显皇帝实录》(五)卷322,咸丰十年六月中庚辰,《清实录》,第44册,第774页。
8 《续行水金鉴》卷50,第1094页。

起,至周家庄十一堡止,堤长四千五百六十二丈,属清河县。根据"中国历史地理信息系统(CHGIS V4.0)"1911 年清河与山阳县界位置,沿旧有河堤上溯,两汛交界处应在窑汪村一带。此处有二堡村名,应为《六省黄河埽坝河道全图》所示兵二堡,因此今二堡村位置应为南岸外河两汛交界处。

外河汛,所管堤段自南岸汛界季家浅起,至海防厅属上河汛界三岔堤止,堤长一万一百九十五丈。管有堡夫二十六名、河兵二百十名。外河汛与海防厅上河汛交界处三岔堤,按《六省黄河埽坝河道全图》所示位置应在安东黄河河弯南侧,沿河缕堤与大越堤分岔处。今由五万分之一地形图与DEM 影像判断,越堤应为经马周至茭陵段衡河堤,故三岔堤位置估定于淮安徐码村附近。

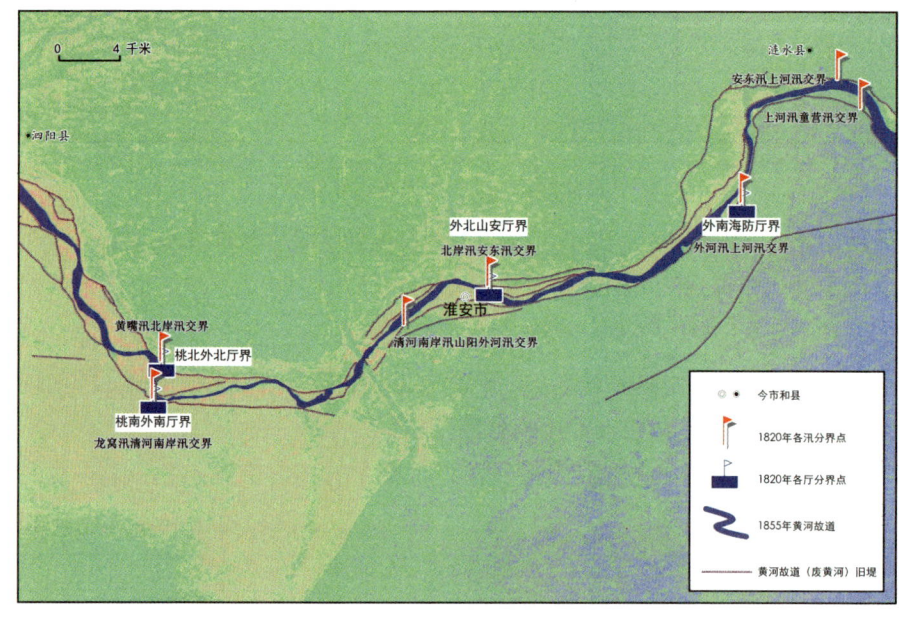

图 2-30 外南厅堤段示意图

(四) 淮海道属堤段

海防厅,位于外南厅以下。海防厅所管河段,明代原设有淮安府海防同知,专管海防军务。康熙三十一年[1]起,兼管海州盐城两境下河水利。雍正九年,外河厅所属上河汛以下堤工以及山安厅所属南岸大套汛堤工分归海防厅管理,改为河务海防同知。[2] 乾隆二十六年[3],海防同知兼管山阳阜宁南

---

1 《续行水金鉴》卷 50,第 1101 页。
2 《世宗宪皇帝实录》(二)卷 104,雍正九年三月戊寅,《清实录》,第 8 册,第 381 页。
3 《续行水金鉴》卷 50,第 1101 页。

岸水利原管堤工,所管河段上自外河厅属上河汛新港头界起,下至阜宁县陆家社窜工堤尾止,堤长累计三万一百六十丈五尺,分为童营、下河、南岸三汛。嘉庆十六年[1],添设海安、海阜二厅,原海防厅管南岸汛改归海阜厅管理,原外河厅属上河汛划归海防厅管辖。咸丰十年六月裁。[2] 海防厅原隶淮扬道,嘉庆十六年添设淮海道[3],海防厅改隶淮海道。

至嘉庆二十五年,海防厅管理山阳、阜宁两县境内黄河南岸河务。上自山阳县外南厅[4]外河汛三岔堤界起,下至海阜厅仁和汛陈家社止,总堤长二万一千三百八十八丈七尺。设置三汛:上河汛、童营汛、下河汛。[5]

上河汛,所管堤段自外南厅外河汛三岔堤界起,至童营汛新港止,堤长二千八百六十九丈七尺。管有堡夫十八名、河兵六十名。由《治河全书·黄河全图》可知,童营新港工以下有周家渡工、唐家堡工、小茭陵工、何家庄工、大茭陵工五工相连。今五万分之一地形图上有周庄、唐堡、小茭陵、大茭陵,按其相互位置可推算周家渡工应在今周庄附近。《六省黄河埽坝河道全图》中唐工以上有工名为高工,因此可推知新港工当在今高庄与周庄附近。

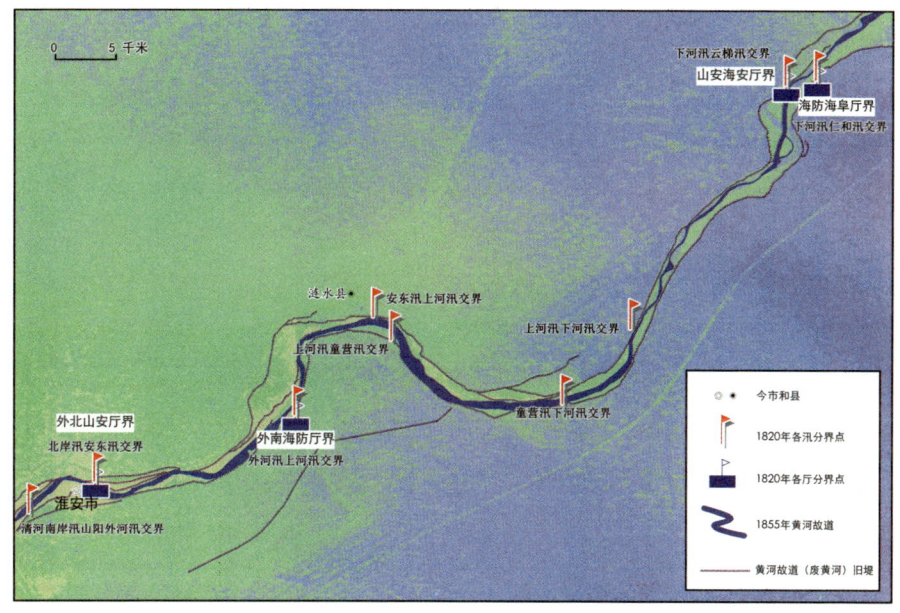

图2-31 海防厅堤段示意图

---

1 《仁宗睿皇帝实录》(四)卷238,嘉庆十六年正月戊午,《清实录》,第31册,第213页。
2 《文宗显皇帝实录》(五)卷322,咸丰十年六月中庚辰,《清实录》,第44册,第774页。
3 《仁宗睿皇帝实录》(四)卷238,嘉庆十六年正月戊午,《清实录》,第31册,第213页。
4 《续行水金鉴》卷50作"外河厅",疑为"外南厅"之误。第1102页。
5 《续行水金鉴》卷50,第1102页。

童营汛,所管堤段自上河汛界新港工头起,至下河汛界叶家营止,堤长五千九百十丈。管有堡夫三十二名、河兵九十二名。童营汛与下河汛界叶家营位置不可考,按《六省黄河埽坝河道全图》所示应在茭陵与童家营之间吉沈工堤头,童家营以上沈圩子应为沈工所在位置,估计交界处在沈圩子以上。

下河汛,所管堤段自下河汛界叶家营起,至海阜厅属仁和汛止,堤长一万二千六百九丈。管有堡夫七十二名、河兵一百九十一名。下河汛与海阜厅仁和汛交界处,按《六省黄河埽坝河道全图》所示,当在陈家社以上。陈家社在大套以上,今大套以上还有二堡,其上有地名陈舍,按方位及距离估测,陈舍应为陈家社所在位置。

海阜厅,位于海防厅以下。海阜厅所管河段,原属海防同知。嘉庆十六年正月[1]设海阜同知,原海防厅管南岸汛改归海阜厅管理。咸丰十年六月裁。[2]

至嘉庆二十五年,海阜厅管理阜宁县黄河南岸堤工。上自海防厅属下河汛界陈家社起,下至大淤尖堤尾止,总堤长二万二千八百二十三丈。设置三汛[3]:仁和汛、十巨汛、海南汛。[4]

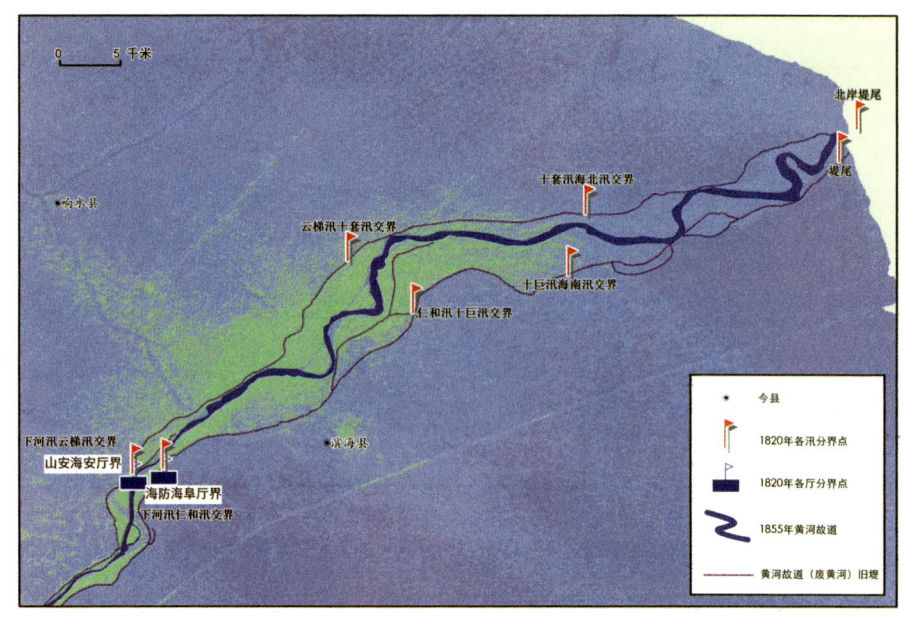

图2-32 海阜厅堤段示意图

---

1 《仁宗睿皇帝实录》(四)卷238,嘉庆十六年正月戊午,《清实录》,第31册,第213页。
2 《文宗显皇帝实录》(五)卷322,咸丰十年六月中庚辰,《清实录》,第44册,第774页。
3 《续行水金鉴》卷50原文注:"嘉庆十五年初奏止设二汛:南岸汛、海阜汛。添筑新堤后,十八年奏改为三汛。"第1106页。
4 《续行水金鉴》卷50,第1106页。

仁和汛,所管堤段自海阜厅下河汛界起,至岔堤尾止,堤长八千三百五十丈。管有堡夫四十六名、河兵八十八名。仁和汛与十巨汛界岔堤,按《六省黄河埽坝河道全图》所示,应在陈家浦以下周金港以上缕堤、遥堤汇合处,今两处地名皆不可考。按照DEM影像寻踪,在今界碑附近有相似地形,其上有地名"二十三堡"。缕、遥两堤之间有旧河道河形,与图上相符,且有三坝地名留存,由此可推交界处当在界碑附近。

十巨汛,所管堤段自仁和汛界岔堤尾起,至海南汛十巨以下于家港止,堤长六千八百五十丈。管有堡夫三十八名、河兵七十名。十巨汛与海南汛界,按《六省黄河埽坝河道全图》所示,在于家港以上、十巨以下。按五万分之一地形图,今十巨以下三里处有地名为渔家港,由此推知两汛交界位置当在十巨与渔家港之间。

海南汛,所管堤段自十巨汛尾于家港起,至大淤尖堤尾止,堤长七千六百二十三丈。管有堡夫四十二名、河兵七十八名。大淤尖堤尾在八巨港下一南向河弯弯顶处,五万分之一地形图上所见大淤尖与旧有河形较为符合。

第三章

明代潘季驯治河后

黄河堤内流路复原

《河防一览》是明代治河专家潘季驯所作，成书于明万历十八年，即公元1590年。《河防一览》是我国历史上重要的治黄专著之一，卷一所存《全河图说》记录了当时黄河、运河两岸城镇和重要险工闸坝等内容，直观地反映了当时黄河的流路情况，是潘季驯四任总河后大兴水利建设工程的建设图。《河防一览·全河图说》，又称《两河全图》《全河图说》，描绘内容上自黄河源，下至浙省运河，图上内容反映了万历十六年至万历十八年（1588—1590年）间黄河与运河以及相关各河道的堤防修筑等情况。[1] 本章流路位置复原以此图上信息，确定为1590年时间断面。

一、铜瓦厢以上河段1590年黄河流路复原

（一）沁黄交汇处至阳武河段

　　北岸沁黄交汇处有南贾口，附近标注有"南贾口，黄沁交汇之处"，此处为北岸临黄大堤起点，今武陟县阳城乡东南、沁河东岸有南贾村，其与南贾口地名符合一致性原则，可确定为南贾口位置所在。

　　北岸詹家店附近，标注有"詹家店，万历十六年创接堤四百八十五丈五尺"，其下有地名甄家庄、郭家潭。今武陟县有詹店镇，与詹家店地名符合一致性原则，可确定为詹家店位置所在。甄家庄、郭家潭两地位置今不确定。

　　北岸庙王口，标注有"庙王口，系埽湾去处，尤恐缕堤难支，万历十八年增筑遥堤一道，长一千二百五十五丈"。其下有原武县城，原武县城即今原阳县西南原武镇位置所在。[2] 庙王口位置应在今武陟县原武镇西侧靠近大堤处，具体位置不详。原武县城之后标注有"买家寨，万历十八年创筑月堤一道，长九百丈"，买家寨位置今不确定。

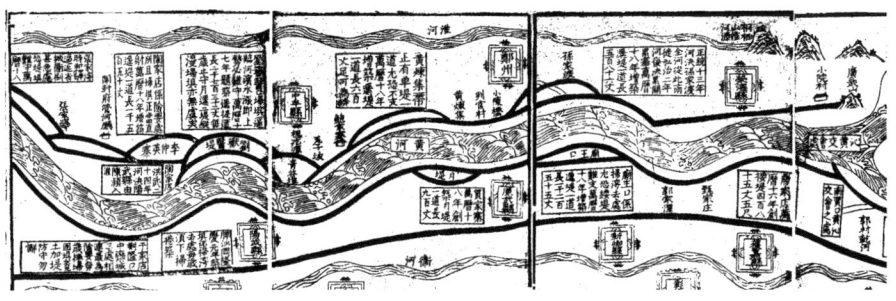

图3-1　《河防一览·全河图说》沁黄交汇处至阳武河段

---

[1] 周铮：《潘季驯〈河防一览图〉考》，《中国历史博物馆馆刊》第17期，1992年。
[2] 周振鹤主编，郭红、靳润成著：《中国行政区划通史·明代卷》，复旦大学出版社2007年，第75页。

北岸阳武县城附近标注有"脾沙冈,隆庆元年筑坝,系埽湾去处,每岁需下埽卷筑"。阳武县城即今原阳县城位置所在[1],脾沙冈应在其东南部某处,具体位置不详。

南岸自沁黄交汇处广武山开始有堤,孙家渡附近标注有"正统十三年,河决孙家渡,全河从此南徙,弘治二年河复决,累开累塞,万历十八年增筑遥堤一道,长五百八十六丈"。其上有广武山、小院村、荥泽县城,其下有郑州州城、小陈桥、判官村、黄炼集。广武山位置大约在今荥阳市广武镇东北,小院村靠东一侧;荥泽县城位置在今郑州市西北古荥镇;郑州即今河南省郑州市城区。[2] 黄河北岸一侧,今原阳县官厂乡东南有判官村和黄练集村,相对位置很符合,判官村名完全相同,黄练集与黄炼集发音一致,因此今两村即判官村与黄炼集位置所在。小陈桥应在其附近,今地名不存。此时,黄河河道内流路位置在判官村与黄炼集北侧。

南岸黄炼集附近,标注有"黄炼集一带止有单堤一道,尤恐不支,万历十八年增筑遥堤一道,长六百丈,足河为恃"。其下有中牟县城、鲍家寨、瓦子坡、槐疙瘩、青谷堆。中牟县即今河南中牟县驻地[3];今中牟县东漳乡东南有瓦坡村,应为瓦子坡位置所在;今中牟县狼城岗镇西有青谷堆在瓦坡村东,根据地名一致性原则,可推断此两地应为青谷堆位置所在。

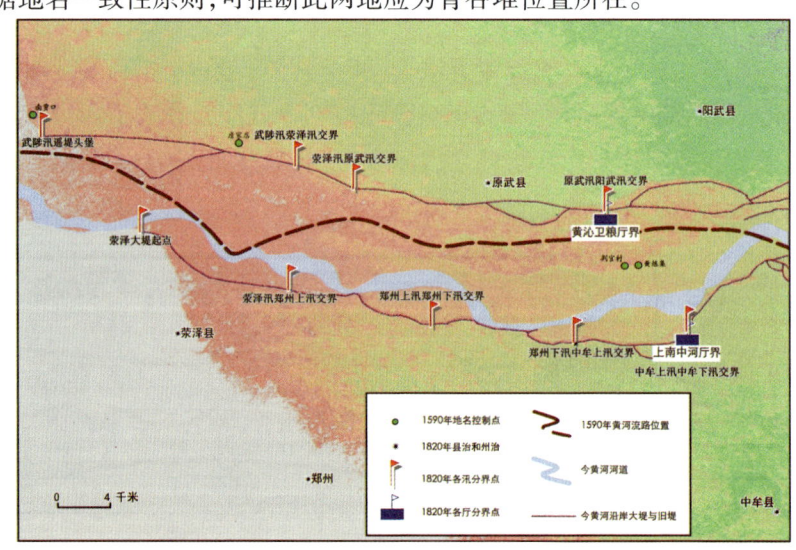

图3-2 1590年沁黄交汇处至阳武河段流路位置复原

---

1 周振鹤主编,郭红、靳润成著:《中国行政区划通史·明代卷》,第75页。
2 周振鹤主编,郭红、靳润成著:《中国行政区划通史·明代卷》,第76页。
3 周振鹤主编,郭红、靳润成著:《中国行政区划通史·明代卷》,第75页。

（二）阳武至铜瓦厢河段

北岸于家店、荆隆口、中栾城附近，标注有"于家店、荆隆口、中栾城三处相连，最为险要，每岁卷埽固坝，觅土加堤，防守勿懈"。《河防一览·全河图说》反映三地与封丘县相距不远，应在封丘县境内。今封丘县沿黄河北岸孙庄乡至荆隆宫乡一段有于店村、前后钟銮城村、金龙口村，按照地名一致性原则，三处地名或为简写或为音同。参考相对位置可以推断，今此三地应为于家店、荆隆口和中栾城对应位置所在。

北岸荆隆口处单独标注有"荆隆口，弘治五年河决，冲张秋，万历十五年又决，长东二县几溺，寻即塞之，十二年创筑遥堤一道，长二千九十丈"。此地还标有"开封府管河厅"。荆隆口处为南向河弯，河道内流路位置至下游陈桥集处又偏回北岸。

北岸陈桥集附近，标注有"陈桥集，弘治甲寅年河决，嘉靖二十四年又决，东连马家口，西抵荆隆口一带，堤坝每岁加工修守"。今封丘县有陈桥镇，按照地名一致性原则，应为陈桥位置所在。其下有贯台、马家口。贯台在铜瓦厢附近，今封丘县尹岗乡南靠近黄河河道处有贯台村，按照地名一致性原则推断，为当时贯台位置所在。从贯台、荆隆口与陈桥的位置距离来看，马家口应在陈桥以下较远地方，今具体位置不详。从陈桥集开始，河道流路偏向北岸，至铜瓦厢折为南向河弯。

北岸陈留寨附近，标注有"陈留寨、铜瓦厢，旧系冲激去处，每岁帮筑防守勿怠"。陈留寨堤内有回回寨、铜瓦厢，其下可识地名有樊家店、张村集。铜瓦厢在1855年黄河北徙之后已湮没于今黄河河道内，其大致位置当在今封丘县贯台村以东黄河主河道西部河滩处。《河防一览·全河图说》中樊家店、张村集两村相邻，今兰考县谷营乡西侧有樊寨村和东西张集二村相邻，根据同姓地名和相似地名原则以及两地相对位置综合判断，两地应为樊家店、张村集两地今日位置所在。

接下来有马坊营地名出现在文字标注中："马坊营，系埽湾去处，尤恐缕堤难支，今于背后创筑月堤一道，缕堤改为埽坝，岁加修防，可恃无虞矣。"马坊营说明文字标注于铜瓦厢下，今封丘县曹岗乡南有马坊村，按地名相似性原则推测，应为马坊营位置所在。此地位置在贯台以上，应该是《河防一览·全河图说》图中说明文字过长而造成的位置混乱。

南岸刘兽医堤，标注有"刘兽医口埽坝逼临河滨，水涨即上，势必难守，万历十七年，题筑遥堤一道，长二千七百三十二丈，每岁止守月遥二堤，纵漫埽坝，亦无虞矣"。刘兽医口位置今不可考，应在瓦子坡以下，按其险要程度

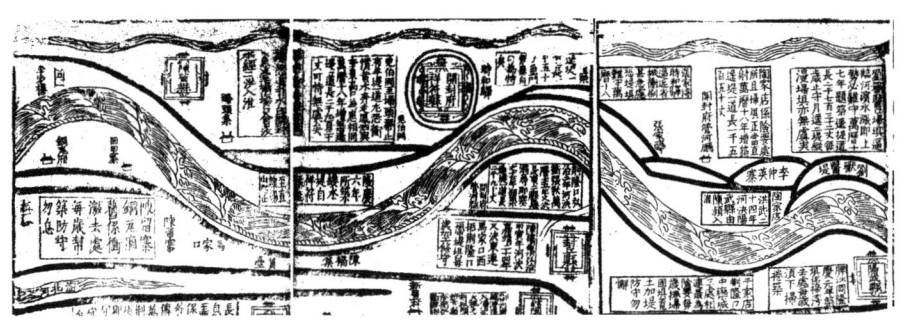

图3-3 《河防一览·全河图说》阳武至铜瓦厢河段

推测,大约在清代黑堽险工一线。

南岸陶家店,标注有"陶家店系险要处所,且埽坝正当直射,万历十八年增筑遥堤一道,长一千五百五十丈",同时还有"洪武三十四年河决阳武县,由陈颍入淮"说明文字。陶家店堤外有李仲英寨,其下标注有文字"开封府管河厅"。今开封市柳园口乡北黄河大堤内有陶庄村,陶庄村东堤外有李寨村,两者与大堤相对位置与陶家店与李仲英寨颇为相似。瓦子坡至陶家店河段河道内流路位置更为靠近南岸。

南岸张家湾,标注有"张家湾、时和驿逼近省城,冲刷甚急,虑恐堤坝难守,万历十八年增筑遥堤一道,长一千五十丈,重门御暴自可为恃矣"。其下地名有时和驿,靠近开封府祥符县城。开封府祥符县城即今河南开封市城区。[1] 时和驿地名今已不存,按《河防一览·全河图说》信息推测,当在今开封市西部,具体位置不详。

南岸兔伯堽,标注有"兔伯堽至埽头一带止有单堤一道,尤恐冲惯黄水奔走凤泗,于李景高口为患相同,万历十八年增筑遥堤一道,长二千九百二十丈,可恃无虞矣"。今开封市东有土柏岗乡,根据地名同音原则推测,此地附近应为兔伯堽位置所在。

南岸埽头集,标注有"永乐九年侍郎金纯浚故道,引水自开封入鱼台塌场口会汶水经二洪入淮"。其下有陈留县城、李家楼。五万分之一地形图上显示今开封县袁坊乡东有埽街村,此地附近以埽开头地名只此一处,根据同地段同"姓"地名唯一性原则推测,埽街村即埽头位置所在;陈留县即今河南开封县东南陈留镇[2];李家楼具体位置不详。时和驿、兔伯堽至埽头集河段黄河行河位置靠近北岸。

---

1 周振鹤主编,郭红、靳润成著:《中国行政区划通史·明代卷》,第74页。
2 周振鹤主编,郭红、靳润成著:《中国行政区划通史·明代卷》,第74页。

南岸兰阳县赵皮寨,标注有"嘉靖十三年,河复决赵皮寨入淮,本年忽自夏邑县太丘回村等集冲数口,转行东北,流经萧县,仍出徐州小浮桥,下济二洪,赵皮寨不久亦淤。嘉靖十九年,河决野鸡冈,由涡河入淮,二洪告涸,开浚李景高口,支河引水出徐州济洪,阅二年亦淤""嘉靖七年,开赵皮寨白河一带分杀水势"。赵皮寨附近有地名"七村"。

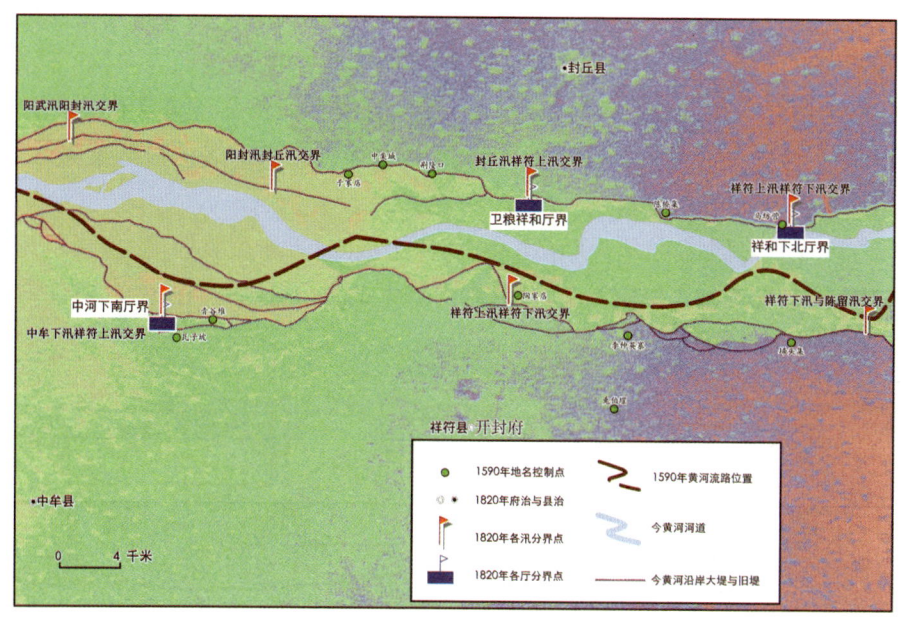

图3-4 1590年阳武至铜瓦厢河段流路位置复原

明代潘季驯治河以后,黄河下游两岸河防已成规模,河道基本固定,但河道内部流路位置与1855年黄河故道仍有较大不同,通过比较河道内流路位置的大概线路就可见一斑。

铜瓦厢以上河段,较大差异主要存在于今原阳县与郑州中牟,即1820年北岸黄沁厅、卫粮厅交界,南岸上南厅、中河厅交界河段。以黄炼集位置为控制点,1590年黄河流路位置偏向北岸,黄炼集此时在黄河河槽南侧;至今封丘县与开封市河段,大约相当于1820年中河厅与下南厅河段,黄河在此河段较后世偏向南岸,仅在祥陈汛附近北向河弯较为明显。总体来看,铜瓦厢以上河段,今原阳县以上河段黄河流路位置偏向北岸,今中牟县与开封市交界处至兰考县黄河流路位置偏向南岸。

二、铜瓦厢至睢州河段1590年黄河流路复原

(一)铜瓦厢至睢州河段

北岸炼城口附近,标注有"埽坝最为吃紧去处,每岁宜下厢边埽以护之"。炼城口下有一标注"乞泥河",今炼城口与乞泥河地名位置不详。

北岸三家庄附近,地名无明显定位,仅标注有"三家庄埽坝正当河身已被冲塌,万历十八年退里预筑等埽坝一道,不与水争地,自易防守矣"。三家庄具体位置不详,按照所处位置分析,其位置应在民权县境芝麻庄以上河段,今兰考县许河乡西的南郭庄一带,此地有多处以庄为名的村落聚集,三家庄位置大约应在此处。

北岸黄陵冈,标注有"弘治五年,河复决荆隆口,溃黄陵冈堤,趋张秋凡二年塞之,每岁加工修防"。黄陵冈堤内有大王庙,其位置今已不详,应在三家庄与芝麻庄之间。

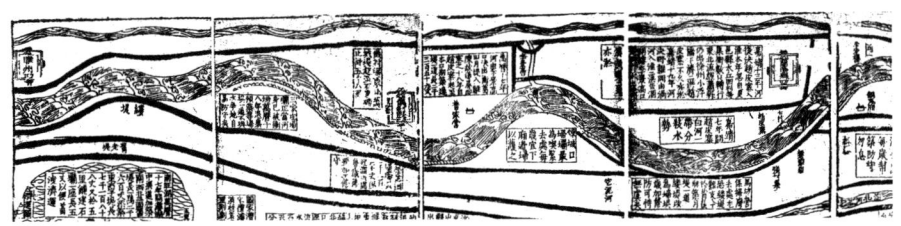

图3-5 《河防一览·全河图说》铜瓦厢至睢州河段

南岸李景高口,标注有"万历十七年,河由李景高口决出,冲葛田月堤入睢陈故道,寻即塞之,十八年自赵皮寨起至本口创筑遥堤一道,长二千三百五十九丈"。嘉靖《兰阳县志》有"新夹堤在县北十里,起自李景高口,东南至刘陈铺,东北至李仪宾口,长三十里"。[1] 兰阳县城即为今兰考县城。[2] 李景高口应在兰阳县城北十里左右,其东南有刘陈铺。今兰考县城关乡东有刘陈铺村,按地名一致性原则,刘陈铺位置即在此处。以刘陈铺村与兰考县城为定位参考,可以判断李景高口位置大约应在今兰考县北高场村附近。其下有普家营。今兰考县爪营乡东南有普营村,与普家营地名符合一致性原则,应为普家营位置所在。赵皮寨位置按其与李景高口距离推算,大约应在今兰考县城关乡西北蔡楼村附近。

---

1 嘉靖《兰阳县志》卷9,第20页。
2 周振鹤主编,郭红、靳润成著:《中国行政区划通史·明代卷》,第75页。

南岸仪封县即今兰考县东仪封乡[1],附近标注有"仪封县东北护城堤起至石家楼止,长五十八里"。黄河流路位置自李景高口处由南向北偏移,在普家营之仪封县河段为北向河弯,仪封县之后流路位置靠近南堤。

南岸王家集,标注有"考城县西自王家集起至本县西护城堤止,计一十七里二百四十步"。其上有石家楼。考城县城位置在今河南民权县东北北关镇一带[2];今兰考县李堂乡西北有石楼村,与石家楼符合地名一致性原则,可推测其位置即为石家楼所在。考城与石家楼位置都已定出,按距离沿旧堤推算,今兰考县张君墓镇东南王双庙一带应为王家集位置所在。

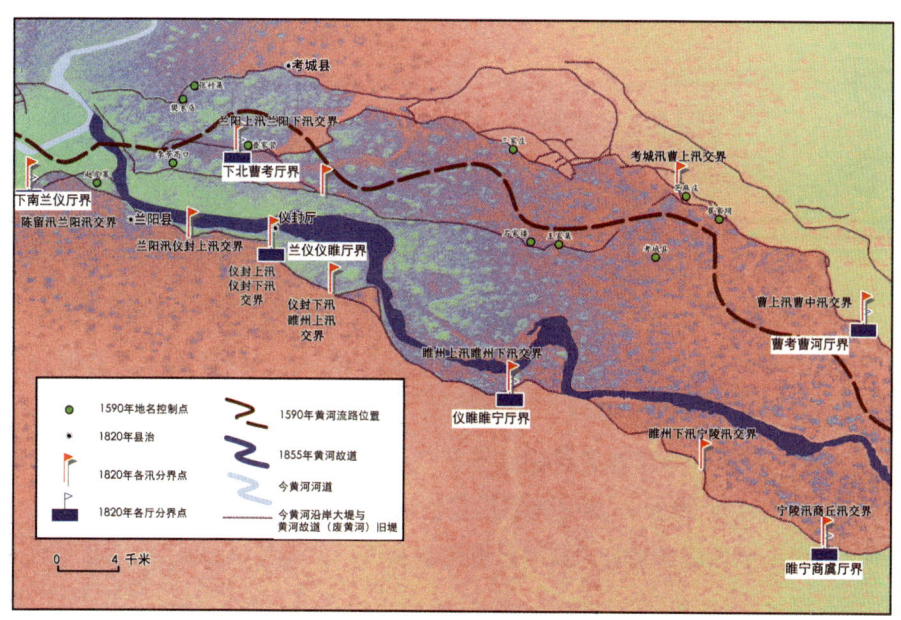

图3-6　1590年铜瓦厢至睢州河段流路位置复原

(二) 商丘至虞城河段

北岸芝麻庄、陈隆口,标注有"芝麻庄、陈隆口二处埽坝相连,扫刷甚急,每岁宜多备埽料以防溃坏"。陈隆庄下有李秀厂、孝城口、崔家坝、大王庙。今民权县楼庄乡东南有崔坝村,根据地名一致性原则判断,其位置应为崔家坝位置所在。芝麻庄地名今已无存,《河防一览·全河图说》中其与考城县隔河相望。当时考城县位置在今民权县东北[3],确切位置应在北关镇附近[4]。

1　周振鹤主编,郭红、靳润成著:《中国行政区划通史·明代卷》,第75页。
2　周振鹤主编,郭红、靳润成著:《中国行政区划通史·明代卷》,第79页。
3　周振鹤主编,郭红、靳润成著:《中国行政区划通史·明代卷》,第79页。
4　中国历史地理信息系统(CHGIS V4版),时间序列数据。

上游蔡家楼至芝麻庄险工有两道大越堤相连,参考五万分之一地形图故道旧堤堤形综合判断,芝麻庄险工位置应在今民权县崔坝村西北1820年考城汛与曹上汛交界处附近。

北岸武家坝无地名位置,仅标注有"武家坝,隆庆六年圩筑,系迎溜去处,最关紧要,万一有失则金乡等数邑悉成沮洳,且遗患于运河,每岁慎加修守"。

北岸曹县兖州府管河厅,标注有"正德七年筑北大堤,自焦家湾起至双堌集止,长八十里,后又接筑三十里"。其堤内有主簿厅、王家厂、刘满庄月堤,堤内标注有"嘉靖二十六年河决曹县,冲谷亭运道"。曹县即今山东省曹县县城[1],主簿厅、王家厂、刘满庄应在曹县南沿河旧堤内,但具体位置难以判断。

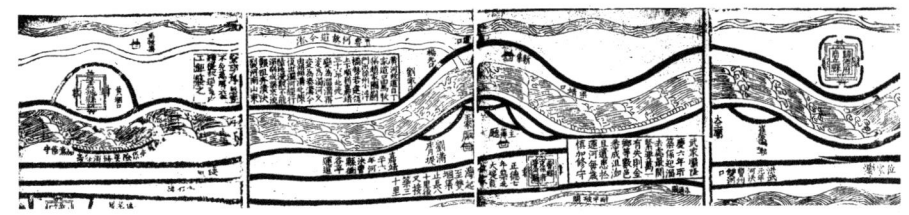

图3-7 《河防一览·全河图说》商丘至虞城河段

南岸考城县归德府管河厅,无其他标注文字。其后依次有宁陵县城、归德府商丘县城。宁陵县城即今河南宁陵县治,归德府商丘县城即今河南商丘市治。[2] 此河段南岸地名控制点不足以说明此段黄河南向河弯情况,由沿岸小地名密度推测,此段黄河流路位置较为靠近北岸一侧。

南岸丁家道口,标注有"黄河故道自丁家道口由马牧集、赵家圈、蓟门出徐州小浮桥,势若建瓴,上下顺利。嘉靖三十六年北徙,一变为溜沟,再变为浊河,又变为秦沟,今由胡佃沟北陈复出浊河,经行陆地漫散,不能深刷成渠,束流艰阻,奔溃决裂,河南山东徐邳一带恐害不免,万历六年题复故道,竟以工锯寝之"。丁家道口之上有梁靖口、新集,之下有杨先口、刘家口,南岔河一支标有"贾鲁河故道今淤",故道下游有马牧集。今商丘市有刘口乡,与刘家口地名相似,结合河段位置判断,刘家口位置应在此地附近。丁家道口具体位置不详,由DEM数据影像旧河道线状痕迹与刘家口位置综合判断,大约应在今商丘市李庄乡北,位置与清代蒙墙寺位置接近。其余地名位置皆不能详。

南岸黄堌口,在虞城县城外,无说明文字。之后依次有夏邑县城、永城县城。黄堌口在旧虞城县西门外,今旧堤已无痕迹可参考,根据虞城县城较

---

[1] 周振鹤主编,郭红、靳润成著:《中国行政区划通史·明代卷》,第56页。
[2] 周振鹤主编,郭红、靳润成著:《中国行政区划通史·明代卷》,第78页。

为明显的城墙形状推测,黄堌口位置大约在今虞城县利民镇西关村附近。《河防一览·全河图说》中虞城县以下河道两岸几乎没有地名,从堤岸弯曲画法来看,北岸平直,南岸多弯曲,其表达的信息应是河道沿南岸堤防走势而变化,流路位置应较为偏向南岸。

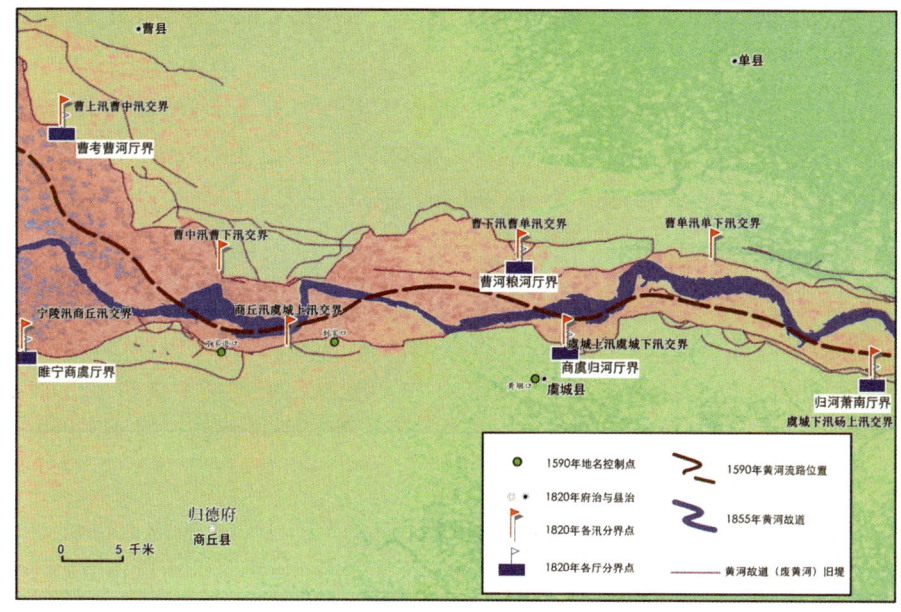

图3-8　1590年商丘至虞城河段流路位置复原

铜瓦厢至虞城河段,在今兰考至曹县河段即1820年曹考厅河段,黄河流路位置偏向北岸;曹县以下今商丘市虞城县河段即1820年商虞厅河段,黄河流路位置偏向南岸,与北徙前的1855年黄河河道基本一致。

三、砀山至徐州河段1590年黄河流路复原

北岸宁坂附近,标注文字有"宁坂亦系险要,务须每岁加意修守",其对岸为虞城县城。今无地名线索,大约应在单县李新集一带。

北岸坚城集附近,标注有"砀山县缕堤冲激不支,另筑月堤一道,又虑缕决月危且居丰沛上游。砀山失守,丰沛亦虑,故复于单砀接界处筑斜坝一道,长千余丈,使上流循坝归河,不得迫缕危月,最为吃紧,岁修勿缓""嘉靖三十二年,河趋东北段家口,分六股:大溜沟、小溜沟、秦沟、浊河、胭脂沟、飞云桥,俱由运河至徐州入洪;又分一股由砀山坚城集下郭贯楼散五小股:龙沟、毋河、梁楼沟、胡佃沟,亦从小浮桥入洪。今大势已趋浊,河出小浮桥者不过十分之二三耳"。

北岸清水河附近,有外越堤,文字标注有"丰县清水河月堤每被浸汕,万历十七年又添筑月堤一道,长二千五百丈,每岁加修勿怠"。清水河位置应在丰县境内黄河北岸,具体位置不详。

北岸邵家坝附近,标注有"此坝万历六年所筑,遏断秦沟旧路,最为吃紧,续又接筑数百丈,今复帮筑高厚,岁修之工必不容已"。其附近有秦沟故道,下有丰县主簿厅。邵家坝具体位置不详。

北岸沛县飞云桥附近,标注有"正德四年河决沛县飞云桥入运,嘉靖八年,飞云桥水北徙鱼台,谷亭舟行闸面""嘉靖四十四年,黄水异常,郭贯楼淤平,全河逆行泛滥,自沙河至徐州全河俱入北股,至曹县棠林集以下向北岔一股□,一股□沛县、岁山、杨家集入秦沟至徐北,一股绕丰县华山向东北,由三教堂出飞云桥,分十三股至湖陵城口散□庙坡达徐。隆庆六年,创筑积水长堤捍之,水不北侵,万历六年筑邵家大坝,□之南徙,迄今由浊河至镇口会运河并流达徐""此隆庆六年所筑缕木堤,万历八年大加帮筑高厚,十八年又复加帮,系运河关键,以后须岁加修防"。其下有支将军庙。此段为明代黄河多股河道并存的具体描述。

北岸茶城口附近,有注记文字"茶城口淤""万历十八年筑堤七百余丈,万历十七年题筑堤九百余丈"。堤外有张谷山,堤间有塔山。今铜山县柳新镇东北有垞城,在张谷山以西不远处,据同音地名原则判断,垞城位置即茶城位置所在。查五万分之一地形图"郑集"幅,今铜山县苏北大堤附近张谷山地名仍存,在张谷山以南破楼村附近,依靠此处 DEM 数据影像的高程分布判断,此地有独立矮山一处,此处前后均有地势等高线,应为旧河道遗留,因此该位置应为图上所示"塔山"所在。综合以上各地名信息并结合五万分之一地形图与 DEM 高程影像对此处的地势反应判断,潘季驯治河以后,黄河主流至此约由今大沙河河道折向北流,至华山、戚山折向东南,经茶城口、塔山至镇口闸与运河交汇后再折向南,流至徐州。

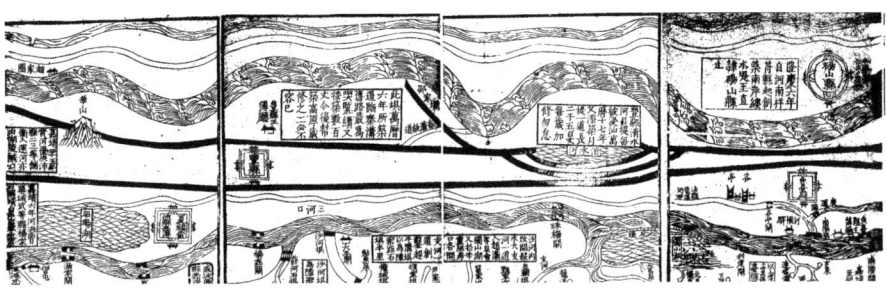

图3-9 《河防一览·全河图说》砀山至沛县河段

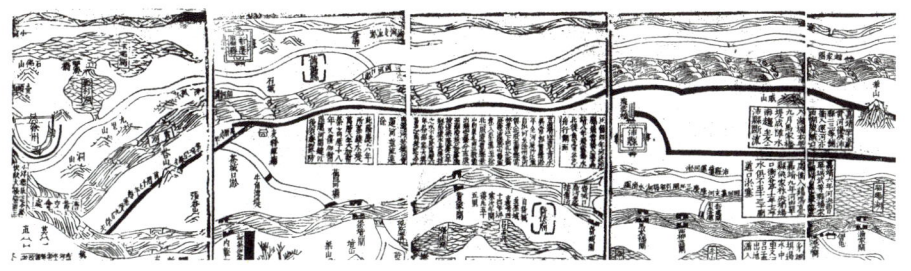

图 3-10 《河防一览·全河图说》沛县至徐州河段

南岸砀山县即今安徽砀山县治[1],标注有"隆庆六年自河南祥符县起创筑南岸缕水堤至直隶砀山县止"。南边有"贾鲁河故道今淤"。其后南岸地名较为稀疏。之后有赵家圈,仅有地名,无说明文字,具体位置不详。

南岸萧县,附近有"旧萧县",紧邻黄河,还有"新迁萧县"。附近又有徐溪口、石城、胡佃沟,无其他说明性文字。"新迁萧县"位置即今安徽萧县县治,"旧萧县"位于今安徽萧县西北。[2] 徐溪口位置已难寻踪,石城与胡佃沟应在萧县靠近黄河故道处,具体位置不详。

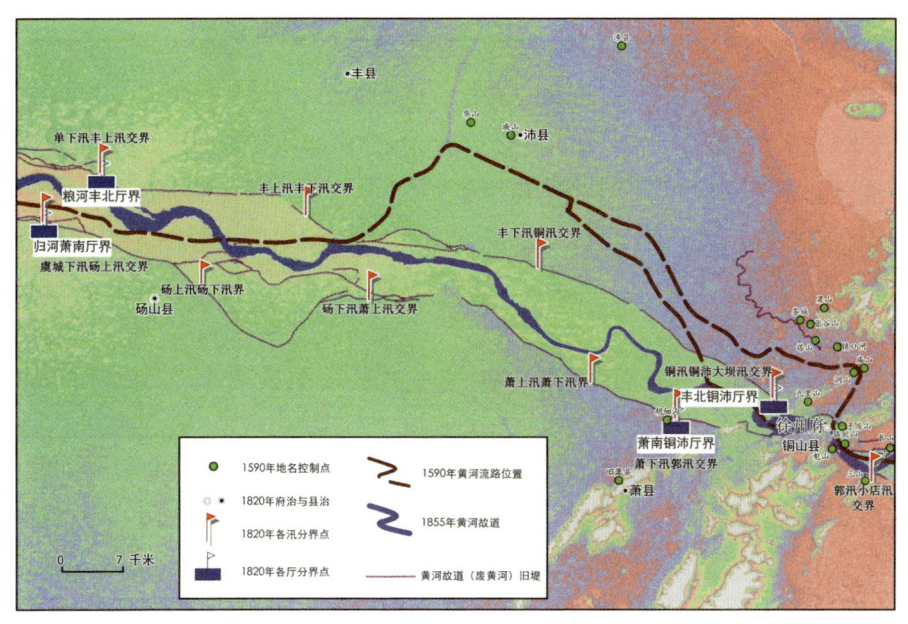

图 3-11 1590 年砀山至徐州河段流路位置复原

虞城至徐州河段,砀山县境内黄河与 1855 年故道流路大体相同。至北

---

[1] 周振鹤主编,郭红、靳润成著:《中国行政区划通史·明代卷》,第 46 页。
[2] 周振鹤主编,郭红、靳润成著:《中国行政区划通史·明代卷》,第 46 页。

岸丰沛两县交界处附近，河道折向北方，超出了明清黄河故道区域，直达今丰县华山、栖山两镇。又经今沛县南部，其主流大致与今故道位置平行。又经今徐州北部庙山一带，与运河交汇后折而向南至徐州城。偏离明清故道河段长度达80余千米。根据《河防一览·全河图说》所示信息，此段河道在栖山以下"两河口"处还分出一条支流，在徐州以上与今黄河故道合而为一，沿故道走向至徐州城与主流汇合。

四、徐州至宿迁河段1590年黄河流路复原

（一）徐州河段

北岸漕黄交汇处，标注有"小浮桥故道今淤，伏秋大涨仅出三分之一"。其下有骆驼山、土山寺、长山、狼矢沟、赤兰楼、樊家店。在五万分之一地形图"徐州市"幅上，今徐州市东南有骆驼山，骆驼山以东有地名土山寺，土山寺东有地名南长山与北长山。由该图"大庙"幅可见几处地名分布在同一山脉，最高山峰标识处应为长山位置所在。狼矢沟地名今已不见，但其应靠近土山寺且临近黄河，故推测其位置应在今徐州市东郭庄附近。赤兰楼、樊家店两处地名今已不存，其位置应在狼矢沟以下，详细位置不可考。

北岸镇口闸，标注有"此闸外乃泉河与黄河交会之处，伏秋黄水大发，灌入本口冲至淤阻，今创建镇口古洪内擎三闸，如遇水发之极议闭后黄水消落，即启闸纵水外冲，即有淤滩捞浚亦易矣"。今铜山县茅村镇东靠近京杭大运河处有中口村和东口村，在五万分之一地形图"郑集"幅上，两村名称标注为"中镇口""东镇口"，根据地名相似性原则判断，此地应为镇口闸位置所在。

北岸磨脐沟，标注有"嘉靖年间，黄水由赤兰、樊家店溢入，经磨脐沟出沂河口，徐邳正河断流，遂筑长堤一道障之，但磨脐沟地洼，随筑随决，今议于上游长山至塔山地高处创筑遥堤一道可以为恃"。其后沿堤有说明文字："北岸遥堤自谷山至直河计长九千四百六十四丈一尺，其所编字号与缕堤同。"磨脐沟以下有"吕梁城"。长堤之外为"泇河"。今铜山县黄河故道北岸有吕梁村，其位置即吕梁城位置所在。磨脐沟位置应在吕梁城以上，今确切位置不详。

北岸栲栳湾附近，标注有"前此北岸常决栲栳湾、曹家口、崔镇等处，每决则民间田地一望成湖，而正河淤蛰以致水发，则舟行市中民楼山顶，盖由缕堤束水太急，必难免以冲溃。自北岸遥堤筑成，范围宽广，纵遇泛涨至遥，水方浅缓，易于防守，河渠可免淤蛰，民田可免浸没矣"。栲栳湾今地不详。

北岸堤外泇河附近,标注有"万历三年,部议题自夏镇马家桥经葛墟岭、良城、侯家湾入泇口河至清河县大河口出或直至河出,可避黄河之险。无论穿山鉴石、湖心筑堤,工力必不可为。纵使闻成之后,万一南决淮扬则南无漕矣,北决丰沛则北无漕矣,中间一段将安用之,随该科道勘议题寝"。此泇河应为万历三十一年李化龙"开泇河以避黄"之泇河河道。

北岸栲栳湾沿堤之下有花山,此处标有"徐州遥堤止",花山前有"徐州界"和"睢宁县界",之下有"庞家山",沿堤下行有"七墩山""土三山",此处标注"睢宁遥堤东界张字铺止",附近有山名"岠山"。"七墩山"段堤外有蛤蟆湖,岠山段堤外有连汪湖。今铜山县伊庄镇东有地名花山村,此处有山名标识"花山",两地名一致,花山位置应在此处。今花山以东有地名古墩,古墩以东有山名"三山"。按相对位置推测,古墩位置应为"七墩山"所在,因"七"与"古"较为形似,今古墩疑为"七墩"之误写。

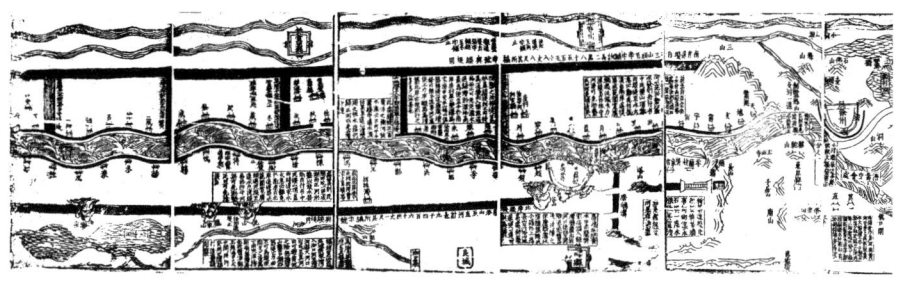

图3-12 《河防一览·全河图说》徐州河段

南岸徐州城即今江苏徐州市[1],标注有"徐州洪今已削平,见建回澜亭于其上"。其附近有姬村湖,当为后来之石狗湖即今云龙湖位置。附近山名还有石佛山、台头山、魁山。魁山与今徐州市南奎山发音相同,所处位置也较为接近,疑似同音一致,实为一地。

南岸三山,说明文字有"前此南岸常决,房村、曲头集等处每决,则民间田畴一望成湖,而正河坐此淤垫,以致水发,则舟行市中,民栖山顶,盖由缕堤束水太急,必难免于冲溃。自南岸筑成,范围宽广,纵遇泛涨,水力减缓,易于防守,河渠可免淤垫,民田可免浸没矣"。今徐州市东南崔庄附近有山头村,五万分之一地形图显示此地有三处矮山,推断其为嘉庆二十五年三山头位置所在。《河防一览·全河图说》中三山位置在魁山以下,其与魁山相对位置同嘉庆二十五年奎山与三山头相对位置相似,因此推断三

---

[1] 周振鹤主编,郭红、靳润成著:《中国行政区划通史·明代卷》,第46页。

山头与三山同为一地。

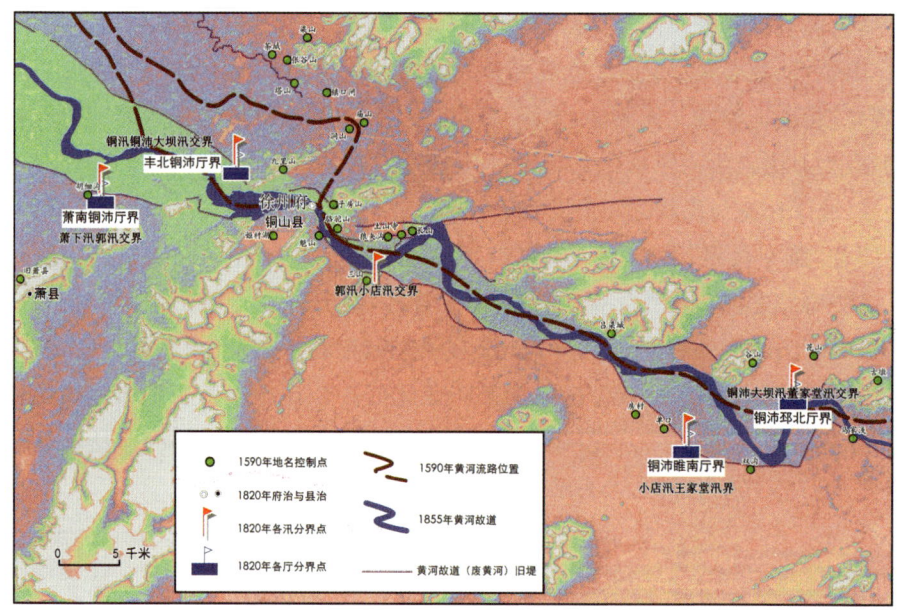

图 3-13　1590 年徐州河段流路位置复原

(二) 邳州河段

北岸邳州淮安府管河厅,其上有睢宁邳州界,堤外有周湖,周湖以下有柳湖,柳湖以下有黄墩湖,黄墩湖以下有落马湖,各湖相连。落马湖口有"诸家沟""陈家沟"通入黄河,标注说明有"沂泇二河合诸湖之水俱出二口入黄河"。今宿迁市有黄墩镇,处在民便河入微山湖的位置,黄墩湖应在此地附近。以黄墩湖为参照,其余各湖应在黄墩镇西侧依次分布。邳州旧城大约在今睢宁县古邳镇,历次黄河决溢,邳州城受淹严重,成了"一片白波",于康熙年间迁于今邳州市运河镇。[1] 今古邳镇东北仍有地名"城里""西关",据五万分之一地形图,此地为沼泽,似为邳州古城原址。

北岸有文字"直河口今淤"。北岸大堤至此,有文字标注"邳州界止""自直河至古城,因河外诸湖借以容蓄泛涨之水,湖外高岗乃天然遥堤,故不议筑"。

南岸堤外宿迁县即今宿迁市治所在[2],沿堤有说明文字"三山头至李字铺,计长二万八千五百五十八丈八尺,其所编字号与缕堤同""徐州遥堤至列

---

[1] 同治《徐州府志》卷 1 有:"旧邳州艾阳迁建圣恩留,康熙己巳年始改建州城于艾山南,患自羊山初改流,一片白波浮故垒,土人犹道旧邳州。"按:康熙己巳年即康熙二十八年。

[2] 周振鹤主编,郭红、靳润成著:《中国行政区划通史·明代卷》,第 41 页。

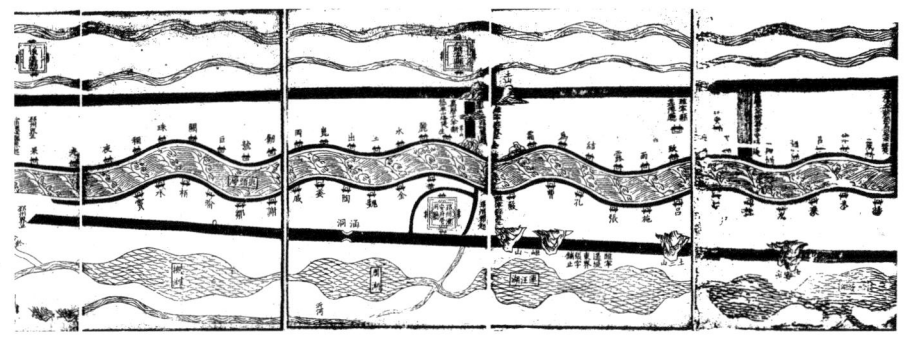

图3-14 《河防一览·全河图说》邳州河段

字铺止""灵璧县遥堤自张字铺起至冬字铺止"。

南岸房村与徐州下河判官厅相邻,附近标注有"万历十八年新筑房村格堤""防御之法,格堤甚妙,盖缕堤既不可恃,万一决缕而入,横流遇格而止,可免泛滥,水退归漕,淤溜地高,最为便益。今淤南岸房村、单口、双沟、马家浅、辛安、羊山、峰山,俱筑格堤一道,岁岁增修,可无分流夺河之患矣。工力有暇,再为增筑北岸,亦徹而行之,多多益善也"。今铜山县靠近黄河故道处有房村镇,与房村地名一致,应为房村位置所在。

南岸有万历十八年新筑单口格堤,标注有"此处缕堤正当黄流之冲,河狭水激,必不可守,今弃缕守遥,水涨任其至遥以适萦回之性,水落仍归正河,以免分夺之患"。今铜山县房村镇东南靠近故堤有单庄村,五万分之一地形图上此地有红旗水库,应为旧黄河一处水口,根据同河段同姓地名原则推断,今单庄靠近黄河故道处应为单口位置所在。单口以下地名有灵璧县主簿厅、双沟,今睢宁县有双沟镇与双沟地名一致,应为同一位置。双沟边标注有"万历十八年新筑双沟格堤"。

南岸双沟之后依次标注有马家浅格堤、辛安格堤。今睢宁县双沟镇东北有马浅村;马浅村东,黄河故道堤内河道北岸有辛安村,根据两地相对位置与地名名称一致性原则推断,今马浅村与辛安村即《河防一览·全河图说》马家浅和辛安位置所在。

南岸睢宁县主簿厅,其下睢宁县界有"土山""象山",两山北靠近河岸为羊山,龟山与羊山之间为羊山格堤,标注文字有"万历十八年新筑羊山格堤"。五万分之一地形图上,今睢宁县古邳镇西北有羊山,古邳镇西南有象山,羊山与象山间距约两千米,两者相对位置与《河防一览·全河图说》所示位置相符。根据地名一致性原则,可推断该图中羊山与象山位置即今睢宁县古邳镇羊山与象山位置所在。在《河防一览·全河图说》中,黄河由羊山北侧流过。

南岸羊山格堤以下有峰山格堤,附近标注有"万历十八年峰山格堤""李字铺以下缕堤去河本远,而睢水必由小河口白洋河以出,运河地势洼下河湖相通,故不议筑遥堤,止于归仁集筑堤横截以杜夺淮之患"。今宿迁市王官集镇北有峰山楼,其地名与峰山地名相似,根据地名相似性原则,可推断今峰山楼附近即《河防一览·全河图说》中峰山位置所在。之后大堤至"遥堤头"止,其下无堤。

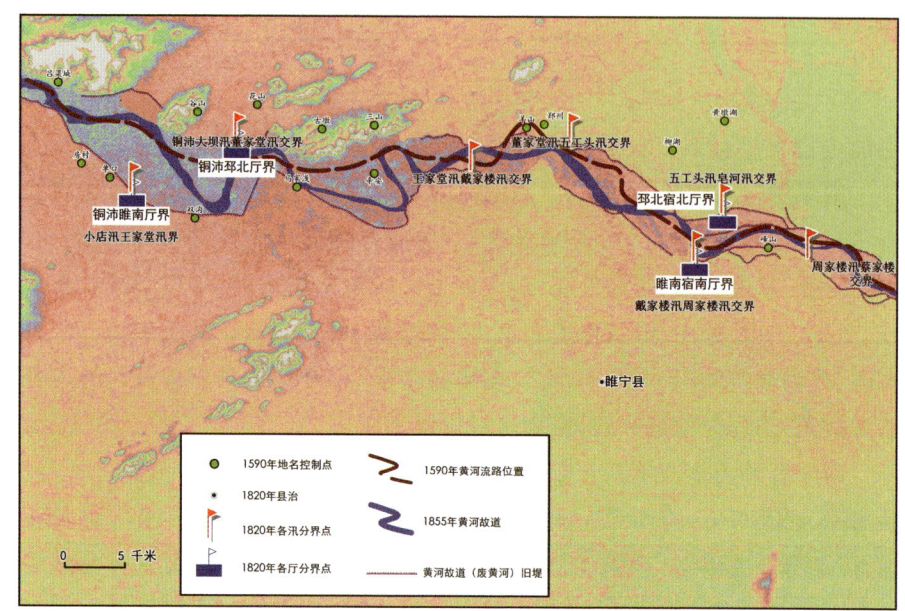

图3-15 1590年邳州河段流路位置复原

徐州至宿迁河段,本段黄河与运河即为一体,宿迁以上河段与1855年故道相比较,河道内流路位置较为偏向北岸。比较明显地段有"辛安镇"与旧邳州"羊山"两处,即今睢宁县北部黄河故道河段。1590年黄河流路位置在"辛安镇"与"羊山"北侧,此两地在南岸均筑有格堤,1855年黄河明显在其南侧,河弯当较1590年曲折。宿迁以下河段相较1855年河段变化并不十分明显,与此段河道较为狭窄、河弯并不明显有一定关系。

五、宿迁至云梯关外海口河段1590年黄河流路复原

(一) 邳州至宿迁河段

北岸宿迁县城,其位置即今宿迁市[1],城外有马陵山,县城以下有侍丘湖

---

[1] 周振鹤主编,郭红、靳润成著:《中国行政区划通史·明代卷》,第41页。

与黄河相通。侍丘湖位置当在今宿迁市东南,位置并不确切,五万分之一地形图上宿迁东南有河道及地势较低洼之处,大约为昔日侍丘湖位置所在。

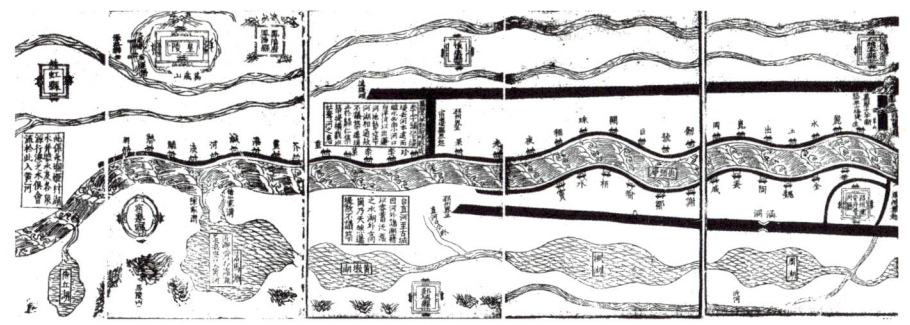

图3-16 《河防一览·全河图说》邳州至宿迁河段

南岸小河口,其下为白洋河(口),标注为"此系永堌姬村湖水并睢水及各泉源行潦之水,俱会流于此入黄河"。白洋河之下有湖,标注名称为"白鹿湖",白鹿湖附近还有"邸家湖"。根据1820年厅汛分界地名考证,白洋河即今宿迁市洋河镇。

南岸宿迁县主簿厅,标注文字有"前此黄河泛涨,每倒淮入小河口、白洋河并挟诸湖之水决归仁集,直射泗州陵寝,而正河愈夺自筑长堤横截之后堤内田地悉皆干出,流民尽归耕作,而凤泗亦免冲射之虞矣"。由此以下至桃源县城,黄河沿岸有孙家湾、高岗、烟墩、凤凰岭等低矮山岭作为屏障。

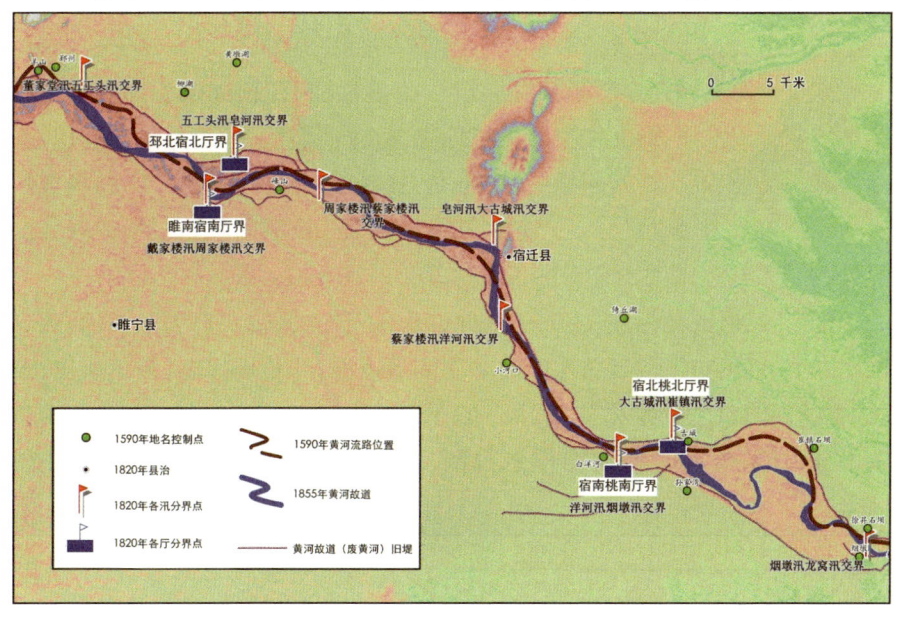

图3-17 1590年邳州至宿迁河段流路位置复原

(二) 桃源至清河河段

北岸古城附近，城北有"桃源县界起"，古城以下有崔镇石坝、徐昇石坝、李太石坝、三义石坝。至吴城，此处为"桃源县界止，清河县界起"。标注说明文字有"遥堤自古城至清河止，长一万八千四百一十丈""南北两岸遥堤既筑，水归正漕，田庐可免水患，但恐异常之涨，河水盈溢或至横溃，故复设此减水坝于遥堤之中，以便分杀且无冲溃遥堤之患。李太、徐昇、三义三坝之意皆然，而俱设北岸者，以其从灌口入海之顺也"。今泗阳县郑楼镇西有古城山，根据地名一致性原则，此地应为《河防一览·全河图说》中古城位置所在。今泗阳县郑楼镇东有崔镇地名，与该图中"崔镇"名称一致，其位置应为崔镇石坝位置所在；徐昇石坝位置应在崔镇以下，《续行水金鉴》认为徐昇坝位置有过变动[1]，因此明代与清代徐昇坝处所不尽相同，难以精确到具体位置。

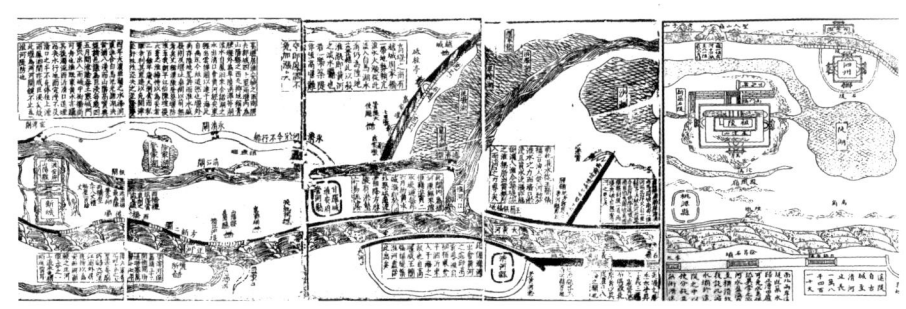

图3-18 《河防一览·全河图说》桃源至清河河段

南岸桃源县城即今泗阳县城厢镇[2]，附近标注有"前此桃源南岸诸决由马场坡南奔入淮河，而北岸又自崔镇等决，故正河淤垫，今北岸俱筑遥堤，而南岸因马场坡、高岗横筑斜堤一道，两堤尖峡，自无夺河之患矣"。马场坡斜堤示意位置在桃源县城以下港嘴至腰铺大堤，腰铺即桃源、清河两县交界处。

南岸腰铺，此处标注文字有"前此淮水从王简、张福二口泻入黄河，致分淮水之力，而清口淤浅且黄水泛涨亦能倒灌入淮，今筑堤捍之，淮无所出，黄无所入，而清口之力专矣"。黄河、淮河交汇处有王简张福堤。腰铺准确位置不详，根据康熙时期河图信息推测，大约在今淮安市吴城镇北肖庄村一带。

---

1 《续行水金鉴》卷47，第1021页。
2 周振鹤主编，郭红、靳润成著：《中国行政区划通史·明代卷》，第40页。

南岸淮河口通济闸,标注有"此闸内为里河,原无来流,惟借淮黄二水通运,每年六月初黄水盛涨,即于闸外筑坝遏流,霜降方启,纵有淤垫,亦易挑浚"。

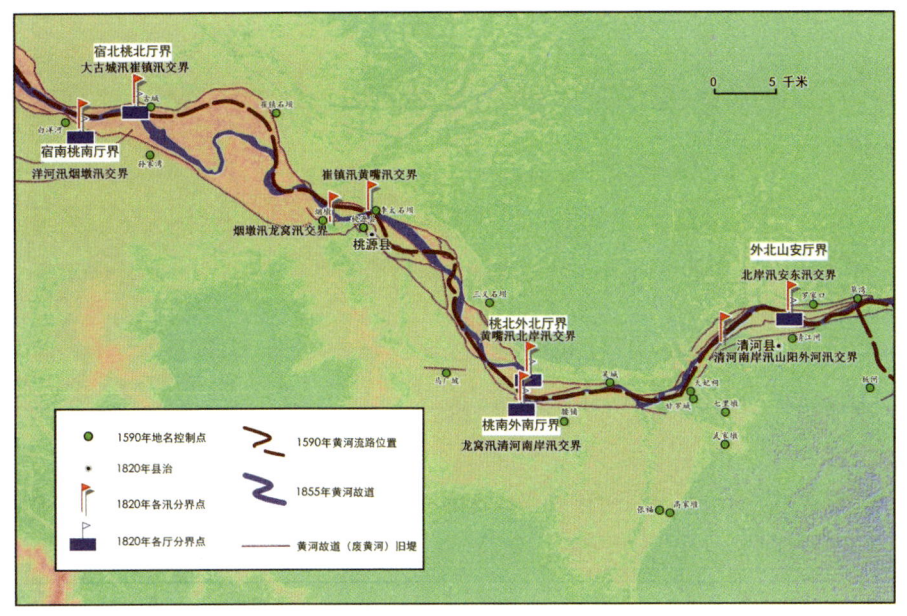

图3-19　1590年桃源至清河河段流路位置复原

(三) 清河至海口河段

北岸清河县,北城外至大河口一段为黄河故道,标注有"老黄河淤""此系淮河出会黄河之处,即禹贡导淮自桐柏东会于泗沂,东入于海之故道也。自高堰成王简张福堤筑,淮河尽从此出矣"。《河防一览·全河图说》显示清河县城以下大河口即为北岸大堤堤尾,大河口之下再无大堤。

北岸草湾河附近,其上有罗家口,之下有盐所,标注文字有"草湾河系嘉靖三十二年冲开,时通时塞,万历十七年复大通夺正河十分之七,至赤晏庙仍归大河,清江浦外居民恃以为安,而河面较之正河仅三分之一,上游未免稍稍逗留耳"。草湾河下有赤晏庙。查五万分之一地形图,在今淮安市新渡乡南盐河南岸双坝村附近有地名标注为草湾,根据地名一致性原则推断,其位置应为草湾河口处。赤晏庙名称今已无存,其大体位置应在今涟水县以西,具体位置难以确定;参考《中国历史地图集》[1]明代万历十年(1582年)"南京(南直隶)"图上位置所示,大约在今涟水县保滩镇一带。安东县城即今涟水县城[2],其上由颜家河入黄处有头铺,县城北有金城,其下有五港口、

---

1 谭其骧主编:《中国历史地图集》第七册,"元·明时期",中国地图出版社1982年,第47—48页。
2 周振鹤主编,郭红、靳润成著:《中国行政区划通史·明代卷》,第40页。

淮子港。安东县城以下有云梯关,其下标注有"各套",之外即为海口。黄河主流至草河湾分出北侧支流,与南侧主流在赤晏庙合流一处;赤晏庙与安东县城之间还有两处颜家河入黄河河口。

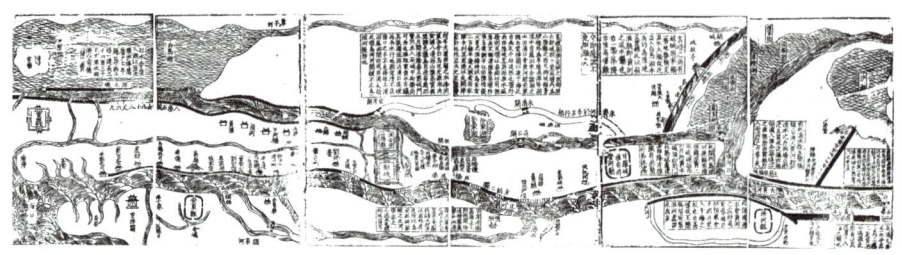

图3-20 《河防一览·全河图说》清河至海口河段

南岸甘罗城淮安府管河厅,无标注文字,沿堤而下,地名依次有:天妃祠、惠济祠、山阳县主簿厅、清江浦堤、方新、二坝、西桥、礼坝、淮安府山阳县、新城、范家口石堤、刘伶台、柳浦湾厂、管堤使厅、金家洼、贾家洼、刘家洼、马家湖、张家洼、高岭(山)、建仪、马逻巡司、卢铺、戴百户营、羊寨巡司,之下为"各套",最终入"海口"。根据大运河申遗发掘资料与实地探访,惠济祠位置约在今淮安市码头镇东北龙厅村附近,天妃祠在二闸村西。

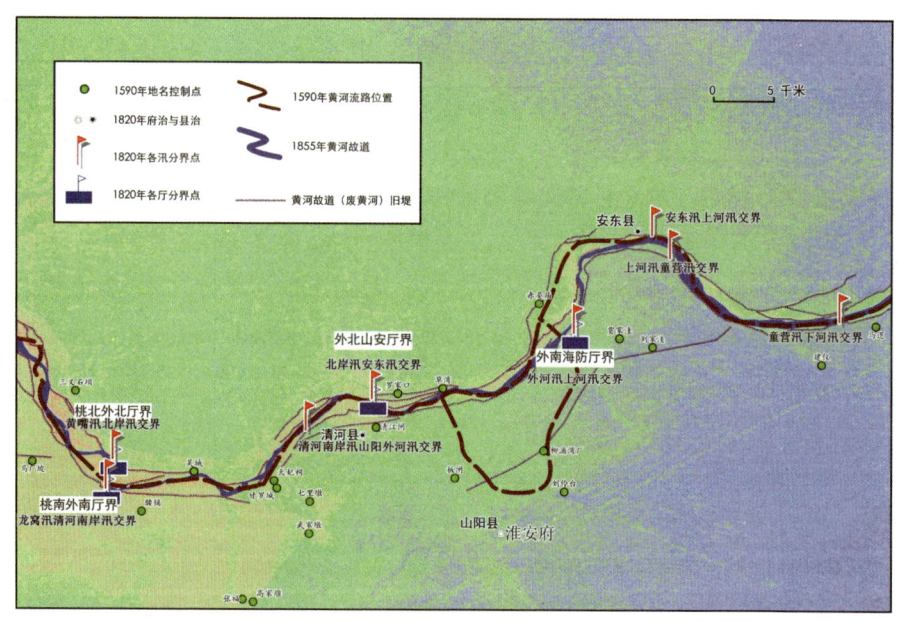

图3-21 1590年清河至安东河段流路位置复原

南岸淮安府山阳县即今江苏淮安市。[1] 今淮安市东北有刘伶村,与刘伶台地名一致,结合《中国历史地图集》[2]明代万历十年(1582年)"南京(南直隶)"图幅"刘伶台"位置推断,今刘伶村即刘伶台位置所在。今淮安市苏嘴镇西有建仪村,根据地名一致性原则推断,此地应为建仪位置所在。今淮安市苏嘴镇东北有马逻村,可推断此地为马逻巡司位置所在。今阜宁县芦浦乡西芦浦村靠近故道,根据地名同音性原则推断,此地应为卢铺位置所在。今阜宁县郭墅镇西蔡庄村在五万分之一地形图"陈集"幅上标注为"羊寨公社",根据地名一致原则推断,此地应为羊寨巡司位置所在。今阜宁县郭墅镇西蔡庄村西有地名为"戴舍",其位置处于羊寨与卢铺之间,根据同姓地名原则推断,戴百户营位置应在此处。甘罗城淮安府管河厅以下《河防一览·全河图说》河水主要变为沿南堤行水,北岸无堤。山阳县主簿厅以下黄河主流行经淮安府山阳县刘伶台至柳浦湾厂以下,与北侧支流在赤晏庙合流;南岸黄河大堤延伸至羊寨巡司,之后河入海口。

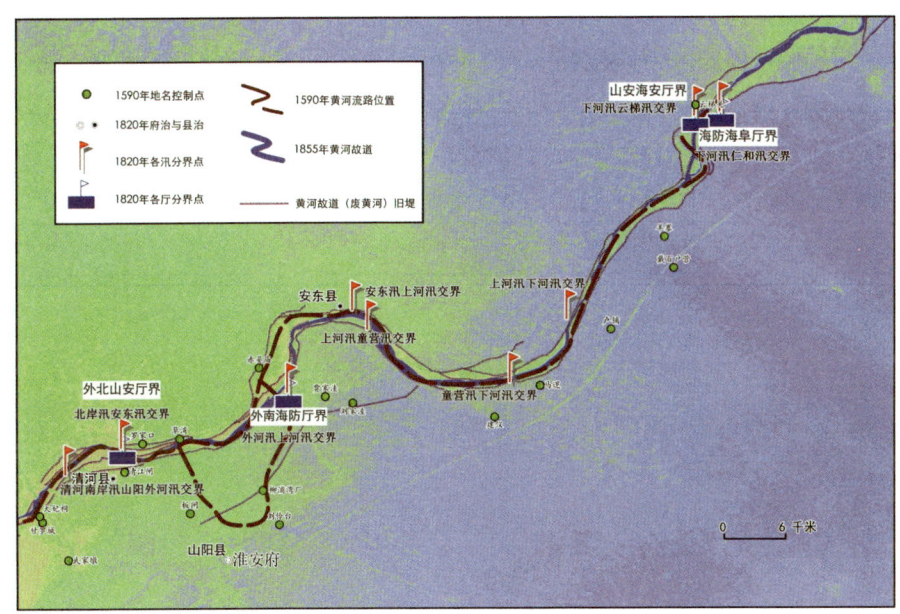

图3-22 1590年安东至云梯关海口河段流路位置复原

桃源至云梯关河口河段,本段黄河与1855年河道内流路位置相比,差异较为明显的地方主要在九里冈到崔镇段,此段黄河流路位置沿北岸大堤,

---

1 周振鹤主编,郭红、靳润成著:《中国行政区划通史·明代卷》,第40页。
2 谭其骧主编:《中国历史地图集》第七册,"元·明时期",第47—48页。

1855年是偏向南岸。清河县内河道较为狭窄,河弯并不明显,流路位置的变化并不很明确,大体与1855年故道相当。今淮安市至涟水县一段,黄河主流流路位置超出今黄河故道,大体经淮安市区北刘伶台至涟水县保滩镇,形成一个大大的南向河弯;同时沿今故道河段原为万历年间所开草湾新河,当时也是黄河支流行水的一段。今涟水县以下至云梯关外海口位置河道较为狭窄,河弯变化并不明显。

六、明代潘季驯治河前后黄河堤内流路位置情况

由1590年黄河流路复原图可以看出,该时间段与今故道有明显差异的河段有两处:

一为徐州以上河段,在今故道位置北侧,经丰、沛两县,在运河镇口闸附近与运河汇合后再至徐州。这一段河道一直保留到康熙时期,在成书于康熙年间的《河防刍议·黄河总图》中仍有表现。

一为淮安附近,黄河主流在清口以东草湾处折向南流,经淮安刘伶台、柳浦厂,在赤晏庙入今日故道。草湾至赤晏庙有一河道与今故道大体重合,按《河防一览·全河图说》中所示为黄河支流。明万历四年于草湾处分为两道[1],《河防一览·全河图说》反映的此段河道应为这一时期两河道均为黄河流路的情形。

---

[1] "万历四年开草湾河成,分为两道,各四十余里,复合过安东,总下云梯入海。十六年,勘河常给事欲复老黄河故道,知府张允济力。"——陈梦雷:《古今图书集成·方舆汇编·职方典上》卷472,清雍正铜活字本,雕龙古籍数据库。

第四章 清康熙时期黄河故道
内流路位置情况

清初黄河下游流路基本沿袭明末,大体上由河南武陟、荥泽经商丘,东流至徐州拐向东南,至清河入淮水河道,东流入海。顺治至康熙前期,黄河河患频繁,连年决口不断。康熙十六年(1677年)靳辅出任河道总督,主持治河事宜,重点整修清口至云梯关河段两岸堤防。到康熙二十七年(1688年),中河开通,黄河两岸堤防得到大力整治,决口频次明显减少,黄河行水进入一段相对稳定的时期。这一时段的黄河流路情形在河工舆图上也得到了一定的体现,如《河防刍议·黄河总图》和《治河全书·黄河全图》。

《河防刍议·黄河总图》反映的是康熙时期上自源头下至海口全河段河道情形。康熙十三年(1674年)桃源新庄决口,康熙十五年(1676年)塞桃源新庄,图上新庄决口尚未堵塞,周边各工注明为工程,应是正在修建的状态,因此该图所反映的应是1674—1676年之间的黄河信息。图上信息虽然较为简单,但清口以上的地名信息还是比较丰富,可以用作地名控制点。

《治河全书》包括康熙时期张鹏翮上奏的治河奏疏和相关的河工档案、各类河图等,也是研究黄河下游河道的主要资料。其中,《治河全书·黄河全图》是目前最重要的关于黄河的专题图幅之一,该图所绘黄河上自星宿海,下至云梯关外入海口,着重反映了沁河口以下沿黄大堤河段至康熙四十二年(1703年)相关埽坝险工与治河工程的情况,图中所含内容丰富。本书下文采用的是中国地图出版社出版的《黄河全图》单行本。

一、1675年黄河河道情形

本段河道情形推测主要基于《河防刍议·黄河总图》,以其沿黄河地名为控制点。另外,江南段黄河行河位置的确定还需要参考靳辅《治河方略》所记险工的位置信息。因此,本节的研究思路是在图上地名的基础上,用上述控件复原本段河道流路位置。据靳辅《治河方略》所载,至康熙二十八年(1689年),黄河下游险工在河南境内仅有开封段荥泽北门一处,在山东也只有曹县段傅家集一处,其余四十六处险工皆分布于江南。故河南、山东境内黄河河道内流路位置主要依靠《河防刍议·黄河总图》中的地名进行位置控制和复原,江南段的河道流路位置则采用图上地名和险工位置并重的方式进行复原。

(一) 黄沁交汇处至阳武中牟河段

《河防刍议·黄河总图》中沁黄交汇处以下始有大堤。北岸紧邻大堤有地名南贾口,此地位于沁黄交汇处北岸。今武陟县阳城乡东南沁河东岸有南贾村,其与南贾口地名符合一致性原则,可确定为南贾口位置所在。

北岸原武县城,即今原阳县西南原武镇位置所在。[1] 其下河堤外标有"黄练集旧址,今黄河南徙竟移北岸",说明此时黄河行河位置已在黄练集之南。今原阳县官厂乡东南有黄练集村,按地名一致性原则判断,黄练集位置应在此地。图上黄练集险工标注在黄河南岸,应为堤工所在位置。原武县城之后有阳武县城,即今原阳县城。[2] 阳武县城之下有两大王庙、越石堤,今原阳县大宾乡南有越石村,两者名称一致,应为同一地名。越石堤内有潭口寺险工,潭口寺今址不详,从图上位置判断应在今越石村东面。潭口寺以下原有北向河弯一处,依图上信息,康熙十二年此处开新引河。按《河防刍议·黄河总图》所示,至1675年时引河与河弯同时存在。

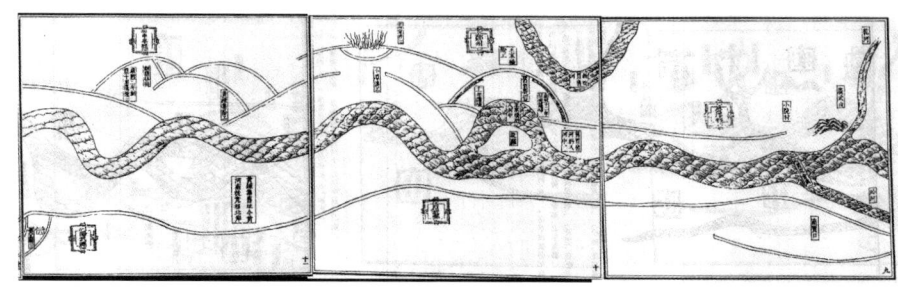

图4-1 《河防刍议·黄河总图》黄沁交汇处至阳武中牟河段

南岸大堤起始处有小院村,位于广武山以东,南岸大堤起于此处。广武山位置大约在今荥阳市广武镇东北,小院村位置应在其附近。沿堤以下有荥泽县城,荥泽县城于康熙三十七年(1698年)因"(黄河)逼城甚险"而迁至旧荥阳郡[3],即今郑州市西北古荥镇,说明此前荥泽县城更靠近大堤,河道内流路位置在此时期亦日趋靠近南岸。

南岸郑州,在今河南郑州市老城区[4],其靠近黄河处有王家桥险工,堤内河道有干滩,附近标注的文字有"旧贾鲁河塌入河中""康熙十二年帮堤护埽""旧贾鲁河身""王家桥塌入河中""十一年护埽"。王家桥险工堤外有新改贾鲁河河道。郑州之下有马家渡,堤内有小潭溪工,今郑州市姚桥乡北靠近黄河河岸处有马渡村,与马家渡地名相似,按照地名相似性原则推断,此

---

[1] "原武县,治所即今河南原阳县西南原武镇。初属开封府,雍正二年八月来属。"——周振鹤主编,傅林祥、林涓、任玉雪、王卫东著:《中国行政区划通史·清代卷》,复旦大学出版社2013年,第243页。

[2] "阳武县,治所即今河南原阳县驻地城关镇。初属开封府,乾隆四十九年来属。"——周振鹤主编,傅林祥、林涓、任玉雪、王卫东著:《中国行政区划通史·清代卷》,第243页。

[3] "河南巡抚李国亮疏言,荥泽县城北临黄河,丹沁二水会归黄流,逼城甚险。旧荥阳郡基址高阜,请将县城移建此地,以免冲决。从之。"——《圣祖仁皇帝实录》(二)卷187,康熙三十七年正月至三月,《清实录》,第5册,第994页。

[4] 周振鹤主编,傅林祥、林涓、任玉雪、王卫东著:《中国行政区划通史·清代卷》,第246页。

地应为马家渡位置所在。

南岸中牟县,位置在今河南中牟县驻地[1],其靠近黄河处有黄练集险工,堤工处文字标注有"新筑格堤""康熙二年创筑十里堰堤"。此处黄练集险工原与黄练集村同属南岸,由于河水南徙,图上黄练集村已至河槽北岸,河道内流路位置应偏向南岸大堤。接下河段有新引河两处,均为缓解北岸河势所开。前一处对岸为潭口寺险工,引河附近有文字标注"康熙十二年引河外流,北堤埽坝保固未蛰",后一处引河附近标注"顺治十二年挑引河"。引河之后有地名姚家寨,今此地名无法确定位置。

南岸开封府祥符县城,即今河南开封市城区。[2] 临近黄河处地名依次有:青谷堆、曹家寨、黑堽险工、时和驿工、槐疙疸险工。黑堽险工处有标注文字"康熙十二年帮堤长五百八十六丈"。槐疙疸险工处有文字标注"顺治十七年筑大越堤""此埽湾河势抢筑三阅月报塞"。今中牟县狼城岗镇西有青谷堆,镇南有曹寨村,根据地名一致性原则推断,此两地应为青谷堆和曹家寨位置所在。今开封市水稻乡西北引黄干渠与黄河连通处有闸,按五万分之一地形图标注名称为"黑岗口闸门",根据地名发音一致性原则,黑堽险工位置应在此地附近。此处南向河弯沿大堤行水,引河与河弯在图上同时画出,当时应同时存在。

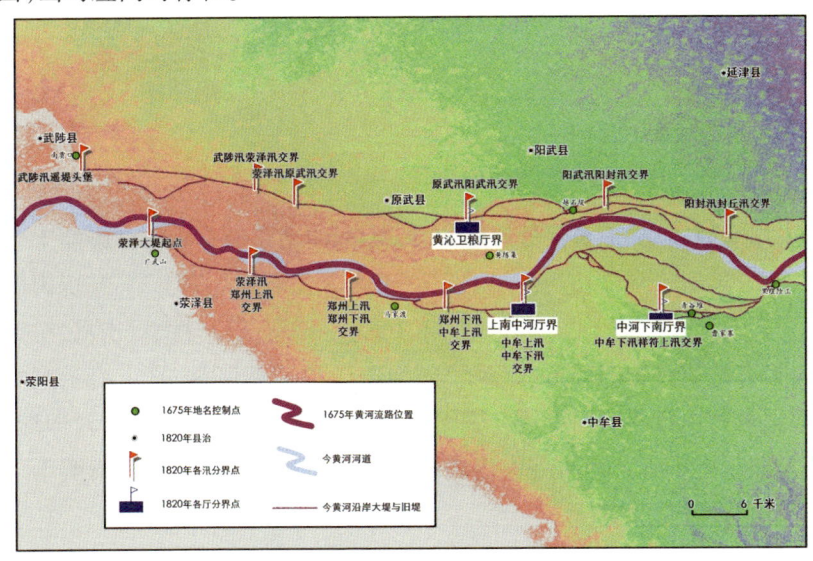

图4-2　1675年阳武中牟以上河段黄河河道内流路位置复原

1　周振鹤主编,傅林祥、林涓、任玉雪、王卫东著:《中国行政区划通史·清代卷》,第239页。
2　周振鹤主编,傅林祥、林涓、任玉雪、王卫东著:《中国行政区划通史·清代卷》,第238页。

（二）阳武中牟至铜瓦厢河段

北岸荆隆口，今封丘县有荆隆口乡，两者名称一致，所处位置大体相同。荆隆口附近有东大王庙，堤内有娘娘庙。荆隆口以下有封丘县，其位置在今封丘县城。[1] 附近有西大王庙河工、神马庄、东大王庙河工。今封丘县东南靠近司庄乡有西马庄村和东马庄村，两村相邻。从地名上判断，与神马庄较为接近，应为其地所在。荆隆口前堤内有北向河弯一处，依图上信息，顺治十一年此处开新引河。按《河防刍议·黄河总图》所示，至1675年时引河与河弯同时存在。

北岸陈桥，今封丘县有陈桥镇，应为陈桥位置所在。其附近标有"康熙十一年筑斜堤"。堤内有新引河一道，标注有"此引河分行两载，大堤保全节省埽料，若新河势盛，旧河身空筑截河大坝"。陈桥以下有后白石埝，其下河道内有"康熙十二年下埽处"，有大王庙一座，沿缕堤以下有贯台、铜瓦厢，沿遥堤以下有回回寨。今封丘县李庄乡东南堤内沿河有贯台村，其位置应为贯台位置所在。铜瓦厢在1855年黄河北徙改道之后已湮没于今黄河河道内，其大致位置当在贯台村以东黄河主河道西部河滩处。

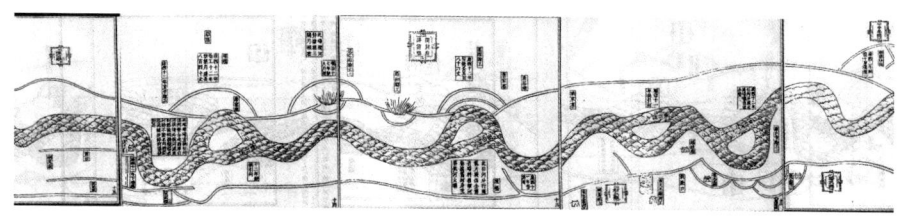

图4-3 《河防刍议·黄河总图》阳武中牟至铜瓦厢河段

南岸有新庄，临近黄河处有越堤一道，标注文字有"埽头""康熙十二年险工，十二年新筑月堤长八百四十丈""康熙十二年贯台险工"。越堤内有康家寨。五万分之一地形图显示今开封县袁坊乡东有康寨村、埽街村，东南有辛庄村，三地位置和旧堤形态分布与《河防刍议·黄河总图》上所示基本吻合，根据名称一致性与同姓地名原则判断，康寨村即康家寨，埽街村即埽头，辛庄村即新庄。康家寨所处大堤内为南向沿堤河弯弯顶，图上康熙十二年所开引河与河弯同时存在。

---

[1] 周振鹤主编，傅林祥、林涓、任玉雪、王卫东著：《中国行政区划通史·清代卷》，第242页。

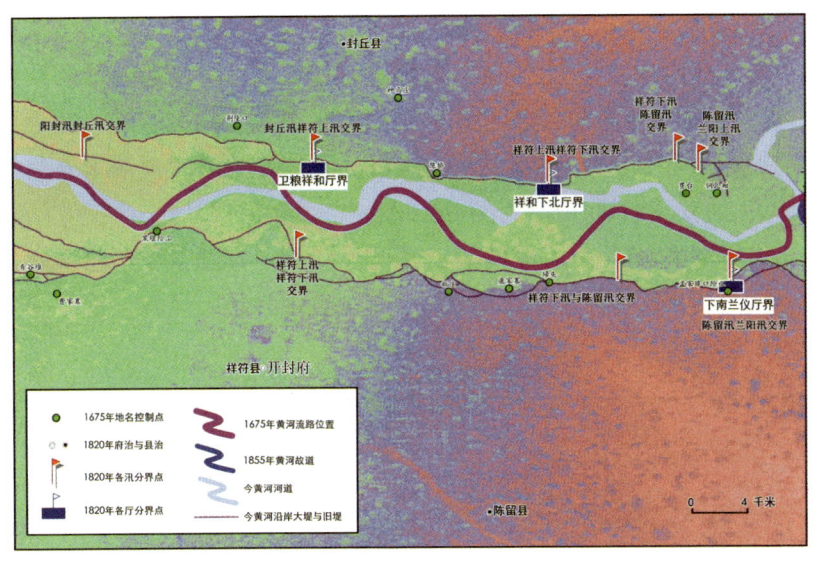

图 4-4　1675 年阳武中牟至铜瓦厢河段黄河河道内流路位置复原

（三）铜瓦厢至单县砀山河段

北岸三家庄，定位不明显，仅有标注文字"三家庄名险要害，顺治十七年挑引河分流过半，十八年筑截河坝，全河直走新河，十余年来三家庄无患"，其弯曲处之前有"顺治十八年筑截河坝"。今兰考县许河乡西的南郭庄一带，此地有多处以庄为名的村落聚集，据此推测三家庄位置应在此处。

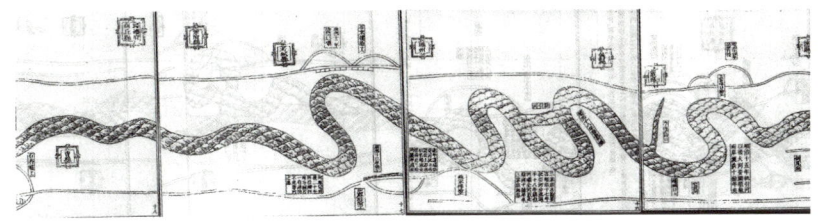

图 4-5　《河防刍议·黄河总图》铜瓦厢至商丘曹县河段

南岸陈留县城，即今河南开封县东南陈留镇[1]，之下有孟家埠口险工。孟家埠口险工处有越堤，标注文字有"顺治十四年抢筑月堤"。堤内有李景高口。陈留县城以下依次有兰阳县城、仪封县城、睢州城。孟家埠口于顺治十四年溃决，其地名今已无存，但其所在位置越堤与决口后的痕迹可在五万分之一地形图与 DEM 数据影像上依稀分辨，综合判断其位置，应在今开封县大丁寨村附近。嘉靖《兰阳县志》有"新夹堤在县北十里，起自李景高口，

1　周振鹤主编，傅林祥、林涓、任玉雪、王卫东著：《中国行政区划通史·清代卷》，第 238 页。

东南至刘陈铺,东北至李仪宾口,长三十里"。[1] 兰阳县城即今兰考县城。李景高口应在兰阳县城北十里左右,其东南有刘陈铺。今兰考县城关乡东有刘陈铺村,以刘陈铺村与兰考县城为参考定位,李景高口位置大约在今兰考县北高场村附近。之后有氹泥河、炼城口,此处河道内有"顺治十五年挑引河以后,大河安澜顺轨,南岸洒淡十余年矣"。

南岸考城县,其上有石家楼险工,标注文字有"康熙十一年抢筑埽坝"。考城县城之后依次有宁陵县城、归德府商丘县城。考城县城位置在今河南民权县东北北关镇一带。[2]

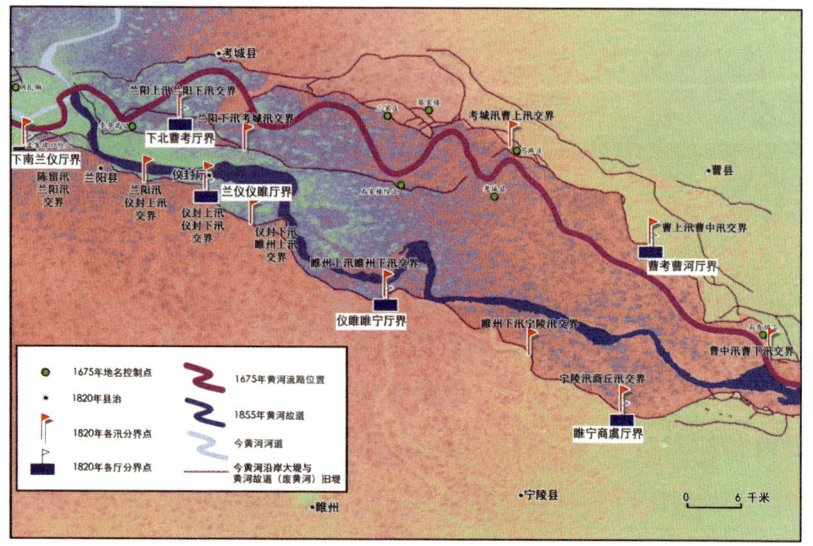

图4-6　1675年铜瓦厢至曹县商丘河段黄河河道内流路位置复原

北岸蔡家楼险工,标注有"连年护埽保堤,河流未改,议从上源挑引,若顺流东注,南北三险均庆平成矣"。五万分之一地形图上今考城县许河乡西北有蔡姜楼。

北岸芝麻庄险工,堤内有康熙十二年埽工,标注文字有"河患侵堤几二十年,供役办料地方称苦,一有疏防不免夺河之患"。今芝麻庄地名无存,图上其与考城县隔河相望,当时考城县位置在今考城县北关镇附近,从上游蔡家楼至芝麻庄险工有两道大越堤相连,参考五万分之一地形图上沿故道旧堤堤形综合判断,芝麻庄险工位置应在今考城县崔坝村附近。

---

[1] 嘉靖《兰阳县志》卷9,第20页。
[2] 中国历史地理信息系统(CHGIS V4版),时间序列数据;周振鹤主编,傅林祥、林涓、任玉雪、王卫东著:《中国行政区划通史·清代卷》,第240页。

北岸石香炉工，附近有曹县县城，工外有月堤。今曹县梁堤头镇东北有石香炉村和拾家庄村，五万分之一地形图"刘口集"幅在拾家庄村标记有"石香炉"，根据距离旧堤位置远近判断，石香炉村应为石香炉聚落点位置所在，拾家庄村应为石香炉工位置所在。

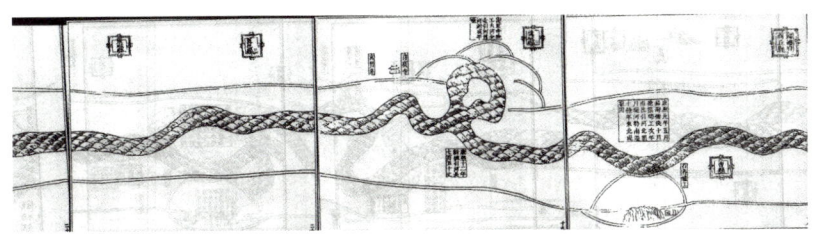

图4-7 《河防刍议·黄河总图》商丘曹县至永城河段

南岸虞城县城，标注有"黄里寺险工，大河全走引河，旧河淤成平陆"。其下有地名待宾寺、寓贤集。黄里寺险工在虞城县城附近，五万分之一地形图上今虞城县北圈堤张楼村附近旧堤繁纷复杂，其堤形颇符合图上黄里寺险工形势。今虞城县北圈堤张楼村东有寓贤集村，应与《河防刍议·黄河总图》上寓贤集同为一地。待宾寺应在寓贤集附近，今待宾寺地名不存。其后有夏邑县城。

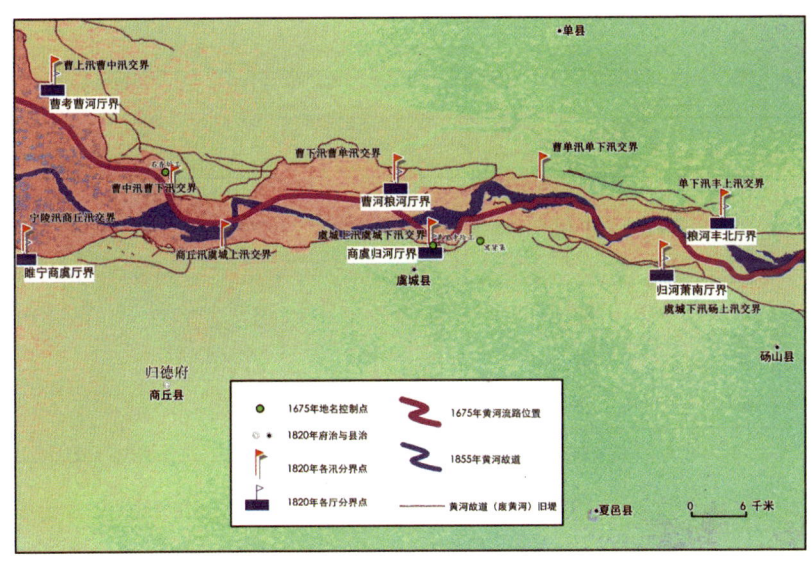

图4-8 1675年曹县商丘至砀山河段黄河河道内流路位置复原

（四）丰沛砀萧河段

北岸丰县县城、沛县县城皆在堤外。后有旧漕黄交会处，其上有塔山，其下有骆驼山、土山寺。根据嘉靖《徐州志》所载[1],塔山在徐州城北二十五里,按相对位置应在张谷山以南。查五万分之一地形图"郑集"幅,铜山县苏北大堤附近张谷山地名仍存。在张谷山以南破楼村附近,依靠DEM数据影像判断有独立矮山一处,此处前后均有地势等高线,应为旧河道遗留,因此该位置应在图上所示的"塔山"处。

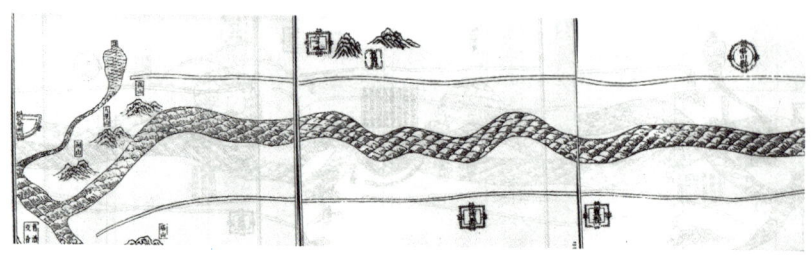

图4-9 《河防刍议·黄河总图》丰沛砀萧河段

对应南岸夏邑县城之后,依次为永城县城、砀山县城、旧萧县城、萧县县城。徐州府城,其上大堤至孤山止,孤山之下有九里山、洞山,洞山以北与黄河北岸塔山隔河相望。五万分之一地形图上徐州市西北有大孤山、小孤山,其东有九里山脉,山脉最北端有洞山。此时黄河河道由洞山附近折向南行至徐州。

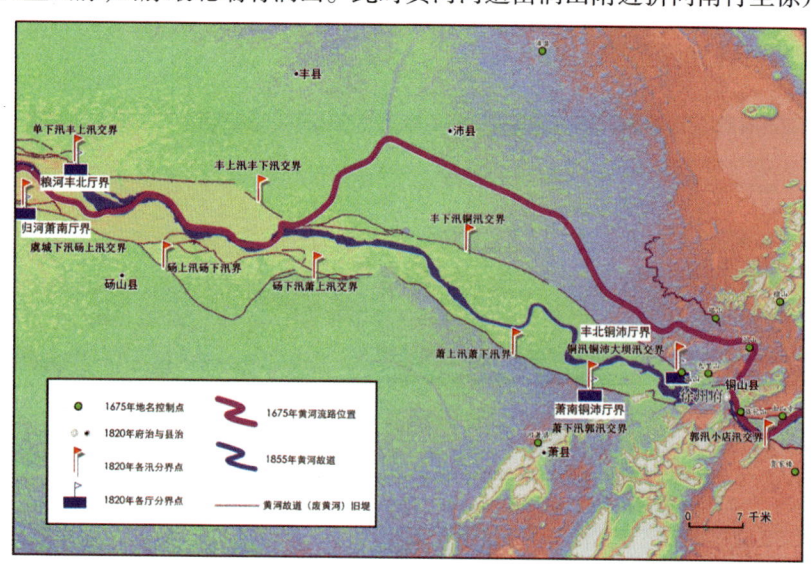

图4-10 1675年丰沛砀萧河段黄河河道内流路位置复原

(五)徐州至邳州河段

北岸之后有地名大坝,其上为土山寺,其下为"沟西",沟西之下有引河

---

[1] 嘉靖《徐州志》卷4,第3页。

一道,标注为"康熙十二年新挑引河"。后有吕梁城,标注有"自李化龙开泇河,而漕船俱从骆马湖入泇河,以避吕梁洪之险"。之后有鲤鱼山,黄河行经鲤鱼山之南。再之后为邳州城,城北有"羊山"。

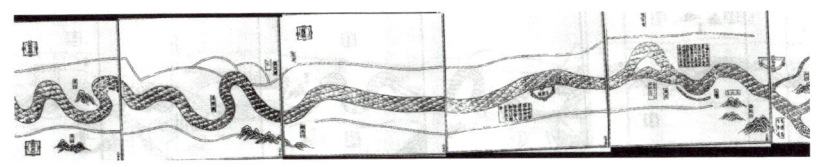

图4-11 《河防刍议·黄河总图》徐州至邳州河段

对应南岸有贾家楼,堤内标注文字"大坝年年帮埽,经费不赀,议于此处挑浚引河,与武家堂引河一直相连,诸险俱治矣。但未亲勘上源河势,必得埽湾迎溜处施工挑浚,方克有济"。今徐州市东南靠近铜山县棠张镇有贾楼村,即为贾家楼所在。图上无武家堂地名,贾家楼前堤内靠北岸西沟有引河一道,应为武家堂引河。

灵璧县城,靠近大堤有地名双沟、张家楼,张家楼河弯处堤内有地名辛安镇。今睢宁县有双沟镇,睢宁县境内故道堤内北岸有辛安村,参考双沟位置可确认辛安村所在地与图上辛安镇位置极为相符,应为一地。张家楼位置应在双沟与辛安镇之间大堤以外。查五万分之一地形图上地名信息,今睢宁县双沟镇东苏塘附近有小张庄,其与张家楼位置较为接近。

睢宁县城,堤内靠近河岸有象山,与对岸羊山隔河相望。

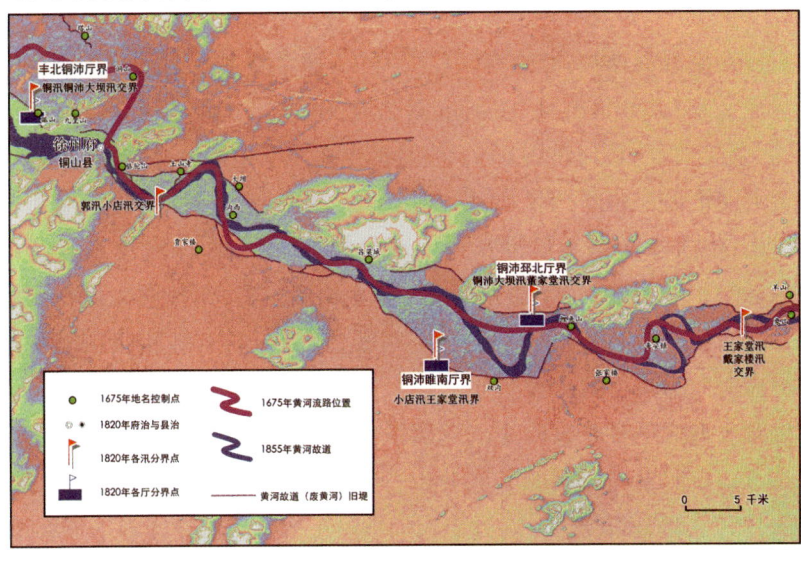

图4-12 1675年徐州至邳州河段黄河河道内流路位置复原

（六）宿迁至桃源河段

北岸有宿迁县城，其上有骆马湖口，出湖两水道分别标有"董口淤""新河口"，新河口以下为"拦黄大坝"。董口为落马湖出水口旧河道，今蔡集镇东北靠近骆马湖有董坝村，董口应在此附近。新河口在董口以下，按河势与地形推测，约在今宿迁市龙虎坝附近。

九里冈险工，标注有"堤至湖一里，地势低洼，最属危险，此堤不保，全河俱徙"，其上有"古城要站"，堤外有"仓基湖"。同治《徐州府志》记载："仓基湖，旧志在宿迁县东南三十里，周四十五里。"[1] 其下为崔镇。

徐昇坝险工，标注有"徐昇坝地势低洼，最属危险，河势历年不变"。

七里沟险工、黄家嘴险工，二工相连，标注有"康熙十一年，从内堤筑坝，两头卷埽，然河入囊□就下建堤，万难挽向。嗣后上源迎溜筑坝，疏塞并举，始克成功。惟是历年旁决，大河渐夺渐淤，此险筑塞之后，而新庄之险接踵而至。详查清河县以下河身淤高二三丈不等，上源旁泻日甚，下流淤垫日高，将来运道可□，恐不止淤今日者"。之后为新庄决口处，其下有三义坝。

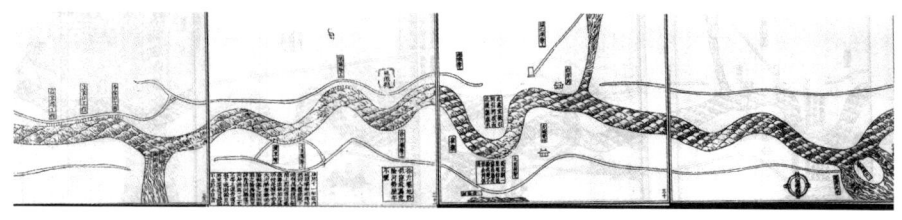

图 4-13 《河防刍议·黄河总图》宿迁至桃源河段

对应南岸有白洋河，此处有归仁堤险工、烟墩险工。烟墩险工堤内河滩处有标注文字"此处宜挑河，引河成而北堤无虑矣"。白洋河即今宿迁市洋河镇，《河防刍议·黄河总图》上于黄河相连通之水道即为白洋河，当时白洋河与黄河交汇处在白洋河镇以北，今留有闸口地名。归仁堤位置应在白洋河镇以南，由白洋河堤至后世祥符五瑞两闸处，即今白洋河镇东闸圩村附近。烟墩险工应在桃源县以上不远处，今无地名可参考，按照大堤在烟墩险工处外弯后在桃源县城处内弯的特点判断，今泗阳县老城厢镇东南翟庄村前旧堤应为龙窝险工的位置。

桃源县城之下有龙窝险工。龙窝险工应在桃源县以下不远处，今无地名可参考。按照大堤在桃源县城处内弯后在龙窝险工处外弯的特点判断，今泗阳县老城厢镇西骆湾村附近应为烟墩险工的位置所在。

---

[1] 同治《徐州府志》卷11，第31页。

靠近新庄决口处,南岸依次有李家口工程、谈家口工程、高家湾工程,沿堤之下为黄淮交汇处清口。今泗阳县有李口镇,应为李家口位置所在。李口镇南有谭坝村,应为谈家口位置所在。新袁镇东有高湾村,即高家湾位置所在。三处工程位置当临近故道大堤。

图4-14　1675年宿迁至桃源河段黄河河道内流路位置复原

(七) 清河至海口河段

北岸清河县城在黄淮交会清口堤外。之后有安东县城,在堤外。再之后有云梯关,其下有"各套",之后入"海口"。

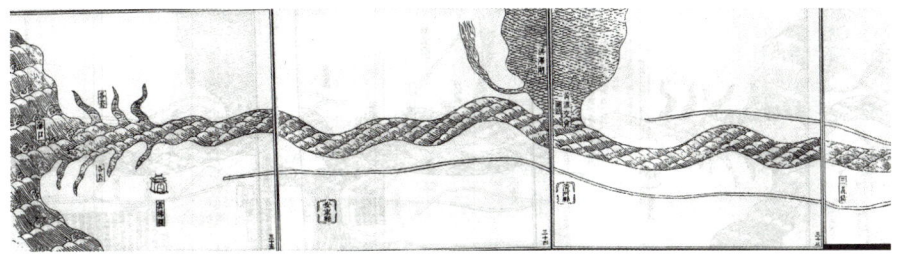

图4-15　《河防刍议·黄河总图》清河至海口河段

南岸清口之下地名不详,仅至海口处标有"各套"。本段图上信息过于简单,河道流路位置难以准确复原表达,仅作示意。

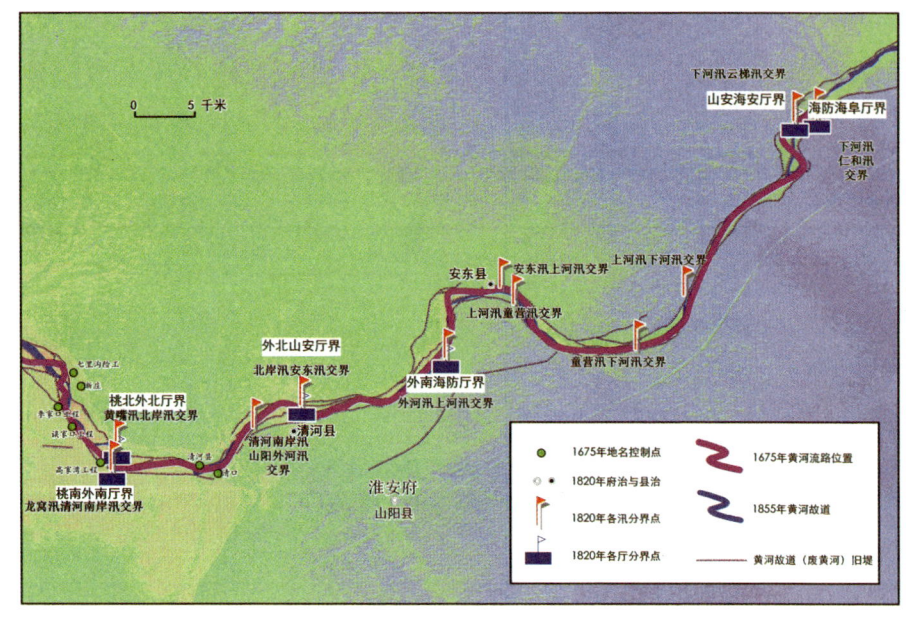

图4-16 1675年清河至海口河段黄河河道内流路位置复原

二、1703年黄河河道情形

1703年河道情形推测主要以张鹏翮《黄河全图》沿黄河地名为控制点,江南段黄河行河位置的确定还参考了《治河全书》所记载各堤段的位置说明。

(一) 郑州河段

北岸由沁黄交汇处开始有堤。今原阳县境内,沿大堤西由武陟县、荥泽县交界处起,有地名新城,图上示意为城池。清代河南并无新城县,今原阳县祝楼乡北有新城村,按与原武县城相对位置判断,应为图上新城所在。之后荥泽县界、原武县界下有原武县城,县城周边有善佛寺和玲珑塔。康熙时原武县城在今原阳县西南原武镇,今原武镇东还存有玲珑塔村。原武县城南堤内有张埧地名,今原阳县原武镇南有张固村在大堤之内,应为图上张埧位置所在。黑洋山有大堤连至阳武县城南沿河大堤,今原阳县有黑洋山乡,黑洋山在其境内。在原武县、阳武县界以下有阳武县城,即今原阳县城。阳武县、封丘县界以下大堤之内有大陡门村,今原阳县有陡门乡在黄河沿岸,其位置即图上大陡门所在。

南岸由旧荥泽县城开始有堤。河南境南岸有惠济桥、旧荥泽县城,康熙三十八年(1699年),黄河南岸沿黄大堤建成,以荥泽县城为起始点。今郑

图 4-17 《黄河全图》郑州河段

市古荥镇北有惠济桥村,图上惠济桥位置当在此地附近。旧荥泽县城应为1699年之前荥泽县所在地,大约在今郑州市古荥镇北单东村附近。

南岸旧荥泽县城以下大堤内有胡家屯,今胡家屯地名无迹可寻,对照《六省黄河埽坝河道全图》胡家屯位置在核桃园以下,大约在今郑州市花园口镇花园口村附近。荥泽县、郑州交界之后有郑州州城,其位置在今郑州市。沿河越堤内有马渡、来童寨,堤外有杨桥镇。今郑州市姚桥乡北靠近黄河河岸处有马渡村和来潼寨村,来潼寨村沿大堤至中牟县境内有杨桥村,此三处地名未变,位置应一一对应。

南岸郑州中牟县界、郑州原武县界分布于杨桥镇附近,之后有阳武县中牟县界,指明各堤段所属关系。中牟县城之下堤外有杏树镇,堤内有司家口。今中牟县东漳乡西有杏街村,北有司口村,根据其与大堤相对位置判断,应为图上杏树镇与司家口位置所在。中牟县、祥符县界后有青谷堆,今

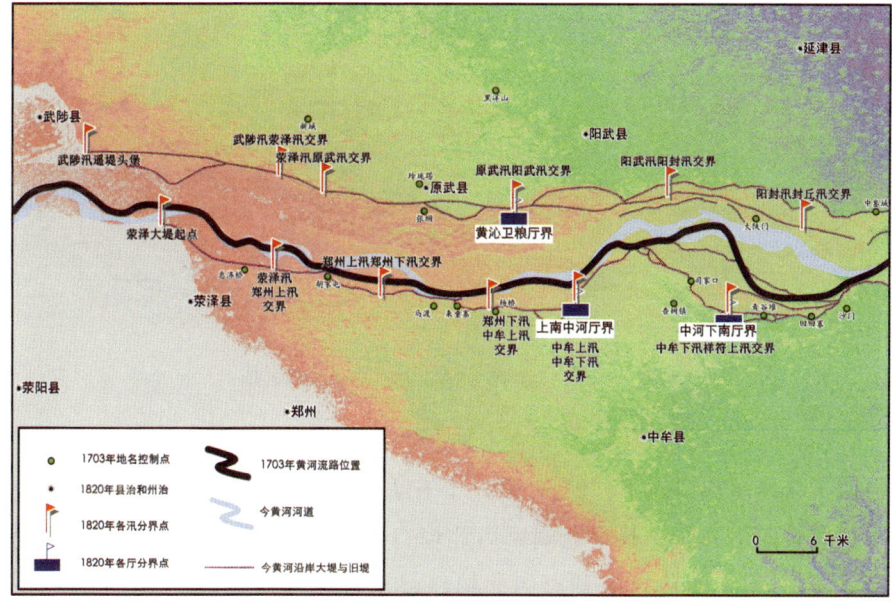

图 4-18 1703年郑州河段黄河河道内流路位置复原

青谷堆地名仍存,在东漳乡东约七千米处。

南岸青谷堆之后有回回寨和沙门,今开封市狼城岗镇东有回回寨村和沙门村,应为两地位置所在。开封府城即今开封市所在地,北侧有步李寨,按五万分之一地形图上信息,此地今有地名卜里寨,位于今开封市柳园口乡南,应为步李寨位置所在。步李寨北部大堤内有地名大马圈和小马圈,今柳园口乡北有大马圈和小马圈两村,应为两地位置所在。

(二) 开封至铜瓦厢河段

北岸今封丘县境内自大陡门以下沿河大堤越堤内有中銮城与荆龙口,两地相距不远;之下龙门口水潭有积水显示,应为黄河漫溢所留遗迹。今封丘县荆隆宫乡西有相邻的前钟銮城和后钟銮城两村,荆隆宫乡北有金龙口村,按相对大堤位置判断,中銮城与荆龙口应在今前后钟銮城和金龙口两地。龙门口水潭位置应在荆龙口以下不远处。今封丘县荆隆宫乡东有东大宫、南大宫两村,五万分之一地形图"陈桥"幅显示两地名为东大工和南大工,两地东北至二郎庙附近有一块地势低洼区,形似漫水区遗迹,因此龙门口位置大约在今封丘县东大宫村附近。龙门口段堤内有一处淤滩标记,应为行河河道南移痕迹。龙门口以下有贯台村,今封丘县李庄乡东南堤内沿河仍存有贯台村。贯台以下堤内有铜瓦厢。贯台与铜瓦厢之间三道大堤由内向外依次标有陈留县、兰阳县界(内侧一道堤),陈留县、祥符县界(二道堤),祥符县、陈留县界(外侧堤)。图上贯台附近有一处北向河弯,弯顶仍留有积水痕迹,铜瓦厢处黄河行河位置偏北岸。

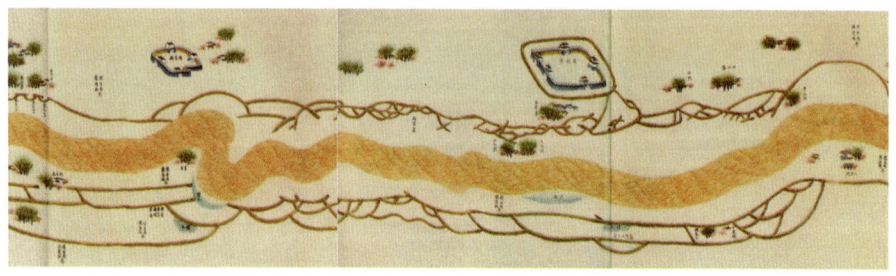

图 4-19 《黄河全图》开封至铜瓦厢河段

南岸班家寨,张鹏翮《治河全书》对祥符县临河堤的描述有:"第十二段自四十九堡南起至四十九堡止,长三十五丈,系远年老堤,坐落大马圈前;第十三段自四十九堡北起至老刘家店北埠口止,长九十丈,系远年老堤,坐落谢家庄后;第十四段自老刘家店北埠口起至班家埠口止,长一千一百一十丈,系远年老堤,坐落刘家店后;第十五段自班家埠口起至李进禄家寨东北埠口止,长五百九十三丈,系远年老堤,坐落班家寨东;第十六段自李进禄家寨东北埠口起至陈家寨东北堤头止,长二百七十六丈,系远年老堤,坐落李进禄家寨东。"由此可知,大马圈后依次有老刘家店、谢家庄、班家埠口、刘家店、班家寨、李进禄家寨和陈家寨等;班家寨至李进禄家寨约五百九十三丈,李进禄家寨至陈家寨约二百七十六丈。今开封县柳园口乡至袁坊乡之间大堤附近依次有大马圈村、刘店村、陈寨村,按堤长距离与名称推测,陈寨村应为《治河全书》中所提陈家寨;再按班家寨至陈家寨堤长推测,班家寨位置应在今开封县袁坊乡西傅寨村附近。

南岸陈留县城在今河南开封县东南陈留镇,图上陈留县城位置仅表示该段河堤的隶属信息。

南岸陈留县兰阳县界之后有村名西河梁与东河梁,堤上有管家水口、梁家水口、耿家水口、蔡家水口,堤外有兰阳县城。图上兰阳县城在今河南兰考县城[1],北部靠近大堤,可用于相对位置推测;其余各地名今无地名线索,按照与兰阳县城及县界关系,其分布位置应在今兰考县三义寨乡北三义寨村邻近的大堤附近。

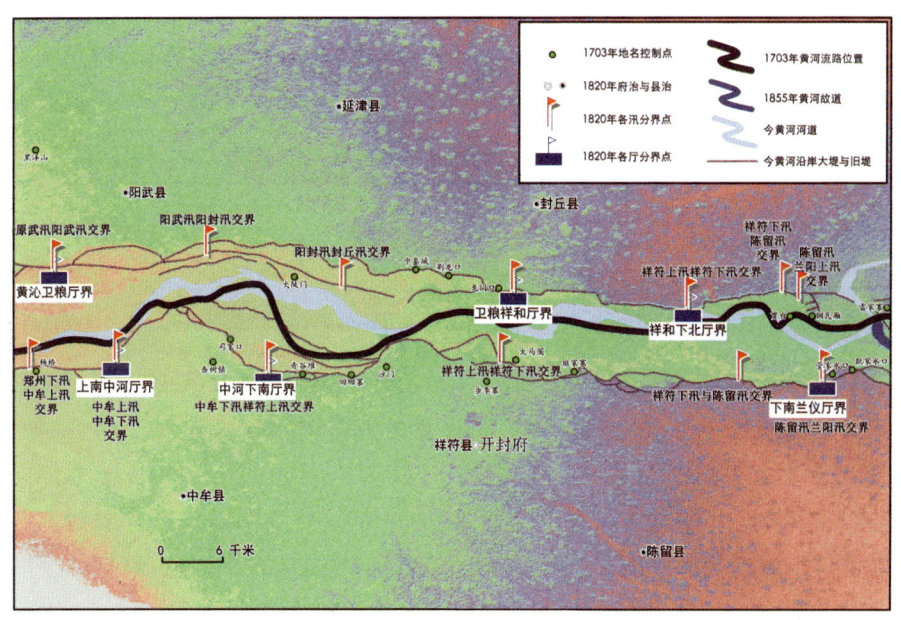

图4-20 1703年开封至铜瓦厢河段黄河河道内流路位置复原

---

1 中国历史地理信息系统(CHGIS V4版),时间序列数据;周振鹤主编,郭红、靳润成著:《中国行政区划通史·明代卷》,第75页。

南岸兰阳县、仪封县界以下越堤内标注有陆家口,仪封县城北侧大堤内有地名蒋家庙,县城东侧有地名大王庙、塔岗。图上仪封县城位置在今河南兰考县仪封乡[1],陆家口与蒋家庙均无同名地名对应,今兰考县红庙镇附近有庙台村且在旧堤之内,其与仪封乡相对位置和蒋家庙位置颇为符合,大约为图上蒋家庙所在地。大王庙位置约在今仪封乡附近,塔岗位置应在今兰考县张君墓镇东南与民权县交界处,此地以岗为名,地名甚多,但具体位置不能确定。

(三) 铜瓦厢至曹县河段

北岸今兰考县境内由西向东沿堤地名有雷家寨,今兰考县东坝头乡东北不远处有雷集、前雷集、后雷集、雷新庄,根据沿河分布情况判断,此地附近应为雷家寨当时所在位置。图上雷家寨附近河段有黄河北向河弯弯顶,堤外留有积水痕迹。经兰阳县、长垣县界和长垣县、仪封县界后有梁家寨,梁家寨以下不远堤内有二郎庙,今兰考县堌阳镇东有梁寨村,应为梁家寨所在地。二郎庙已无地名踪迹可寻。

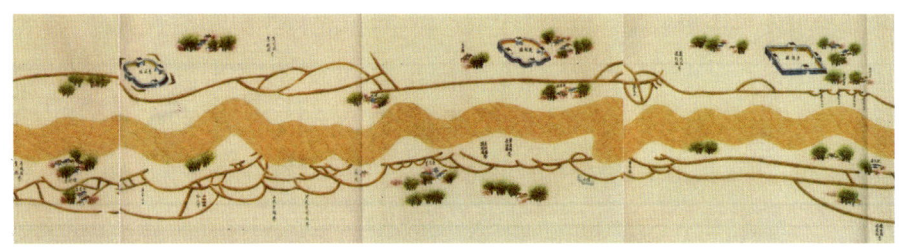

图4-21 《黄河全图》铜瓦厢至曹县河段

南岸仪封县、考城县界以下标注考城县城,此时考城县城位置在今河南民权县东北北关镇一带。[2]

南岸考城县、商丘县界以下堤内有杨家堂、辛家店,归德府城之后有蒙墙寺。归德府城即今商丘市治。[3] 今曹县朱洪庙乡西南有杨堂村,按与旧堤及此时考城县城相对位置判断,虽然其今在黄河故道北岸,但应为图上杨家堂位置所在。今商丘市李庄乡东北有蒙墙寺村,应为蒙墙寺位置所在。按相对位置沿旧堤向上追溯,在李庄乡北黄河故道南岸有辛庄村;根据旧堤形态及与蒙墙寺相对位置推断,此地应为图上辛家店位置所在。

---

1 中国历史地理信息系统(CHGIS V4版),时间序列数据;周振鹤主编,郭红、靳润成著:《中国行政区划通史·明代卷》,第239页。
2 中国历史地理信息系统(CHGIS V4版),时间序列数据;周振鹤主编,郭红、靳润成著:《中国行政区划通史·明代卷》,第240页。
3 周振鹤主编,郭红、靳润成著:《中国行政区划通史·明代卷》,第240页。

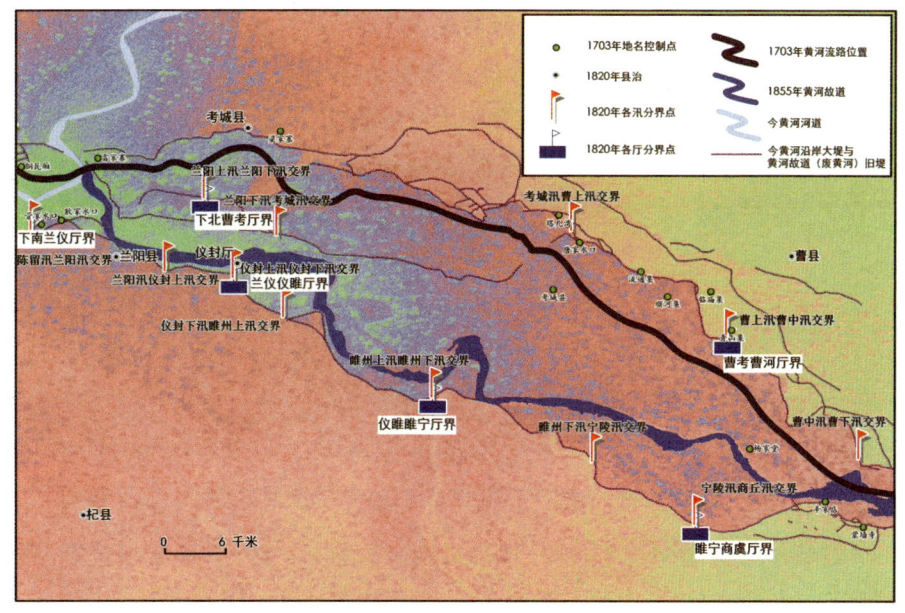

图4-22 1703年铜瓦厢至曹县河段黄河河道内流路位置复原

(四) 曹县商丘至江南交界河段

山东境内北岸在河南仪封县、山东曹县界后有地名塔儿湾,图上表示有塔,今曹县楼庄乡东北有老塔湾村,五万分之一地形图"砖庙集"幅在老塔湾处有高出地表物体的标志符号,应为图上塔儿湾位置所在。以下越堤内有唐家水口、流通集,流通集对应大堤内有顺河集,今民权县有顺河集乡,应为顺河集位置所在。顺河集西北安新庄堤外有一处水洼,此地今无村落;查民国五万分之一图,此地有流通集村,应为康熙时期流通集位置所在。民国五万分之一图在今民权县北关镇北石家庄村西北部有地名汤水口,今此地已无地名,仅留有旧越堤一处,综合判断此地应为唐家水口位置所在。考城县、曹县界之后有临庙集,今曹县郑庄乡西有邻庙集村,应为临庙集位置所在。临庙集堤内有红山庙,今无地名信息可循。临庙集之后有青山集,堤内有铜奶奶庙,堤上有黑堌寺,其后堤内有熊普寺、清浪寺、黑堌店,其后堤外有齐家堂、青堌寺。今曹县邵庄镇北有青山村,民国五万分之一图此地名为青山集,应为青山集位置所在。今曹县有青堌集镇,即为青堌寺位置所在。其余地名今已不存。

北岸青堌寺以下有奶奶庙、邵家潭、马家潭、峩嵋殿、浮堽集等地名,今单县有浮岗集镇,即图上浮堽集位置所在,其余地名已不能精确定位。浮堽集之后有单县县城,即今山东单县,其图上位置仅起到堤段所属示意作用。

沿堤以下有孟家楼、刘家寨，堤上有两处大王庙，其后有黑龙潭。今单县西南沿旧堤有孟寨村，与其下越堤位置较为符合图上孟家楼位置。民国五万分之一图在今杨楼镇东南段庄村南标记有一处大王庙。以此推断，刘家寨可能位置应在今杨楼镇西肖刘庄附近。

图 4-23 《黄河全图》曹县商丘至江南交界河段

南岸商丘县、虞城县界以下，堤内有地名欧家口，堤外有地名归鸿集，沿堤而下堤内标注有"马家坊系曹县界"，其下有黄埂坝。虞城县城位置在今河南虞城县北利民镇。今虞城县利民镇东北有归洪集村，民国五万分之一图中标注为归鸿集，其位置即为图上归鸿集所在地。欧家口应在归鸿集北部旧堤，地名今已无存，无法准确定位。今虞城县乔集乡北故道大堤附近有马庄、马寨和马楼，根据图上大堤及越堤形态，并与今故道遗留旧堤对比判

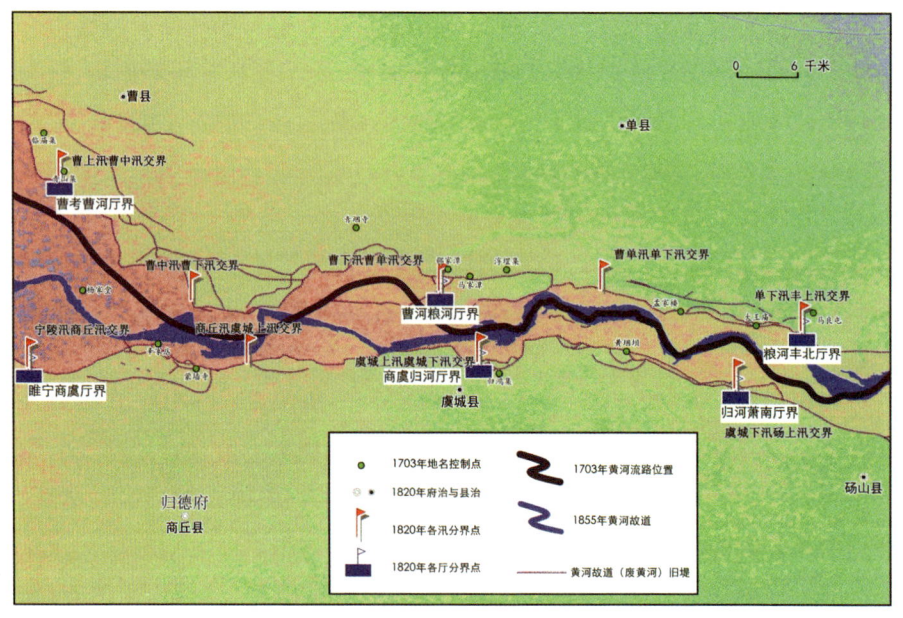

图 4-24 1703 年曹县商丘至江南交界河段黄河河道内流路位置复原

断,马寨更为符合图上马家坊所在位置。图上黄堌坝在一河道与黄河交叉位置,《防河奏议》所记有"虞城县黄堌坝东自下坝尾起至裴家庄废堤头止,工长五百九十二丈五尺"。[1] 查五万分之一地形图,今虞城县乔集乡北裴庄应为裴家庄位置所在;沿堤上溯,在故道大堤与洪河相距最近的位置定点,其与裴庄距离约一千八百米,应当为图上黄堌坝位置所在。

(五) 河南山东江南交界处至徐州河段

江南境北岸自砀山县、丰县界起有马良屯(村)、新月堤、吴家庄工、谷家庄工,今砀山县玄庙镇西北有马良村,应为马良屯位置所在。吴家庄与谷家庄位置范围可能过大,不能确切定位,按照其与对岸定国寺险工相对位置判断,大约在今砀山县唐寨镇故道内吴庄村附近,吴、谷两工同一河弯弯顶处。

北岸李道华楼,图上在天然闸口对岸。按《治河全书》所记[2],此楼应与十八里屯隔岸相对,与图上所示相符合,其位置大约应在今徐州市西北黄河故道北岸祁台子一带。

图 4-25 《黄河全图》河南山东江南交界处至徐州河段

江南境内南岸有砀山县城,城东南一道堤标注有"古废堤一道系河南地方",城北大堤上有虞城县、砀山县界。图上砀山县城即今安徽省砀山县。城东南古废堤今已难觅踪迹。

南岸砀山县城以下有小石闸、小神湖、毛城铺大减坝,按图所示均应在毛城铺即今砀山县李庄镇东南毛程铺附近。之后定国寺旧险工处有河弯弯顶遗迹,今砀山县良梨镇中有定国寺村,定国寺旧险工位置在村北旧堤上。

南岸砀山县、萧县界至萧县、徐州界之间有外越堤一道,沿堤无地名标注,堤外群山之间有萧县县城即今安徽省萧县县城。

之后南岸沿堤标注有天然闸、马家山、永固湖、西闸、十八里屯、东闸。

---

1 嵇曾筠:《防河奏议》卷2,清雍正刻本,第17页,雕龙中国古籍数据库·六府文藏·史部·诏令奏议类。
2 李道华楼地名在乾隆《江南通志》、同治《徐州府志》出现,但所记内容源于张鹏翮《治河全书》:"南岸十八里屯北岸李道华楼高地无堤之处,亦复漫滩。"

天然闸在今铜山县大彭镇西南闸口村附近,十八里屯在今铜山县大彭镇东南十八里屯。[1] 根据相对位置判断,马家山与1820年图上王家山均为今铜山县霸王山。按地形分析,永固湖位置约在今淮北市段园镇一带。图上西闸与东闸分布于十八里屯前小山两侧,根据五万分之一地形图十八里屯附近等高线判断,西闸大约相当于大同桥附近位置,东闸大约在聂湾一带。

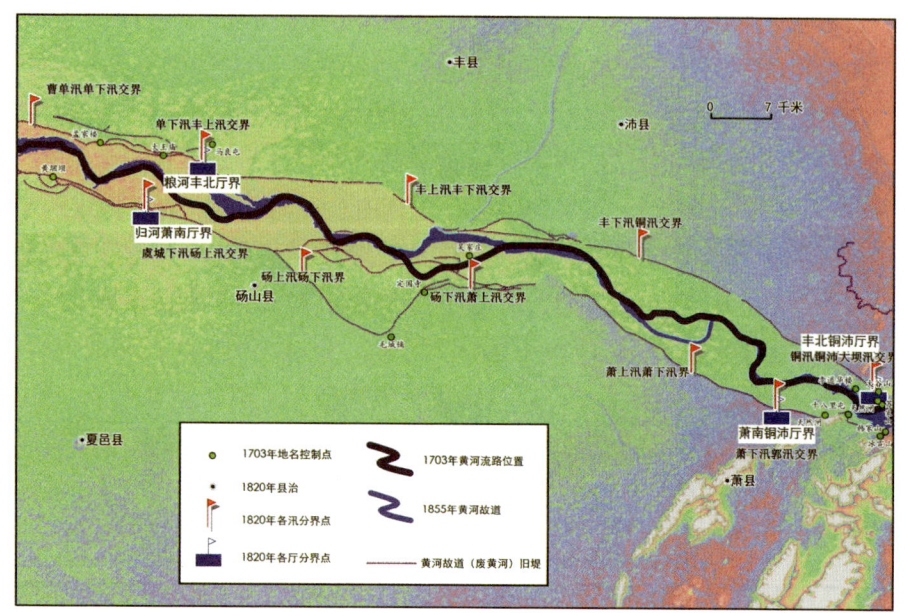

图4-26 1703年河南山东江南交界处至徐州河段黄河河道内流路位置复原

(六) 徐州境内河段

北岸自丰县界之下至大谷山无堤,大谷山即今徐州市大孤山。减水石坝和天然闸,都在大谷山至苏家山之间一段直堤上。据五万分之一地形图"徐州市"幅,此地有大孤山水库,其西侧有水口,大约相当于减水石坝位置;其南侧郑庄南有水道一处,大约相当于天然闸位置。

之后北岸有小谷山、苏家山、陡山口、镇口闸、子房山、黄山口、骆驼山(堤外有狮子山等诸山不再列出)、狼矢沟工、土山寺,以上大部分可定位地名均已在《六省黄河埽坝河道全图》与《黄河南河图》等地名信息定位过程中有所阐述。

北岸土山寺后有大汪湖,今徐州市大庙镇西凤凰山下有大湖村,其位置应为图上大汪湖位置所在。

---

[1] 天然闸和十八里屯的位置在《六省黄河埽坝河道全图》的地名考证中已详述,此处不再赘述。

北岸长樊大坝工位置在今徐州市大庙镇西南,此地在五万分之一地形图上标注有大坝。大坝之后有王家山、出头山、张家桥、尖山、江心寺、吕梁、凤冠山、大王庙、董家山,五万分之一地形图在今徐州市大庙镇南沿故道处有王山,即王家山位置所在。王山以下有张桥,即张家桥位置所在;张桥以下有尖山;尖山以下有凤山,今此地有冠山村、凤山前村、吕梁村,凤冠山与吕梁位置应在此处,江心寺位置也应在此地附近。大王庙与董家山缺乏定位依据,位置不详。

图4-27 《黄河全图》徐州境内河段

南岸靠近徐州府城一带有冰雹山、韩家山、石狗湖,堤内有张家嘴、九里沟,之后郭家嘴工至徐州城南均为石工。冰雹山大约在今徐州市西凤凰山一带,韩家山即为今徐州市西韩山,石狗湖即今徐州市云龙湖。张家嘴、九里沟与郭家嘴工在十八里屯以下依次分布,今无地名信息可循,按五万分之一地形图故道在此地地势判断,大约分布于徐州市西火花村前经小山子至段庄一带故道南岸。黄河在徐州一段大体是依南堤行河,只在苏家山有河弯向北。

南岸徐州城以下堤外有三山头、大龙口、大王庙,堤内有奎山工、赤兰柳园。今徐州市东南有奎山,奎山工为堤内沿河埽工,其位置应在今奎山以东靠近故道的沿河公路处。三山头地名一直出现在清代江南段河图中,其位置在今徐州东南山头村所在的王山一带。大龙口河出三山头东南,查五万分之一地形图,今徐州市王山南侧靠近故道处有大龙口水库,图上大龙口应在此地。今徐州市东南部故道沿岸有大王庙村,图上大龙口以下大王庙位置应在此处。

沿堤向下,南岸多见险工名称,杨横庄工与曹家庄工都为南向沿堤河弯弯顶,两工之间有淤滩,今地名已无存。杨横庄工上承对岸长樊大坝工方向来水,由曹家庄工过水到对岸张家桥。根据长樊大坝与张家桥位置判断,杨横庄工与曹家庄工位置应在今徐州市东南六堡村一带。

南岸杨家庄工为南向沿堤河弯弯顶,其下越堤内有韩坝。图上杨家庄工上承张家桥方向来水,今铜山县张集镇北杨洼水库附近有杨洼村、后杨家村,杨家庄工大约在此处。韩坝的名称大约与本地韩堂有关,今杨洼村位置在韩堂之后,大约与杨洼水库的修建有关。此段黄河流路位置偏南,过弯之后河水直趋对岸江心寺。

南岸小店工位于今铜山县张集镇东靠近故道处小店村附近,为南向沿堤河弯弯顶,堤外有九龙庙。小店工上承对岸江心寺来水,下游至对岸吕梁城以下。

南岸小店工以下大堤分为内外两道。内堤为民筑小堤,也是沿河缕堤。外堤之外有清凉寺、房村,今铜山县有房村镇,应为图上房村位置所在。清凉寺已无地名可寻。房村以下为徐州灵璧县界,交界处堤内有湖。

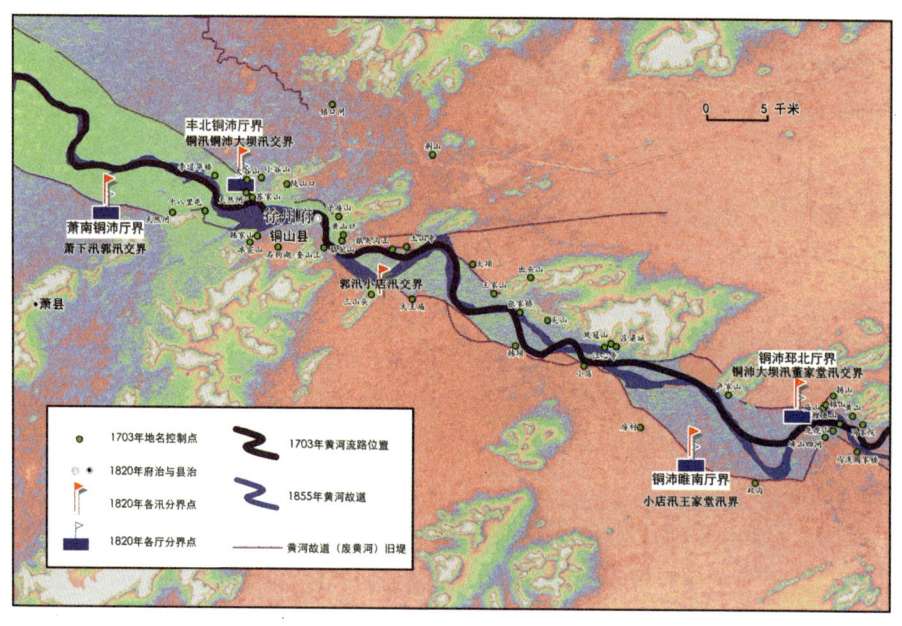

图4-28　1703年徐州境内河段黄河河道内流路位置复原

（七）邳州境内河段

北岸卢家山,在徐邳交界处以上,大约在今狄山、光山一带,此地有卢套村。卢家山之后有庙山和绵山,两山相邻,查五万分之一地形图,今铜山县庙山集附近有两处山包,按前后顺序,庙山村南为庙山,村北为棉山。绵山与棉山应指同一山。

北岸鲤鱼山和拐山在五万分之一地形图上均有标注,废堤标注在鲤鱼山至黄山之间,今故道河槽在鲤鱼山之北,两山之间废堤无存。黄山以下在五万分之一地形图上有冯院,即图上冯家院。之后郭巨山、寒山、凤剡山、锅鼎山，今均无地名对应。蛟龙山地名今仍存。马家山今称马山，五万分之一地形图标注为马鞍山，在蛟龙山南。刘家寨与丰山应在马家山以下不远处，具体位置不能确定，大约在今刘店村附近矮山处。

北岸青羊山以下至羊山寺，依次有地名青羊山和戴家庄，沿河堤工塘池工与羊山寺前工，以及半戈山、羊山寺。青羊山位置与乾隆、嘉庆年间相同，应定位在青山头。今睢宁县古邳镇北有羊山和半戈山，羊山寺即在羊山，半戈山西有戴庄村，三者地名、位置古今相同，依今定名定位。图上塘池工与羊山寺前工二工相连，今青山头东有高台墝，应为旧堤工的一段，较符合塘池工位置。羊山寺前工应距羊山寺不远。本段黄河在图上所示与今有较大不同，以象山为参考点，图上黄河流经象山以北，行河位置沿北岸大堤；羊山寺以下张王庙、董家塘工、下坝、宋家庄工均临河分布，今仅留宋庄名称在五工头附近，其余地名不存。

北岸五工头附近有河湾湾顶遗迹，今睢宁县古邳镇东南有五工头村。五工头以下有戚字堡工，今戚字堡工具体位置无法定位。之后有青墩营工、姚家庄工、三官庙工，以上三工相连。三官庙工堤外有三官庙，之后有王家堂、朱家庄工。今睢宁县黄墩镇南靠近故道处有姚庄村，姚庄附近有姚堰，姚家庄工应在其附近旧堤处。青墩营工与三官庙工当在其附近，三官庙地名今已无存。王家堂、朱家庄地名今已无存，按图上信息应在皂河以上旧堤沿线。

图 4-29 《黄河全图》邳州境内河段

南岸双沟位于外堤以南，其对应内外堤之间有墨家庄，其对应沿河缕堤处有墨家口，此处为南向河湾湾顶，靠近缕堤但无埽工。墨家庄以下内外堤之间有射柱山。今睢宁县有双沟镇，位于故道大堤之外，以双沟位置作为参照，墨家庄与射柱山都应位于今故道河滩上，在今故道位置已无痕迹可觅。

南岸灵璧县睢宁县界之后有峰山四闸，分别标注头闸、二闸、三闸、四闸，三闸与四闸之间有峰山。此处各地点与《六省黄河埽坝河道全图》对应地点位置相同，峰山前为南向河湾湾顶。

南岸峰山四闸之后有清水口,附近有地名马浅周家楼,今此地有地名马浅村,属睢宁县。沿堤向下经堤内"积水"一处之后有地名新安镇,对应堤外有地名武官营。今睢宁县姚集镇西北有辛安村,其位置为图上新安镇所在,现在故道北岸。今姚集镇西南有武营村,与辛安村隔故道相望,其位置应为武官营位置所在。新安镇位于河弯弯向北岸处。

南岸接下有王家堂工,之后为地名薛家楼、余家堂,余家堂外有土山一处。王家堂按照《六省黄河埽坝河道全图》王家堂位置定位,在今睢宁县姚集镇西王塘村。今无薛家楼与余家堂地名,查五万分之一地形图,王塘村以下沿旧堤附近有"鱼塘",以地名形式标注,按王塘村与大堤位置推测,薛家楼与余家堂应当在此地附近。王家堂工位置为黄河南向河弯弯顶。

南岸戴家楼工在今睢宁县姚集镇东北代楼村附近,此处为南向沿堤河弯弯顶,该河段河弯向下流经象山山脚。本段河宽北至沿河塘池、羊山寺前两工,南达象山脚下。

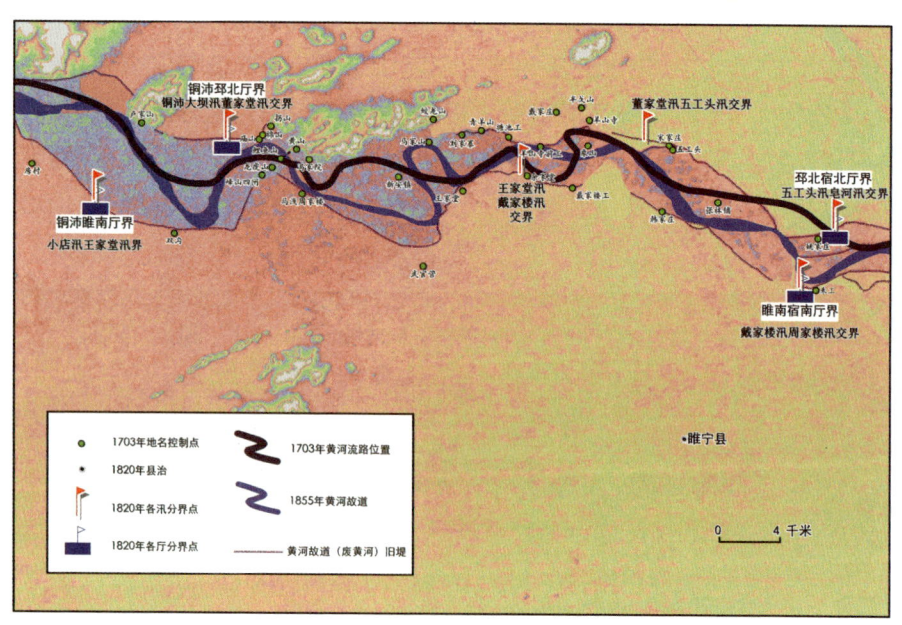

图4-30　1703年邳州境内河段黄河河道内流路位置复原

南岸韩家庄工处有旧河弯弯顶,今河已不再沿堤,但南向河弯仍存。韩家庄工以下堤内有地名张林铺,张林铺以下堤外有地名朱家海。今睢宁县魏集镇西北故道南有韩坝,为1820年韩家坝位置所在;故道以北有韩庄,按照上游黄河行河位置在象山以北判断,此时此段黄河偏向北岸,今韩庄位置极有可能即图上韩家庄位置所在。故道北岸今韩庄东有张铺等多个小村,查五万分之一地形图,这一带标注为"张林铺"。综合判断,韩家庄与张林铺位置定在今故道以北是符合图上河道与地名分布情形的。今宿迁市王官集镇西有朱海村,应为图上朱家海位置所在,其靠近故道一侧也就是朱工堤段所在。图上张林铺至朱家海之间应有大堤相连,但今有故道与水库的干扰,废堤情形已不明显。

(八) 宿迁境内河段

北岸朱家庄工后越堤内有皂河集,之后皂河口处有拦黄坝工,堤外有石磡。今宿迁市皂河镇即皂河集位置所在,从五万分之一地形图上皂河所在位置可分辨出河道形态,应为皂河口位置,拦黄坝工也应在此处附近。

北岸堤外依次有支河口、旧中河、新中河、骆马湖等,骆马湖口处有西裹头和东裹头、临黄外口工、经邦闸。今宿迁市西北有支口村,根据五万分之一地形图支口与附近水道的相对位置判断,其位置应为当时支河口所在地。支河口以下骆马湖口位置地形变化较大,根据五万分之一地形图残留水道痕迹判断,图上骆马湖口位置大约在今宿迁市西北康堡村附近,临黄外口工也应在康堡村附近。

北岸宿迁县城附近有五花桥、大王庙、萧家渡,沿堤而下还有朱家塘、杨家庄、温州坝。图上萧家渡堤外有积水痕迹,五万分之一地形图上宿迁市以下有一处黑鱼汪留有积水水洼,大约为萧家渡位置。朱家塘应在萧家渡以下不远处,今宿迁市南有朱闸村紧邻故道,此地应为朱家塘位置所在。其余地名均难以确切定位。

北岸头坝、二坝、三坝、下湾工四工相连,位置按图上所示应在白洋河镇对岸,即今泗阳县洋河镇对岸。大古城以上有大古城工,附近有宿迁县、桃源县界,据五万分之一地形图,今泗阳县郑楼镇西有古城山,应为图上大古城位置所在。

图4-31 《黄河全图》宿迁境内河段

南岸邳宿交界之后有蔡家楼上工、蔡家楼下工、彭家堡工,三工同处于一个南向沿堤河弯弯顶,堤外有多道越堤。今宿迁市蔡集镇靠近故道,其附近有多个蔡姓村庄,蔡家楼位置应在蔡集镇附近。彭家堡工今无地名参考,按图上位置应在蔡家楼两工附近,今蔡集镇以下不远处。

南岸蔡家楼后沿堤经小古城至徐家湾。徐家湾有内越堤一道,堤外有小河口,徐家湾以下为陈家道口工。小古城位置按《六省黄河埽坝河道全图》地名,分布在今宿迁市西南故道西岸。小河口位置无地名标识,查五万分之一地形图,今宿迁市三棵树乡有小河通至故道,河口处刘桥村附近大约为图上小河口位置,徐家湾亦应在此地附近。小河口以下按《六省黄河埽坝河道全图》堤形确定陈工位置,为陈家道口工所在地。此段徐家湾内越堤前黄河并未靠岸,陈家道口工处有南向河弯弯顶,但并未沿堤见埽。

南岸白洋河镇附近有便民闸,镇外有越堤,镇前临河处有旧草坝。白洋河镇即今宿迁市洋河镇,镇西有闸口村,其位置应是图上便民闸所在地。白洋河镇前河弯向北,旧草坝处无埽。

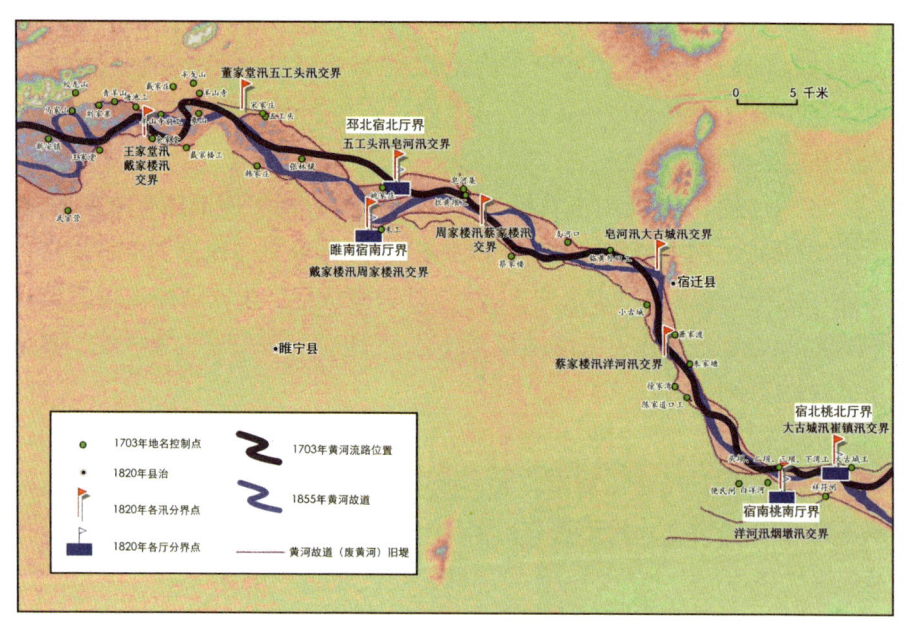

图4-32　1703年宿迁境内河段黄河河道内流路位置复原

南岸白洋河镇以下有老堤头、祥符闸、五瑞闸、谢家洼[1]、野饭店,堤内有长湖水洼、蒋沟。祥符闸与五瑞闸位置按《六省黄河埽坝河道全图》地名位置确定,五万分之一地形图在两闸以西标有"老堤",之后有"前废闸",沿旧

---

[1] 原图"谢"字模糊。《行水金鉴》卷60引《河防杂说》:"自宿迁以至白洋河四十里之间,两岸堤工离河俱不甚远,加以萧家渡、徐家湾、杨家庄三大工埽台贴堤边,东水太急,若下流再不稍为宽纵,则必有疏失之虞,是以白洋河以下南岸堤工不筑,于近间而直兴筑于离河七八里之外也。但筑堤之处其地高低不等,内有谢家洼、野饭店等洼区数十丈,最危最险。"由此可确定地名为"谢家洼"。

堤至"前废闸"的位置应当就是老堤头之所在。谢家洼应在五瑞闸以下，今地名无存。野饭店与蒋沟分别在大堤两侧，此堤远离行河位置。今泗阳县临河镇南有小店村，按乾隆《江南通志》，"修筑桃源县黄河南岸，自半边店起至熊家庄缕堤长八百三十丈，半边店一名野饭店"[1]，今小店村以下约两千米处有熊稍庄，两地位置与野饭店、熊家庄位置较为符合。结合旧堤分布情况判断，小店村处应为野饭店暨乾隆时期河工图上半边店位置所在。蒋沟今无地名可对应，按堤内情况推测，应在今泗阳县临河镇东侧。此段黄河在祥符闸与五瑞闸南向河弯，其余河段均靠北岸行河。

（九）桃源清河河段

北岸九里冈工、崔镇（堤内、村）、崔镇坝，今宿迁市仰化镇东有九里岗，其位置在今京杭大运河北岸，九里冈工位置应在其南部靠近故道一侧旧堤处，今属泗阳县。沿此旧堤向下，今泗阳县郑楼镇东有崔镇，崔镇坝位置按照五万分之一地形图上水道信息判断，应在崔镇东南靠近运河不远处。

北岸崔镇以下有曹家嘴、徐昇坝，今崔镇南靠近故道处有漕渡村，按照其相对于崔镇距离和方位推测，应为曹家嘴位置所在。漕渡村以下运河与故道之间有一徐庄，在五万分之一地形图上，此地分布有多个小河塘，靠近故道一侧滩地较宽，应是久淤，徐昇坝位置大约在此处。

北岸徐昇坝以下有大王庙、上渡口工、张庄引河，三处位置对岸为桃源县城，即今泗阳县城厢镇。此三处地名今无遗存，大概位置当在泗阳县众兴镇与城厢镇之间，正处在运河与黄河故道之间的狭长地带。

北岸鸡嘴坝工附近有大王庙，其下有七里沟、支河坝、黄家嘴，七里沟与黄家嘴附近有积水痕迹。今泗阳县城东南有七里沟和鸡嘴坝两地名，但七里沟村位置在鸡嘴坝村上游处，与图上两地名顺序不符，五万分之一地形图上七里沟作为村庄名标注，鸡嘴坝作为地形说明标注，因此鸡嘴坝位置更为可信。《河防刍议》黄河图中七里沟险工与黄家嘴险工二工相连，五万分之一地形图中鸡嘴坝沿故道以下约3.5千米处有"黄咀"地名，《续行水金鉴》有"鸡嘴坝、七里沟、陈家楼三工毗连，康熙五十二、四、六十等年，总河赵世显题建埽工"[2]，鸡嘴坝与七里沟两工应相连。综合以上信息，《续行水金鉴》所载七里沟应为今七里沟村所在位置，张鹏翮《黄河全图》中七里沟位置当在鸡嘴坝与黄家嘴之间，此处应为康熙十年（1671年）八月七里沟决口位置。新庄口位置与黄家嘴紧邻，此处应为康熙十三年（1674年）决口位置。

---

[1] 乾隆《江南通志》卷52，第37页。
[2] 《续行水金鉴》卷47，第1022页。

北岸三义坝,今淮安市凌桥乡西靠近运河处有三坝村,即三义坝位置所在。上坝工、三岔工二工相连,三坝以下今运河与故道之间有三岔村,三岔工位置应在此处附近,由此推测上坝工位置应在今淮安市三岔村以上鸡嘴庄附近。

图4-33 《黄河全图》桃源清河河段

南岸桃源县城附近有新越堤、大王庙,河道内有满家湾,桃源县城即今泗阳县城厢镇。此处有南向沿堤河弯弯顶一处,按《行水金鉴》各险工记载与桃源县城相对位置判断,此地应为烟墩险工所在地,但图上并未标注文字。

南岸桃源县城以下有龙窝、张家庄险工,堤上有大王庙,张家险工埽工连至颜家庄,此处为南向河弯弯顶,堤内有张家庄引河,两处河道均为行水河道。龙窝名称今已不存,颜家庄按《续行水金鉴》所记各堤顺序[1],其位置应在张家庄与司家庄之间。今泗阳县城厢镇东南有张庄与司庄,张庄即张家庄险工位置;结合里程,颜家庄应在今张庄与司庄两村之间大堤附近南园村一带。此段图上南向弯顶与北部引河同时存在。

南岸潭家庄工为南向沿堤河弯弯顶处,其堤上有大王庙,堤内有地名司家营和李家口。今泗阳县李口镇附近有李口老街位于故道南岸附近,应为图上李家口位置所在。依据五万分之一地形图上线性地物特征,李口镇至城厢镇间公路应为图上缕堤一段,公路东侧司庄一带极有可能为司家营位置所在。按图上潭家庄工与李家口相对位置推测,今李口镇南至谭坝村一带应为潭家庄工位置所在。

南岸高家湾位置在堤内,此处有南向河弯弯顶。今泗阳县新袁镇东有高湾村,即图上高家湾位置所在。高家湾以下靠近桃源县、清河县界,交界处堤内有地名腰铺,堤外有西吴城,腰铺以下堤内有地名陈家庄。图上西吴城与黄河北岸东吴城相对应,今淮安市吴城镇与西吴城位置相符合,应为图上西吴城位置所在。由高家湾与西吴城两地位置作参考,腰铺大约在今淮安市吴城镇北肖庄村一带,陈家庄应在今吴城镇东北陈庄。本段黄河除高

---

1 《续行水金鉴》卷50,第1093页。

家湾一带有南向河弯,其余皆靠北岸行河。

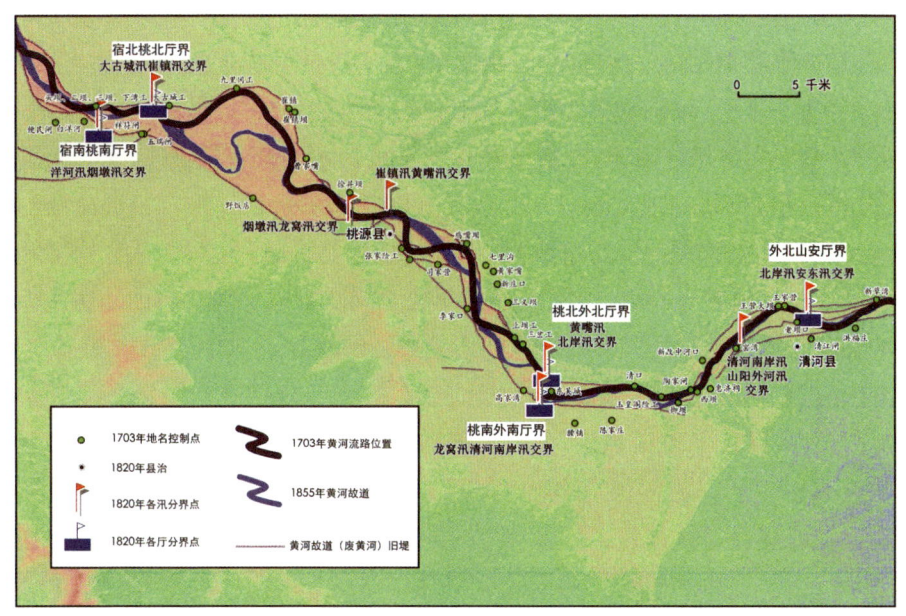

图 4-34 1703 年桃源清河河段黄河河道内流路位置复原

(十) 清河至安东云梯关河段

北岸桃源县、清河县界后有石人沟工,堤内有东吴城,与运河连通处有仲家闸、清口,之后有清河县城、玉皇阁险工、陶家闸,堤内河道有陶家庄引河,其下为新改中河口。今淮安市吴城镇北,故道北岸旧堤之内有吴庄,大约为图上东吴城位置所在。图上清河县城在今淮安市旧县一带,仲家闸位置在今旧县西北仲弓村附近,当时清口位置约在仲弓村以北靠近今京杭运河处。玉皇阁险工在旧县南部靠近故道旧堤位置。旧县东北部今有陶闸村,按五万分之一地形图标注,陶家闸应在旧县与陶闸村中间位置。

北岸新改中河口以下有王营大坝,王家营与之相邻。王家营即今淮安市淮阴区,五万分之一地形图上为王营镇,王营大坝在其南部靠近故道一侧。

北岸有山清交界处、旧引河(堤内)、四铺沟、新草湾。五万分之一地形图上,今淮安市新渡乡南盐河南岸双坝村附近有地名标注为草湾,应为图上新草湾位置所在。

北岸山安交界后有三铺、邢家马头工、二铺、郑家马头工、时家马头工、头铺。此段所含地名位置均未能准确定出。

北岸安东县城即今涟水县城位置所在,城南有便益门工、南门工、东门工,三工相连。安东县城以下有山东寺,今已无存。汪家庄工与二塘工两工相连,按照《六省黄河埽坝河道全图》地名定位结果,汪家庄、二塘两工位置应在今涟水县城东汪庄附近。

北岸茆良口,具体位置不可考。查五万分之一地形图,在今涟水县城东南顺安村有淤积水洼痕迹,村东有形似河道的狭长状小池塘,茆良口位置大约在此地附近。

北岸窑湾越堤险工与窑湾引河应在童家营对岸,今涟水县姚集镇东南靠近故道处有姚湾村,窑湾越堤险工应在姚湾村附近旧堤处。窑湾越堤险工以下有龙潭口排桩工,堤外有老堤头,以下有佃湖工。佃湖工位置应在今涟水县佃湖镇附近,龙潭口排桩工位置不能确定,但窑湾越堤险工与佃湖工为两处北向河弯弯顶位置,两工之间河段为南向河弯,图上表达过于简略,导致河弯看上去十分明显。实际上,此段河长三十余千米,河道最宽处不到四千米,从图上信息只能判断此段行河位置不偏向北岸。

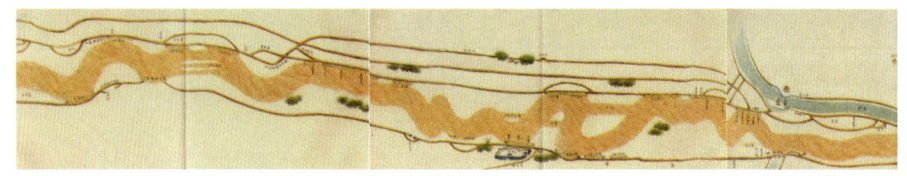

图 4-35 《黄河全图》清河至安东云梯关河段

南岸靠近黄运交汇口处,图上依次标注有御坝、挑水顺坝、西坝、东坝、甘罗城、卞家汪工、天妃坝石工、惠济祠、惠济祠石工、庙后工。今淮安市码头镇西有玉坝村,即御坝位置所在。根据大运河申遗发掘资料与实地探访,惠济祠位置约在今淮安市码头镇东北龙厅村附近,天妃祠在二闸村西,甘罗城位置约在朱庄以西旧运河对岸;其余各点位置均分布于码头镇,但确切位置不详。

南岸庞家湾靠近山清交界处,与之后的窑湾、王公堤石工、龙王闸都位于黄河与运河之间的地带。今淮安市淮阴区靠近故道东岸有窑汪村,应当为图上窑湾村位置所在。龙王闸也名龙汪闸,与清江闸实在一处,明永乐时建。[1] 王公堤石工由窑湾至龙王闸,分沿运河堤、沿黄河堤两道。图上本段黄河未见明显靠堤,窑湾以下偏向北岸。

南岸老坝口堤内有老坝口工、小车路口工、大车路口工、朱家沟工、洪福

---

[1] 光绪《清河县志》卷6:"清江正闸,明永乐中建后改名龙王闸,一曰龙汪闸。康熙三十八年拆修金门宽二丈一尺二寸,雍正十二年重修,乾隆四年仍名。"

庄工,以上五工相连,共处于同一南向沿堤河弯弯顶,五工之后有地名草湾。今淮安市淮阴区东有洪福村,洪福村东老坝村为《六省黄河埽坝河道全图》草湾位置所在,洪福村附近大堤应为洪福庄工位置,因此老坝口工、小车路口工、大车路口工、朱家沟工四工虽无地名参考,但应在洪福庄以上河段。本段五工相连处上承对岸王营大坝来水,下游至对岸新草湾。

南岸草湾以下柴市口工、汤董庄工二工相连,后连柳园头和旧石闸,再接上张庄工,柴市口工至上张庄工一段位于同一南向沿堤河弯弯顶处。查五万分之一地形图,草湾即今老坝村,以下有地名汤陈宫,大约与汤董庄有关。按《江南通志·河渠志》中黄河各险工堤长所记之"柴市、汤董庄岁修险工两工相连,共长四百三十五丈"[1]推算,柴市口工与汤董庄工两工应在今淮安市南马厂乡西南汤陈宫至殷圩子故道大堤处。沿堤以下至今淮安市南马厂乡北靠近故道处有地名张庄和高张村,张庄距离汤陈宫超出了十千米,在五万分之一地形图上高张村标注为张庄,图上汤董庄工以下距上张庄工距离不应太远,因此上张庄大约在今高张村附近较为可信。旧石闸与柳园头地名不能确切定位,推测其应在汤董庄工堤尾以下今杨庄村附近。此段黄河基本沿南岸大堤行河,上张庄以下至尹家庄靠南岸有引河一道。

南岸尹家庄工和韩家庄工二工相连,位于同一南向河弯弯顶,河道有韩家庄引河,堤外汰黄堤上有地名唐岩冈。今淮安市钦工镇东南有唐颜村,此地名与唐岩冈名称较为接近,在五万分之一地形图上,其附近有大寨河堤,此堤向下连至今淮安市茭陵乡,应为图上之汰黄堤。尹家庄和韩家庄在《黄河南河图》中并称为尹韩庄,《江南通志·河渠志》中记载其堤长共四百三十五丈,今淮安市宋集乡北故道南岸有地名尹庄和韩庄,两村相邻,距离与记载并无明显出入,二工位置应在今两村北故道旧堤处。

南岸新港工以下有周家渡工、唐家堡工、小茭陵工、何家庄工、大茭陵工五工相连,新港工与相连五工位于同一南向沿堤河弯弯顶,大堤外汰黄堤上有地名青莲岗,大茭陵工堤外有小茭陵格堤。《江南通志》载,"周家渡、唐家堡、小茭陵、何家庄、大茭陵岁修险工,五工相连,共长一千五百六十七丈"。[2]今淮安市茭陵乡西北沿故道依次有地名唐堡、小茭陵直至茭陵乡,其沿故道堤长约4.6千米,据此推测大约相当于唐家堡、小茭陵和大茭陵的位置。新港工位置难以确切定位,应在唐堡村以上。此段黄河沿南岸大堤行河,大茭陵之后有一北向河弯。

---

[1] 乾隆《江南通志》卷53,第26页。
[2] 乾隆《江南通志》卷53,第26页。

南岸马逻附近有拦黄土坝排桩工，堤外有苏家嘴。马逻以下堤内有胡家庄工，与童家营对应堤内之童家营险工位于同一南向沿堤河弯弯顶，河道有窑湾引河。今淮安市有苏嘴镇，即苏家嘴位置所在；苏嘴镇东北有马逻村，即马逻位置所在；马逻村东北今阜宁县蒲南乡境内有童营村，即童家营位置所在；胡家庄今无地名对应，大约在今童营村以上东陈头村一带。本段黄河自马逻起沿南岸行河，经童家营之后转弯向北至窑湾险工。

南岸童家营以下有地名卢铺、周门，周门对应堤内有左家口工、侍家沟排桩工，之后内越堤内有地名北沙。今阜宁县芦浦乡西芦浦村靠近故道，应为图上卢铺位置所在；芦浦村以下有左范村，今阜宁县芦浦乡北有周门村，即图上周门位置所在，左家口工段大约应在左范至周门一段；今阜宁县北有北沙镇，即图上北沙位置所在。此段图上所画较为简略，似乎各地之间相距不远，但卢铺至周门实地距离约七千米，周门至北沙实地距离约十七千米，河弯弯顶在周门一段，河弯弯曲程度远较图上所示和缓。

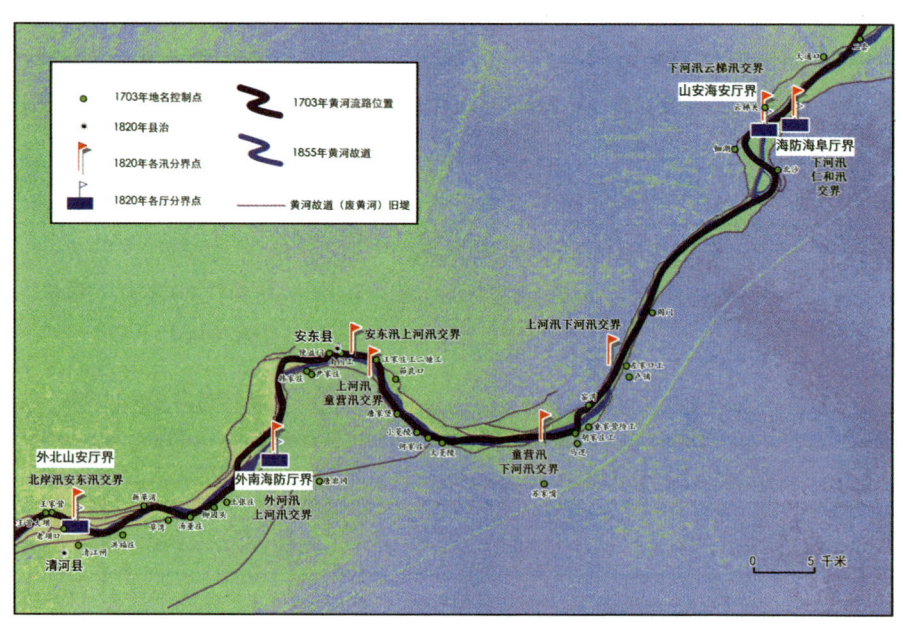

图4-36 1703年清河至安东云梯关河段黄河河道内流路位置复原

（十一）云梯关至海口河段

北岸佃湖工以下有云梯关，其位置在今响水县云梯村附近。云梯关以下有钦赐大通口、马家港全淤、薛套、海神庙标注文字。今响水县张集乡东大通渠与故道内中山河连通地方有大通口村，大通口位置应在此处，为康熙三十五年黄河在马港人为改道处。马家港即马港，其位置应在今大通口村附近。

北岸大通口以下有二套、三套、四套、四套工、五套、王成港、六套、泗汾港、七套、八套、九套、十套地名,图上大堤画至六套泗汾港,以下无堤。今响水县境内除九套与十套地名无存外,其余各套地名均保留。今响水县六套乡西南有王程港,应为王成港位置所在。今响水县六套乡东亭泉村附近在五万分之一地形图上有"四汾港"文字标注,此地应为泗汾港位置所在。

北岸十套以后标注有红沙、青沙、三木楼直至大海,此段地名应在今滨海县境内,具体位置不能精确定位。

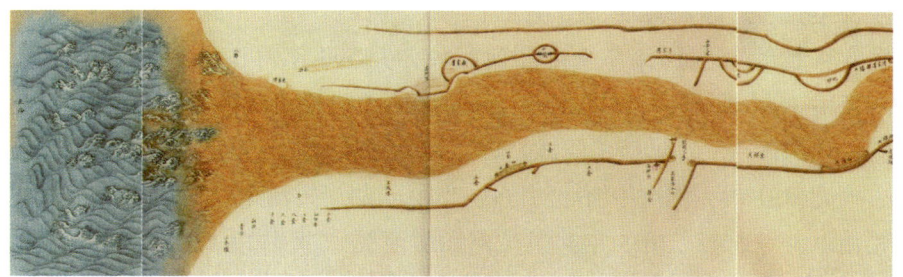

图4-37 《黄河全图》云梯关至海口河段

南岸陈家社靠近山安交界处,位于越堤之内,其下有地名辛家荡。陈家社与辛家荡位置与《六省黄河埽坝河道全图》地名信息一致,沿河大堤到此

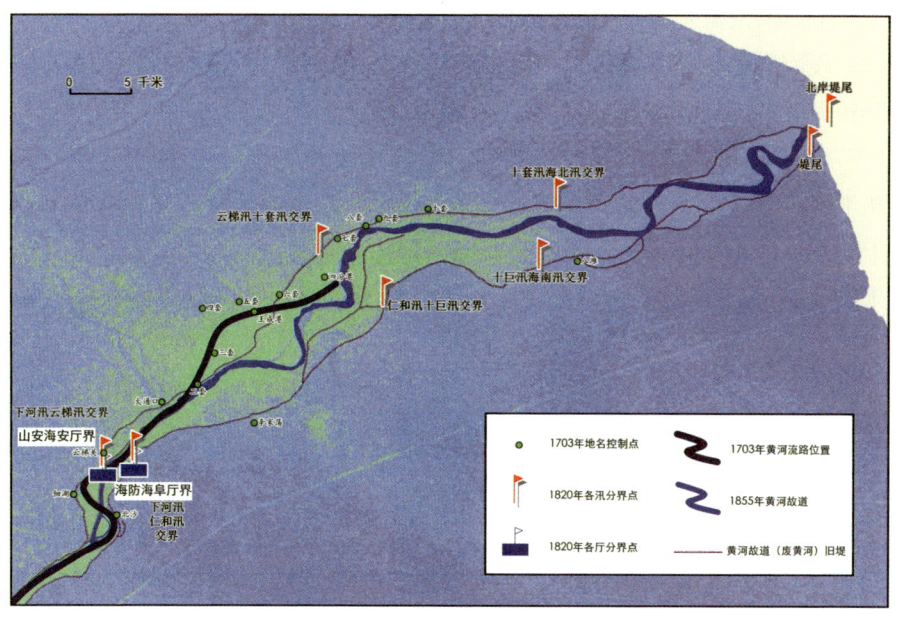

图4-38 1703年云梯关至海口河段黄河河道内流路位置复原

出现中断。沿河再以下又有河堤,堤上有石坝,外越堤内有地名臧家沟,之后有高门港,今两处地名已无迹可寻。之后至大堤堤尾,有旧河道痕迹,标注文字"今淤"。靠近海口处有两处地名,即惠家港和八滩,之后为大海。本段黄河由北岸佃湖工转向南岸,行河位置大体偏南,河弯并不明显。

三、康熙时期黄河故道内流路位置的变化

仍以1820年厅汛分段为河段划分基本单位,对上述康熙十四年(1675年)与四十二年(1703年)两个时间断面上的河道进行比较和总结。这三十年河道变迁具体表现如下:

在北岸黄沁厅、南岸上南厅河段内,与1590年河道内流路位置相比,1675年与1703年两个时间断面上,河道内黄河流路位置偏于南岸,而且偏向南岸的流路一直延续到今日。

北岸卫粮厅、南岸中河厅河段内,1590年的河道流路位置偏向南岸,基本沿南岸大堤前行。1675年河道流路位置更偏于北岸,大约与今河道相同。1703年河道流路位置相对偏南,仅在阳封汛段内发育出一段北向河弯,随后仍偏向南岸。由此可知,这一时期该段河道先向北摆,然后转向南摆动。

北岸祥河厅、南岸下南厅河段内,沿袭前段河道的走向,1590年河道流路位置依然大体偏向南岸。1675年河道流路位置河弯摆动明显,下南厅范围内南向河弯弯顶有三处,且都靠近南堤。1703年河道流路位置向北偏移。这一段河道变化当与顺治十一年、康熙十二年在潭口寺、荆隆口前开浚引河有较大关系。

北岸下北厅、南岸兰仪厅河段内,明代铜瓦厢附近已有北向河弯存在,从1590年与1675年的河道流路位置来看,铜瓦厢处河弯弯顶尚在贯台以上。但到了1703年,铜瓦厢已是北向河弯弯顶顶冲位置所在。此时兰阳尚未改道,河道流路位置均靠近北岸。从康熙中后期开始,黄河在铜瓦厢一带河段对北岸大堤形成一定压力。

北岸曹考厅及南岸仪睢厅、睢宁厅河段内,至1782年兰阳改河之前,该段河道流路位置皆在1820年曹考厅大堤北侧,至旧考城以下渐与1820年堤内河道合流。此段内,1590年河道流路位置与1675年河道流路位置河弯分布较为接近,基本维持在河道中部摆动,但1675年河弯位置较1590年整体向上游方向移动,应为河道自然摆动调整。1703年河道似较平缓,其中考城汛一段河水贴近北岸大堤。

北岸曹河厅、南岸商虞厅河段内的黄河河道,1590年河水流路位置偏于

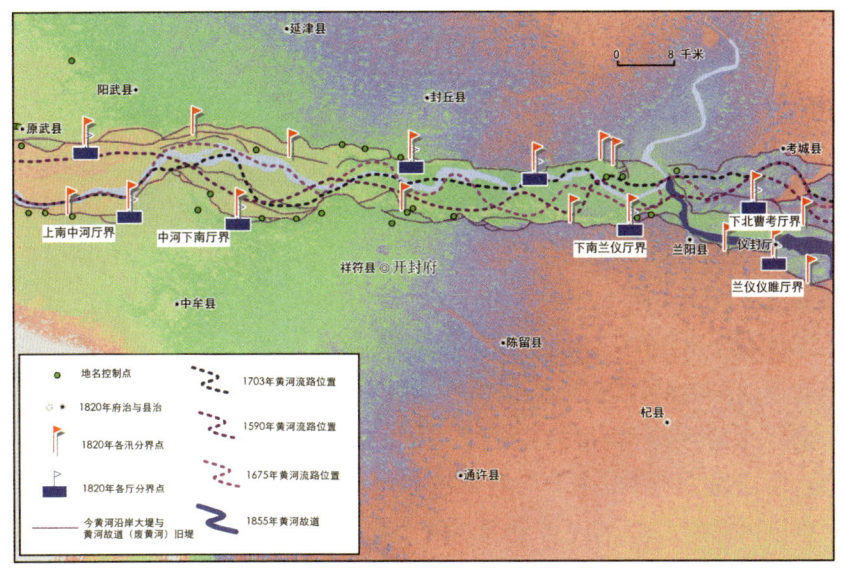

图 4-39　开封府河段流路位置的变化

南岸,1675 年之后几个时间断面上河水流路位置较 1590 年偏北。1675 年的河道流路位置在曹中、曹下汛交界处出现靠近北岸北向河弯。至 1703 年,在曹下汛河段内河道流路位置偏北的倾向更加明显,到靠近曹河、粮河厅交界处则出现了明显的北向河弯。从 1590 年到 1703 年,此段河道内的河水流路大趋势是逐步向北岸发展的。

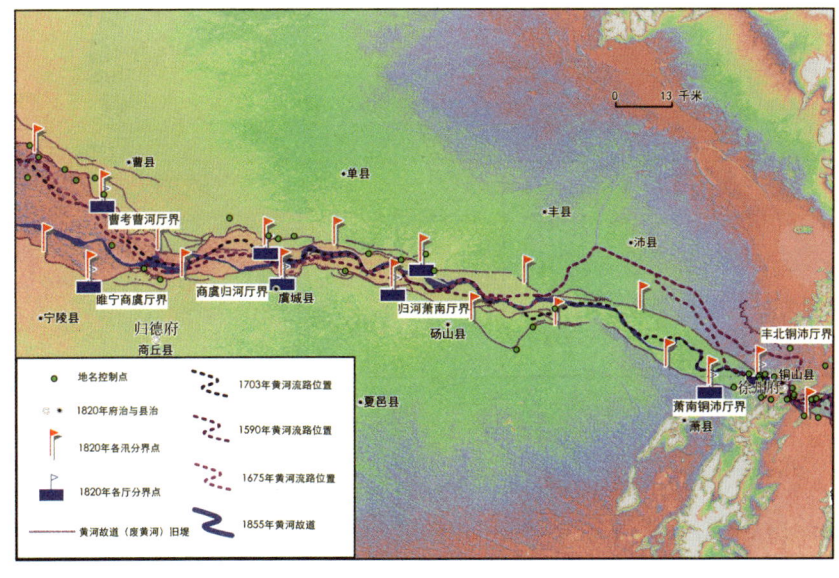

图 4-40　曹单商虞至徐州河段流路位置的变化

北岸粮河厅、南岸归河厅河段内,1590年河道流路位置偏向南岸,1675年河道流路位置在商虞归河厅界之下不远处较为靠近南岸,之后与1703年和1855年故道流路位置大体一致。

北岸丰北厅、南岸萧南厅河段内,归河、萧南厅界以下,三个时段的河道流路位置均较1855年故道偏南。北岸丰上汛、丰下汛交界以后,1590年与1675年主河道均由杨家集附近进入丰沛二县境内,经华山至塔山,经镇口闸与运河汇合后再入徐州。1590年河道还分出浊河一道,最终于今故道汇合,经小浮桥入徐州。1703年主河道已限于今故道大堤之内,流路位置在砀下汛内明显偏向南岸,其余河段与1855年故道位置大体相同。

南北两岸铜沛厅河段内,由此段开始进入黄河险工密集河段,也为漕运重要河段,因此1590年图上河弯信息相对简单,流路位置仅堤内示意性摆动。本段内北岸多山,靠北岸河弯相对变化幅度较小;南岸河弯位置多由堤工控制,南北两岸河弯多为沿堤,因此此段河弯位置变动多为上下游移动,河弯数量保持相对稳定。

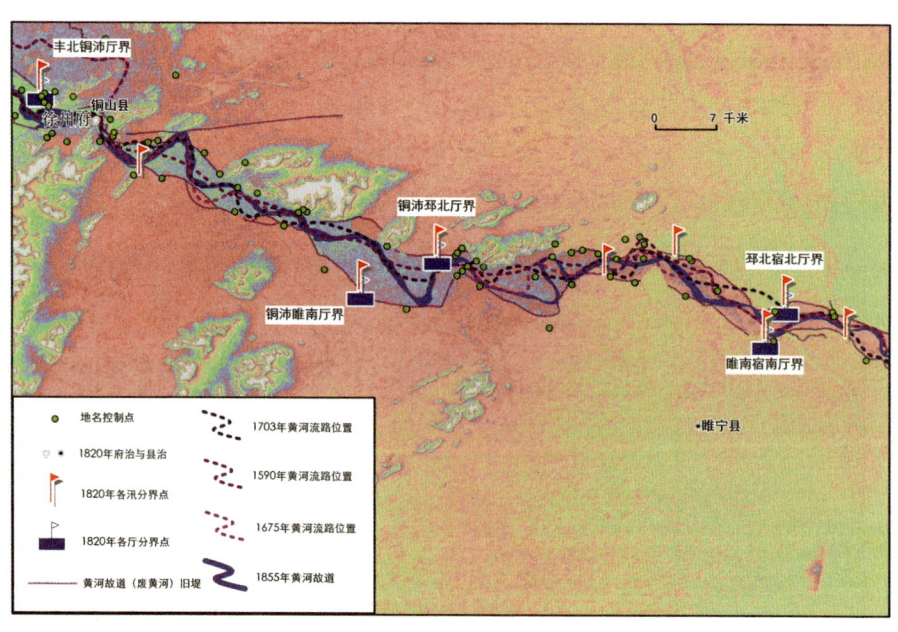

图4-41 邳北睢南铜沛厅河段流路位置的变化

北岸邳北厅、南岸睢南厅河段内,董家堂汛辛安镇河段在1703年之前,河道流路位置均在新安镇以北;象山河段河道流路位置经由象山北侧。1855年此两段河道已改为南侧行水。五工头汛河段,1590年与1675年河道流路位置偏北,1703年河道流路位置此处已无北向河弯,至青墩营流路位置靠向北岸,已超出今 DEM 数据构建的黄河故道高地范围,说明至少在 1703 年之后黄河不再流经这一区域。

北岸宿北厅、南岸宿南厅河段内,1703 年河道流路位置在周家楼、蔡家楼汛界以下与 1855 年故道河弯相反,洋河汛河段内 1703 年河道流路位置较 1855 年故道河弯变动频繁,应与后期沿河堤工建设有较大关系。

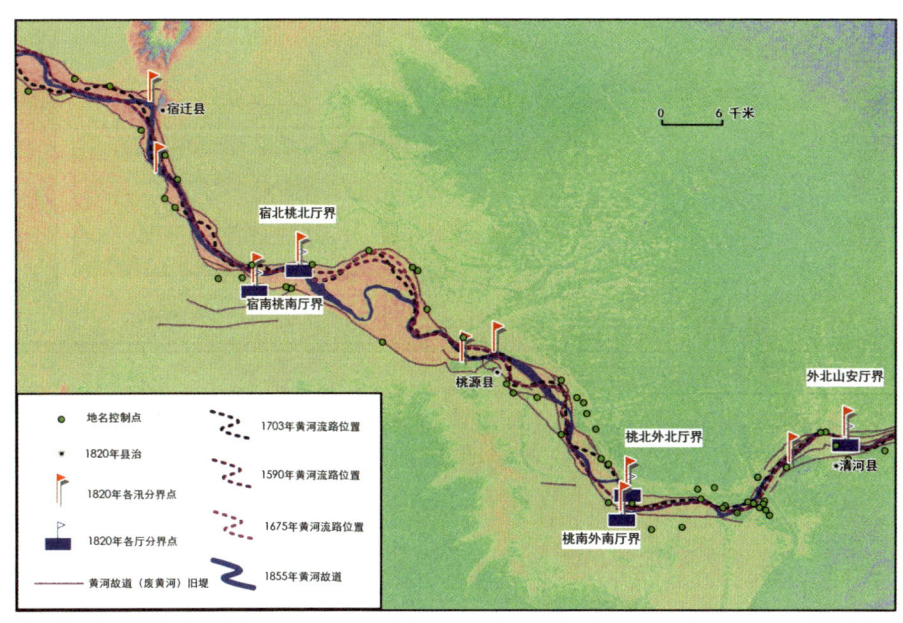

图 4-42 宿迁桃源清河段流路位置的变化

北岸桃北厅、南岸桃南厅河段内,1590 年、1675 年和 1703 年三个时段的河道流路位置均沿九里冈北岸大堤靠近北岸。烟墩汛、龙窝汛交界处,1590 年和 1675 年河道流路位置偏向北岸,而 1703 年河道流路位置偏向南岸,与 1855 年故道位置大体相当。黄嘴汛靠近外北厅处河弯,1703 年河道流路位置靠近北堤,1590 年和 1675 年河道流路位置均偏向南岸。

北岸外北厅、南岸外南厅河段内,清河南北两岸河段黄河与运河清口关系甚大,因此人为管控也最为严格;河道河弯的摆动变化并不是很大,清河南岸河弯处虽有上下偏移,但并不十分明显。南岸外河汛河段的变化主要体现在明代 1590 年主河道由草湾经刘伶台至赤晏庙回 1855 年黄河故道,1589 年黄河一次大水,由该支流形成自然裁弯取直,1590 年图上仍保留有这一河段,由此推测这一河段应从 1590 年开始萎缩,至康熙年间已从图上消失,草湾至赤晏庙河段主河道已在 1855 年黄河故道范围之内。

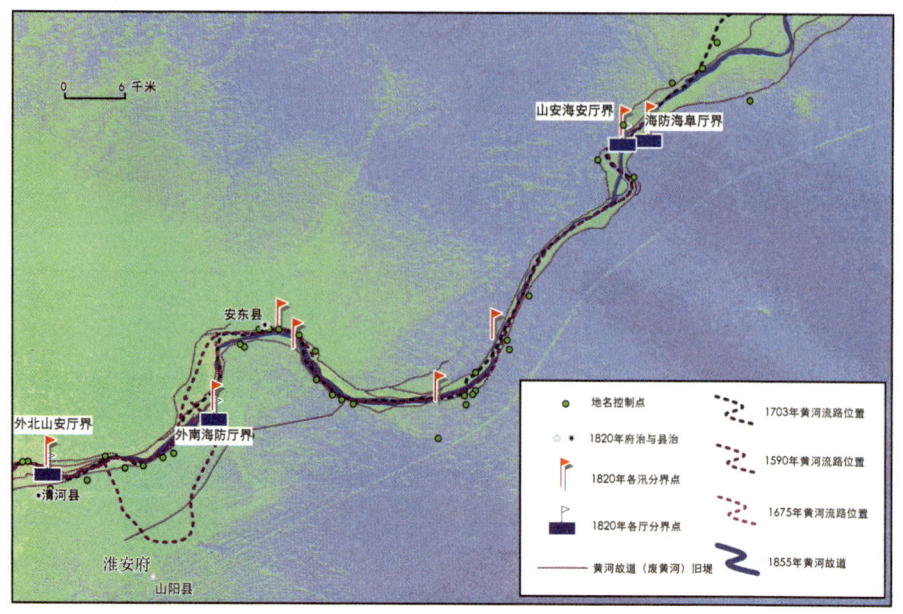

图 4-43　安东至云梯关河段流路位置的变化

北岸山安厅、南岸海防厅河段内，安东汛内河道流路位置基本偏于南岸，其北岸淤滩较早，因此北岸地名的保存情况并不是很好。安东县以下河床宽度变窄，河道内流路位置可变空间变小。童家营窑湾附近河弯在1703年由偏南转为靠近北岸，此下变动情况不甚明确。马起营、佃湖一带河弯情况较为稳定，河弯变动并不明显。

北岸海安厅、南岸海阜厅河段内，明末清初此地应为海口沼泽区域，靳辅治河在此段于两岸修筑大堤，河口位置得以延伸至今六套以下，大约在1820年仁和、十巨汛交界位置以后。

第五章

清乾隆时期黄河故道

内流路位置情况

清乾隆时期，黄河河道最为显著的变化即"兰阳改河"。乾隆四十六年（1781年）七月，河南仪封河段漫口二十多处，北岸水势皆由青龙岗出，且屡塞不止。在此情况下，大学士阿桂建议将河道原南堤改作北堤，在原南堤以南另筑新堤，两堤之间挑挖兰阳三堡至商丘引河一道，作为新的黄河主流河道。至乾隆四十八年（1783年）三月新河开放，堵口成功，兰阳改河完成。之后黄河主河道未出现大的变化。

兰阳改河之前的黄河河道在《豫东黄河全图》上有所表现。《豫东黄河全图》也称《豫省黄河全图》，图上信息反映的是乾隆二十六年（1761年）十一月[1]河南境内沿堤新修堤工完工后的分布情况。本图描绘的主要内容为沿河新工，因此图上内容相较之后嘉庆年间的《六省黄河埽坝河道全图》简略得多。图上两岸大堤均标出了各厅汛交界位置，因此在具体分布上可与1820年地名信息作比较。

江南段河工舆图主要有《黄河南河图》和《黄运湖河全图图说》。《黄河南河图》，也称《江南黄河堤工图》，反映的是乾隆十五年（1750年）江南黄河两岸的堤防工程信息[2]，图上标注出了各险工与各厅界的位置及临近大堤村庄之间的距离。《黄运湖河全图图说》为乾隆四十五年（1780年）时任两江总督萨载向朝廷呈奏奉旨挑展陶庄新河后的黄运两河情况[3]，其中图的部分即《黄运湖河全图》，所反映的河工河道信息亦为乾隆四十五年的情形。

一、1761年河南段黄河下游河水流路位置

乾隆二十六年（1761年），武陟、荥泽、阳武、祥符、兰阳等地共决口十五处，至十一月河南境内沿堤新修堤工完工，《豫东黄河全图》所展示的就是新修堤工完工后的河道情形。1761年河南段黄河流路位置的推测复原，主要基于《豫东黄河全图》中所记录的各堤工程，以此为沿河控制点。

（一）武陟荥泽至原武中牟河段

北岸武陟境：御坝、秦家厂、马营新工及武陟、荥泽交界。今武陟县詹店镇靠近黄河河岸处有御坝村和秦厂村，与御坝、秦家厂应为同一地点。今詹店镇东有马营村，即1820年图上之马营，马营新工应在其南旧堤处，大约相当于1820年图上马营月堤位置。

---

1 席会东：《美国国会图书馆藏〈豫东黄河全图〉与乾隆朝河南河患治理》，《西北大学学报（哲学社会科学版）》2013年第4期。
2 席会东：《九曲黄河方寸中——美国国会图书馆藏〈江南黄河堤工图〉研究》，《殷都学刊》2013年第2期。
3 席会东：《海内外藏乾隆绘本〈黄运湖河全图〉与〈南巡盛典〉系列舆图研究》，《文津学志》第6辑，2013年。

北岸荥泽境：五堡新工及荥泽、原武交界。今原阳县五堡地名无存。按《六省黄河埽坝河道全图》信息，荥泽汛共有八堡，由此推测，五堡位置应在荥泽汛中段。查今聚落地名信息及DEM影像，两汛界之间只有姚庄村一带较为符合复杂堤工特征，五堡新工位置当在此处。

北岸原武境：长堤一道，堤外阳武县，原武、阳武交界。图上无文字注记，图示有两处堤外越堤，两处堤内格堤。

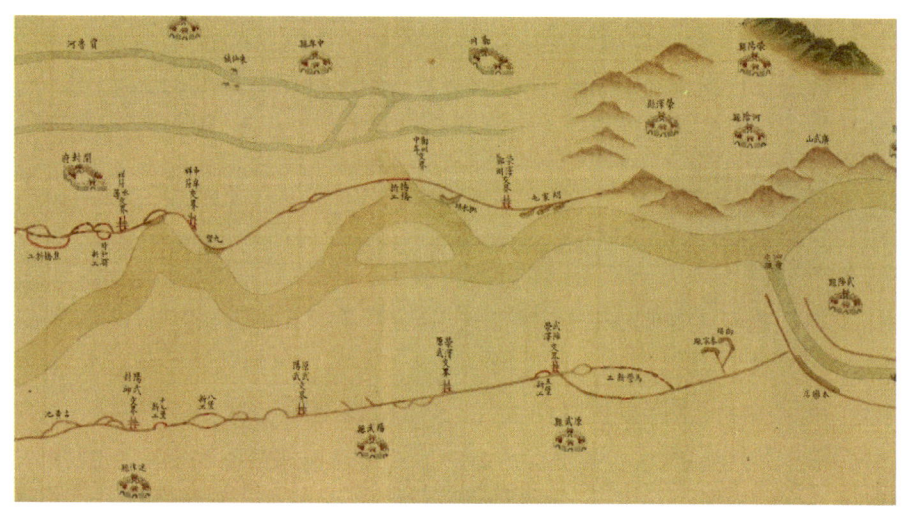

图5-1 《豫东黄河全图》武陟荥泽至原武中牟河段

南岸荥泽境：胡家屯及荥泽、郑州交界。按照《六省黄河埽坝河道全图》中郑州上汛胡家屯位置，应在核桃园以下头堡到二堡之间。参考《河南黄河河道地图》，胡家屯位置大约在今郑州市花园口镇至南越堤村之间。

南岸郑州境：挑水坝及郑州、中牟交界。挑水坝位置今无地名印证，参考DEM数据影像，此位置应该在今郑州市北来潼寨村附近。

南岸中牟境：杨桥新工、九堡及中牟、祥符交界。杨桥新工位置参考1820年沿堤地名信息，在今郑州市万滩镇西杨桥村北黄河大堤上。九堡位置靠近中牟、郑州交界处，《河南黄河河道地图》显示今郑州市东北靠近黄河堤岸处有九堡险工，参考1820年沿堤地名定位，图上九堡位置应在九堡险工一带。

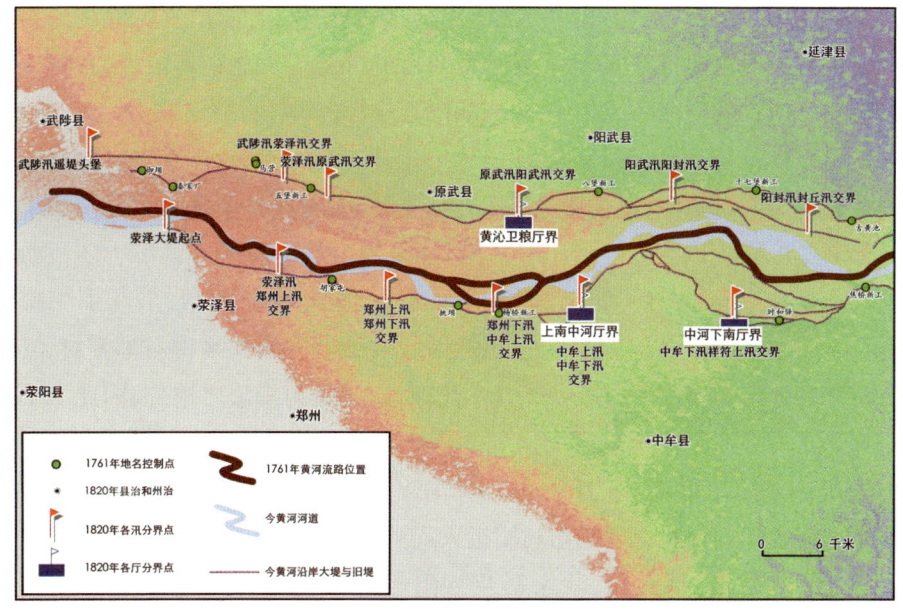

图 5-2 1761 年武陟荥泽至原武中牟河段黄河流路位置复原

(二) 阳武中牟至祥符兰阳河段

北岸阳武境：八堡新工、十七堡新工及阳武、封丘交界。图上八堡新工为内外两道越堤，乾隆五十年与嘉庆八年两次厅汛隶属划分，使得阳武境内各堤堡名称与 1820 年汛堡多有差异，参考中国历史地理信息系统（CHGIS）1911 年县界数据、《河南黄河河道地图》及 DEM 影像，八堡新工大约位于今原阳县包厂乡以北大堤附近。今原阳县郭庄乡北侧大堤仍有十六堡地名，此十六堡与 1820 年各汛堡序号均不能协调，应属于更早时期。结合 DEM 数据影像综合判断，十七堡新工应在今原阳县郭庄乡毕张村附近。

北岸封丘境：古黄池及封丘、祥符交界。古黄池处应为一道堤内越堤，其间地势应较为低洼，在《六省黄河埽坝河道全图》上并无反映，封丘县境古今变化甚大，参考中国历史地理信息系统（CHGIS）1911 年县界数据、《河南黄河河道地图》及 DEM 影像，此处较为符合的堤形位置大约在今封丘县孙庄乡于家店北大堤处。《续行水金鉴》："续志（即《续河南通志》）载古潭口俗名古潢池，在荆隆口格堤之东，一名九家潭，又名汪家潭，在县西南二十里于家店北，大可七八亩。"[1] 查《续河南通志》原文，为："古潭口，在封丘县，一名九家潭，又曰汪家潭，在县西南二十里于家店北，大可七八亩。"[2] 嵇曾筠所著《防河奏议》

---

[1] 《续行水金鉴》卷 45，第 978 页。
[2] 乾隆《续河南通志》卷 7《舆地志·山川》，第 15 页。

一文中有"南岸河势从黑堽口直注而北,荆隆口正值顶冲,由古黄池绕湾南向至柳园口迤东曲折纡回"[1]。由此可知荆隆口与古黄池距离较近,古黄池与荆隆工两者很可能彼此相连,于家店附近应为古黄池位置所在。

北岸祥符境:十七堡、十九堡、二十一堡新工及祥符、兰阳交界。此处各堡顺序均为旧有顺序,可在张鹏翮《治河全书》中查找一些线索。图上二十一堡新工处有决口痕迹,《治河全书》对祥符境内各堤描述为,"第十四段西自二十堡起东至二十一堡止,长五百六十丈,康熙元年加帮,坐落邵王寨东"[2]。由此可知,二十一堡应在邵王寨东。今封丘县曹岗乡南有邵寨村,五万分之一地形图上邵寨村东有一处水洼地,应为黄河漫溢之遗迹,因此二十一堡新工应在此水洼地南侧大堤处。依此距离推算,十九堡位置应在邵寨村以西、厂门口村以东,五万分之一地形图上此位置标记为"前邵寨";十七堡位置应在厂门口村以西马坊村附近大堤上。

北岸兰阳境:铜瓦厢、耿家寨及兰阳、兰仪交界。铜瓦厢具体位置在1855年黄河改道北徙之后就已淹没于今黄河河道之中,五万分之一地形图"曲兴集"幅在封丘县前辛庄东北有旧堤痕迹,与《六省黄河埽坝河道全图》上铜瓦厢处格堤位置走向颇为相似,铜瓦厢大致位置应在今封丘县黄河西岸河滩处。耿家寨在铜瓦厢以东,按《治河全书》对各堤记载,耿家寨应在翟家庄与樊家寨之间。今兰考县东坝头乡东沿东西向大堤有翟庄和樊寨两村,五万分之一地形图"堌阳"幅在两村之间有耿潭,耿家寨位置大约就在此处。

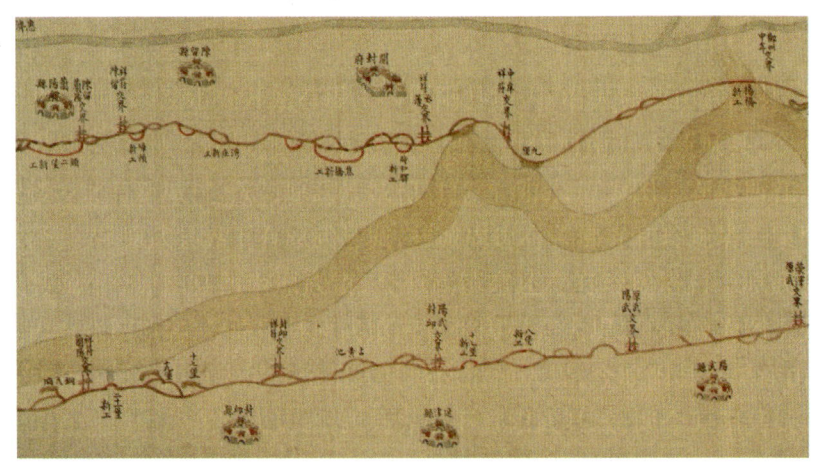

图5-3 《豫东黄河全图》阳武中牟至祥符兰阳河段

---

1 嵇曾筠:《防河奏议》卷3,第28页。
2 张鹏翮:《治河全书》卷10。

南岸祥符县丞境：图上本段沿堤无地名标注，河弯南向弯顶有越堤一道。

南岸祥符主簿境：时和驿新工、焦桥新工、湾庄新工、埽头新工及祥符、陈留交界。《续河南通志》记载，乾隆二十七年"筑祥符县时和驿、二堡、三堡、焦桥、五堡、湾庄、九堡、埽头、十九堡堤，兰阳县头堡、二堡堤"。图上所示时和驿新工、焦桥新工、湾庄新工、埽头新工及兰阳头堡、二堡工与记载顺序相符合，可推知这些堤工是沿堤依次分布的。按1820年沿堤地名数据信息，埽头位置在今开封市袁坊乡东扫东村和扫西村一带；时和驿新工应在中牟与祥符交界不远处，今位置大约在狼城岗镇太平堤村附近。参考时和驿与焦桥附近越堤形态，焦桥新工内越堤应在今开封市水稻乡西北南北堤后岗一带，此地即为《六省黄河埽坝河道全图》上之黑墭戗坝位置所在。结合DEM数据影像与五万分之一地形图上旧越堤形态分布推断，湾庄位置应该在今开封市柳园口乡东魏湾村一带。

南岸陈留境：沿堤无地名标注，标有陈留、兰阳交界。

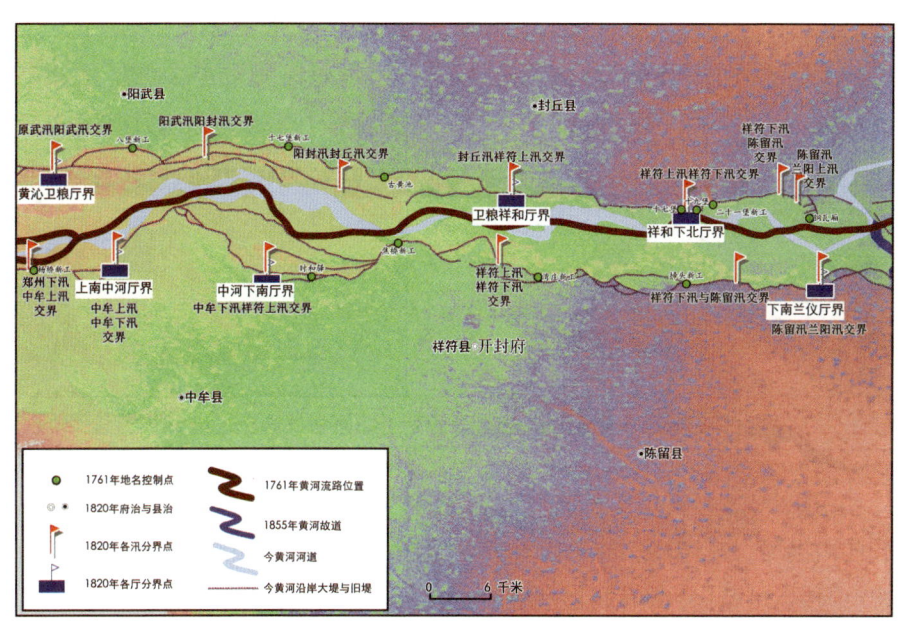

图5-4　1761年阳武中牟至祥符兰阳河段黄河流路位置复原

（三）仪封兰阳至曹县商丘河段

北岸兰仪境：沿堤无地名标注，仅兰阳、兰仪交界处图示有越堤一道，黄河河道弯向南岸。

北岸仪封境：三家庄及仪封主簿、曹县巡检界。三家庄位置为河南境内较为险要之地，图上显示此地为河水北向弯顶处，今已无此地名。《六省黄河埽坝河道全图》显示，兰阳改河竣工时即乾隆四十八年之前的黄河北堤至曹县境，方与今黄河北堤交汇，因此三家庄应在旧黄河北堤之上且较为靠近曹县界。今五万分之一地形图与 DEM 数据影像均显示，有一黄河旧河道北弯顶在今兰考县许河乡以西南郭庄一带，此地有多处以庄为名的村落聚集，因此三家庄位置大约在此处。

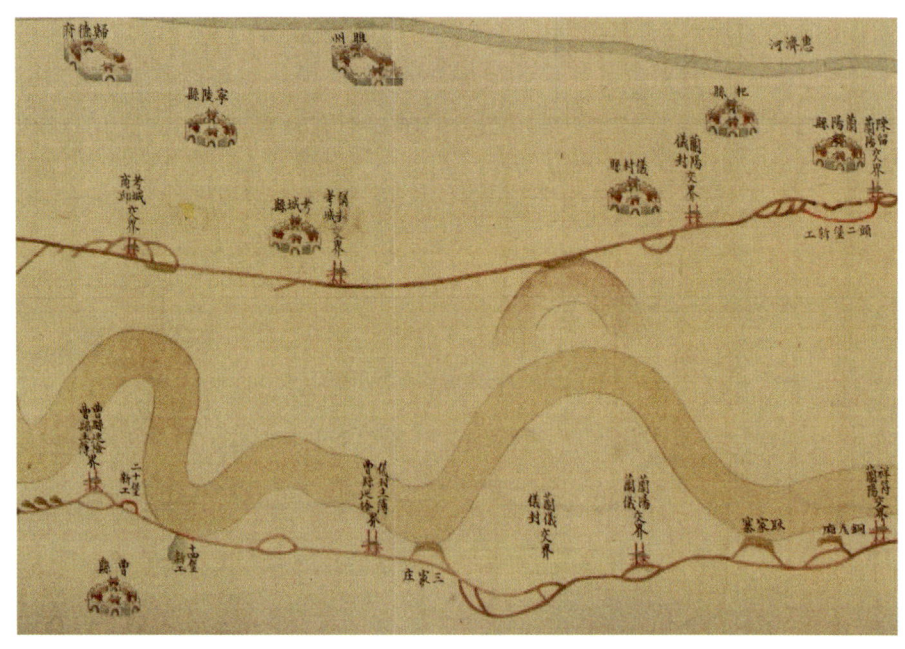

图 5-5 《豫东黄河全图》仪封兰阳至曹县商丘河段

南岸兰阳境：头二堡新工及兰阳、仪封交界。兰阳头二堡新工为一道较长的内越堤，分布于陈留、兰阳交界处兰阳境内，综合中国历史地理信息系统（CHGIS）1911 年县界数据及五万分之一地形图上旧越堤形态分布推测，头二堡新工位置应在今兰考县三义寨乡北三义寨村北侧旧堤上。

南岸仪封境：沿堤无地名标注，堤外有仪封县城，标有仪封、考城交界。

南岸考城境：堤外有考城县城，标有考城、商丘交界。

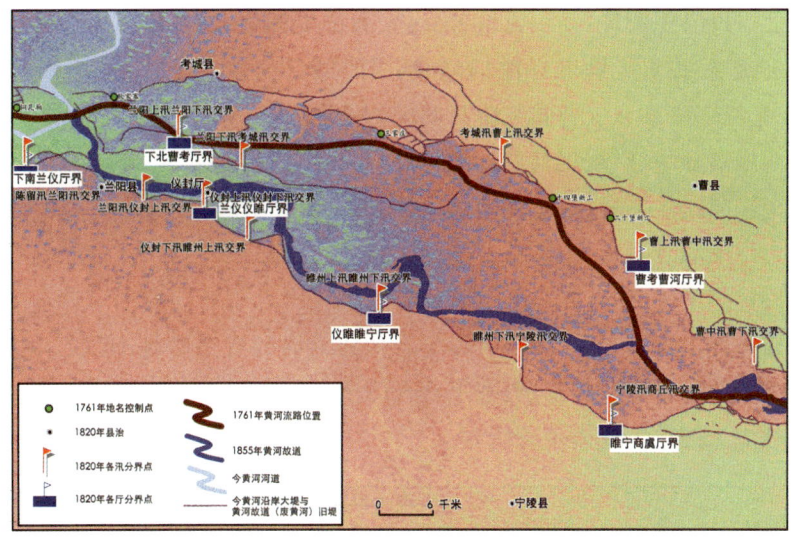

图5-6 1761年仪封兰阳至曹县商丘河段黄河流路位置复原

(四) 曹县商丘至单县虞城河段

北岸曹县巡检境:十四堡新工、二十堡新工及曹县巡检、曹县主簿界。图上十四堡新工有黄河漫溢痕迹,五万分之一地形图相关区域内今曹县顺河乡西北安新庄北有水洼一处,应是黄河漫溢之遗迹,十四堡新工位置当在此处。二十堡新工处有越堤,今曹县顺河乡东北高堤圈村堤形符合,与十四堡工位置距离也较符合,因此二十堡新工位置应在此处。

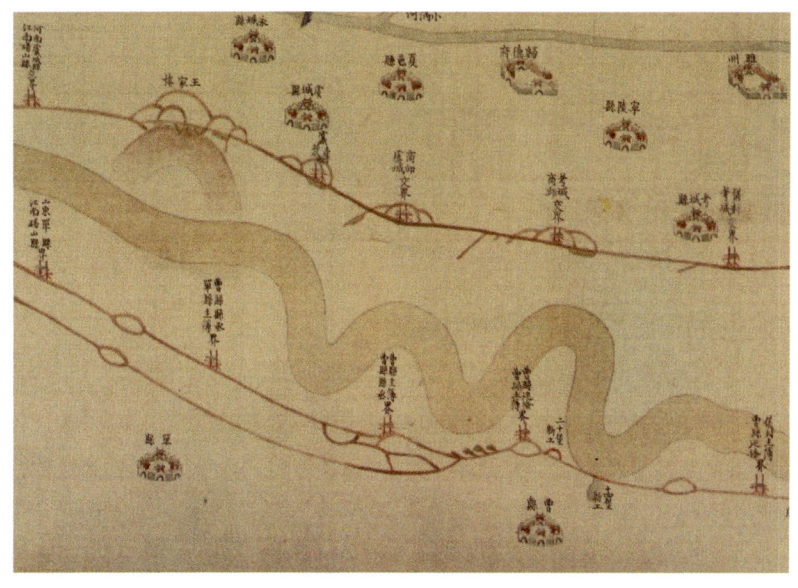

图5-7 《豫东黄河全图》曹县商丘至单县虞城河段

北岸曹县主簿境:沿堤无地名标注,有格堤四道,格堤以下有越堤两道。曹县县丞境:沿堤无地名标注,有外越堤一道。单县主簿境:沿堤无地名标注,有越堤一处。以上曹县与单县堤段均无地名。

南岸商丘境:沿堤无地名标注,标有商丘、虞城交界。

南岸虞城主簿境:沿堤无地名标注,标有虞城主簿、县丞界。

南岸虞城县丞境:王家楼及河南虞城县、江南砀山县交界。虞城县丞所管堤段相当于1820年虞城下汛所管堤段,依照《六省黄河埽坝河道全图》汛界分布查找沿堤地名,今虞城县乔集乡西北沿堤处有王楼村,五万分之一地形图显示此处越堤分布复杂,基本符合图上王家楼堤工分布特征,因此可判断此处应为图上王家楼位置所在。

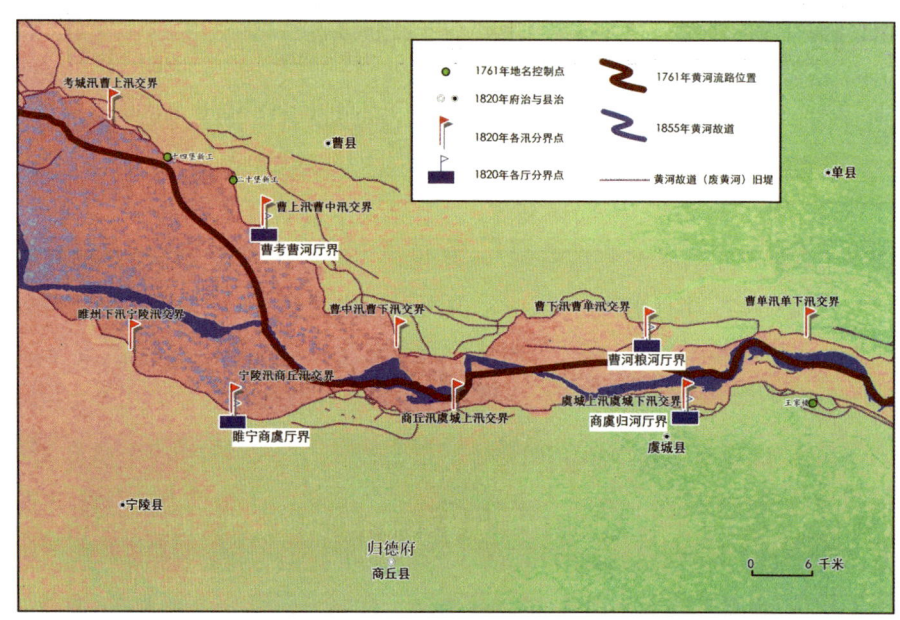

图5-8 1761年曹县商丘至单县虞城河段黄河流路位置复原

二、1750年江南段黄河流路位置

《黄河南河图》由于标注出了各险工与各厅界的位置及临近大堤村庄之间的距离,这就为确定其间各地点位置提供了一定的参考。1750年江南段黄河流路位置的推测复原,主要基于《黄河南河图》中所记录各堤工程,以此为沿河控制点。

(一)丰沛萧砀河段

丰砀厅境北岸:王家井、王家堂、大王庙、蟠龙集、退河集、石林坝、黄村坝、袁家楼、李家集、管粥集、张家集、吴家楼及丰砀、铜沛厅交界。退河集至石林坝间有双庙工、西牌楼工；管粥集至张家集间有闸河，河连湖泊，地名有虾蟆汪、马家套、吴家套、宗家套、朱家套、新黄套；张家集至吴家楼间有韩家堂旧河弯、孙家集。

今砀山县玄庙镇东侧有王井村，靠近故道旧堤；继续向东，靠近丰县界且临近黄河故道处有蟠龙集村。根据地名一致性原则判断，王井村应为《黄河南河图》上王家井位置所在，蟠龙集村应为《黄河南河图》上蟠龙集位置所在。以王家井与蟠龙集为参考点，按《黄河南河图》上所标注距离信息，以王家井至王家堂为十三里、王家堂至蟠龙集为二十里[1]估算，王家堂位置应在今砀山县周寨镇附近。今丰县范楼镇西侧有双庙村，根据地名一致性原则判断，双庙工应在此附近。双庙村北部不远处有地名前集村，五万分之一地形图上此地标注为"退河集"，结合地名一致性原则判断，前集村应为《黄河南河图》上退河集位置所在。今丰县范楼镇西南黄河故堤内有黄坝村，与黄村坝地名相似，根据其与退河集相对位置判断，此地应为黄村坝位置所在。今铜山县河桥镇东南有李集村、管粥集村，根据地名一致性原则判断，李集村与管粥集村位置即为《黄河南河图》上李家集和管粥集位置所在。今铜山县河桥镇西靠近丰县界有袁集村，结合其与李集村、管粥集村相对位置判断，此地应为《黄河南河图》上袁家楼位置所在。今铜山县刘集镇西靠近故道位置有张集村，结合其与管粥集相对位置判断，此地应为《黄河南河图》上张家集位置所在。《黄河南河图》上吴家楼位置在大谷山西侧山脚处，大谷山即今徐州市大孤山，按图上里程信息推测[2]，吴家楼位置应在今徐州市大孤山西北七里河村附近。

今张集与管粥集之间靠近故道河弯处有新黄村，根据地名相似性原则判断，此地附近应该为《黄河南河图》上新黄套的大概位置，但其余各套地名今已不存。五万分之一地形图上，今铜山县刘集镇东南有故道河弯弯头，DEM数据图像中此地有线状旧河道痕迹，参考与张集相对位置判断，附近应为韩家堂旧河弯位置。图上孙家集位于靠近大谷山一处旧河道的位置，今徐州市大孤山西有河头村附近，DEM影像有旧河道痕迹，参考大谷山位置推测，孙家集应在今河头村附近。

丰砀厅境南岸：赵家庄、毛城铺、定国寺、徐家庄、顺河集、田家楼、郝家集及丰砀、铜沛厅界。赵家庄属于里程标注地名，并无具体位置，今砀山县

---

[1] 《黄河南河图》原标注为"王家堂至大王庙十四里""大王庙至蟠龙集六里"，由此确认王家堂至蟠龙集应为二十里。
[2] 《黄河南河图》原标注为"张家集至吴家楼十八里""吴家楼至铜沛厅界五里"，图上显示铜沛厅界在大谷山东侧。

图 5-9 《黄河南河图》丰沛萧砀河段

权集乡南有赵庄村,按照图上标注里程[1]推算,赵庄村位置应为赵家庄位置所在。赵家庄以上有杨家楼、官庄坝、褚家坝,今砀山县有官庄坝镇,与图上官庄坝名称一致,应为图上官庄坝。官庄坝镇西靠近虞城县界有杨楼村,其位置应为杨家楼位置所在。今砀山县李庄镇东南有毛程铺村,良梨镇东有定国寺村,结合两村与旧堤的相对位置,按地名一致性原则推断,两村应为毛城铺与定国寺位置所在。

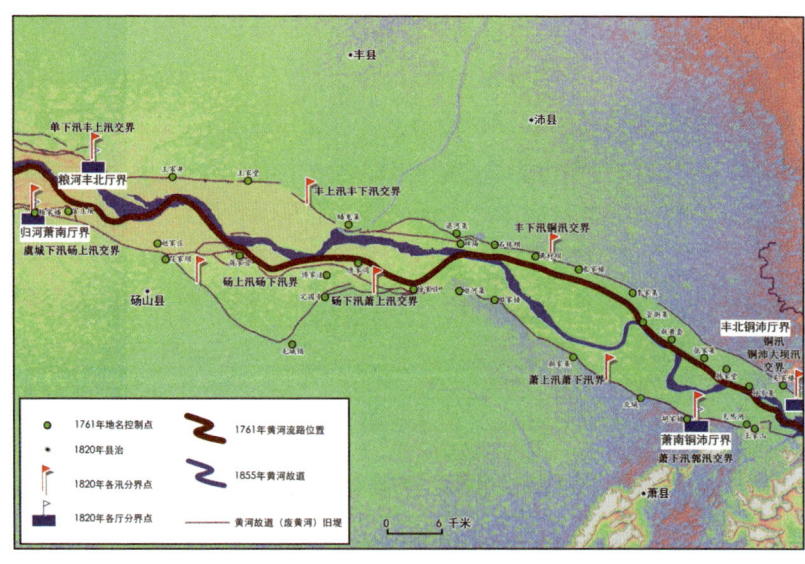

图 5-10 1750 年丰砀境内河段黄河流路位置复原

赵家庄经毛城铺至定国寺间有段家坝、汪家庄、蒋家营、傅家洼、唐家湾,徐家庄堤内有徐家庄工。今砀山县西南门镇东临近故道处有蒋营村,按照地

---

[1] 《黄河南河图》原标注为"河南省界至赵家庄二十二里""赵家庄至毛城铺三十六里"。

名一致性原则推断,此地即蒋家营位置所在。毛城铺段大堤附近分为内外两条长堤,内堤临河,外堤与毛城铺村相通。段家坝位于内外堤相接位置南侧,今此地有地名为段楼。因"段"与"叚"字形相似,故推测段楼即段家坝所处位置。《黄河南河图》上傅家洼与唐家湾两地位于倒勾河与黄河连通处。查今五万分之一地形图,毛城铺至黄河故道之间有"文夹河",根据其流经位置推测,其河道应为旧日倒勾河河段;由"文夹河"与故道相对位置推测,傅家洼应在今砀山县良梨镇东北封卢庄一带,唐家湾应在今砀山县唐寨镇北唐官庄附近。

(二) 徐州河段

铜沛厅境北岸:大谷山、苏家山、浪矢工、大坝工、茅家山及铜沛、邳睢厅界。参考五万分之一地形图与1820年厅汛分界点地名可确定,今徐州市北大孤山即大谷山,苏山头即为苏家山。图上徐州城外有镇口闸,与茶城之间有虚线河道相通,应为旧时运河。按《河防一览·全河图说》所记镇口闸位置,当在今微山湖南。《黄河南河图》所示意镇口闸在徐州城北门外黄河对岸,两闸位置相差甚大,《江南通志》所记"镇口闸"为明代已有[1],因此《黄河南河图》上镇口闸仅为位置示意,其所处位置仍与明代镇口闸位置相同。今五万分之一地形图上铜山县东南有毛山头,即茅家山位置所在;其西北方向有吕梁,应为吕梁洪所在河段,因此今徐州市毛头山西北吕梁村即为旧吕梁城所在,此段黄河即为吕梁洪。查今五万分之一地形图,徐州市大庙镇西南有大坝地名,此地应为大坝工位置所在。

图5-11 《黄河南河图》徐州河段

---

[1] 同治《徐州府志》卷11,第13页。

铜沛厅境南岸：北城、胡家楼、天然闸、韩家山、奎山店、三山头、黄庄、小店工及铜沛、邳睢厅界。北城南为萧县城；天然闸附近有王家山；韩家山至奎山店有徐州府城、奎山塔；三山头前有七里沟工；黄庄堤内有小黄庄工。今萧县境有北城集，按照同音地名原则，北城集即为北城位置所在。根据1820年厅汛分界点地名定位，今铜山县大彭镇南有闸口村即天然闸位置所在，天然闸东侧霸王山即王家山位置所在，云龙湖西北侧韩山即韩家山。今徐州市东南仍有奎山，奎山店应位于此处，三山头在奎山店南。今铜山县张集镇西北有黄庄村，根据位置判断，此黄庄村即为《黄河南河图》上黄庄位置所在。今铜山县张集镇东有小店村，应为小店工位置所在。

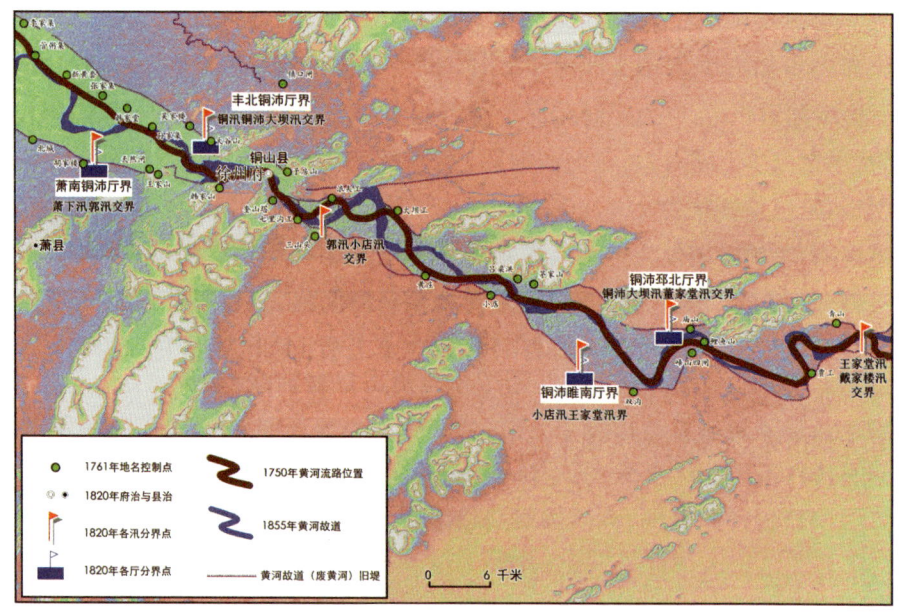

图 5-12　1750 年徐州河段黄河流路复原

（三）邳州睢宁宿迁河段

邳睢厅境北岸：鲤鱼山、七坝工及邳睢、宿虹厅界。鲤鱼山至七坝工间有庙山、青山、羊山，今铜山县伊庄镇东南有庙山集，故道对岸即为睢宁县鲤鱼山，庙山集位置即为庙山所在，《六省黄河埽坝河道全图》将庙山记为棉山。七坝工堤外有邳州旧城，图上已作一湖泊。邳睢厅界之上有沈家堂，今睢宁县魏集镇北黄河故道北岸有沈塘村，根据同音地名判断，沈塘村即《黄河南河图》上沈家堂位置所在。

邳睢厅境南岸：双沟、峰山四闸、贾工、戴工、朱工及邳睢、宿虹厅界。今睢宁县有双沟镇，即为双沟位置所在。双沟镇东北故道河道以内有丰山村，五万分之一地形图上此地有矮山,名为"洪山"。结合 DEM 数据影像,此地多股旧河道与故道有连接痕迹,综合相对位置与地名相似性原则推断,丰山村附近即为峰山四闸位置所在地。贾工、戴工、朱工均以姓简称各工名,按照地名顺序比对今地名,今睢宁县姚集镇西有贾堰,姚集镇东有戴楼,今宿迁市王官集镇西有朱海村,此三地与各自所在河段间相互位置符合《黄河南河图》上三地相互位置关系,结合同姓地名的确定原则推断,贾工、戴工、朱工三地即为今日三个村庄位置所在。

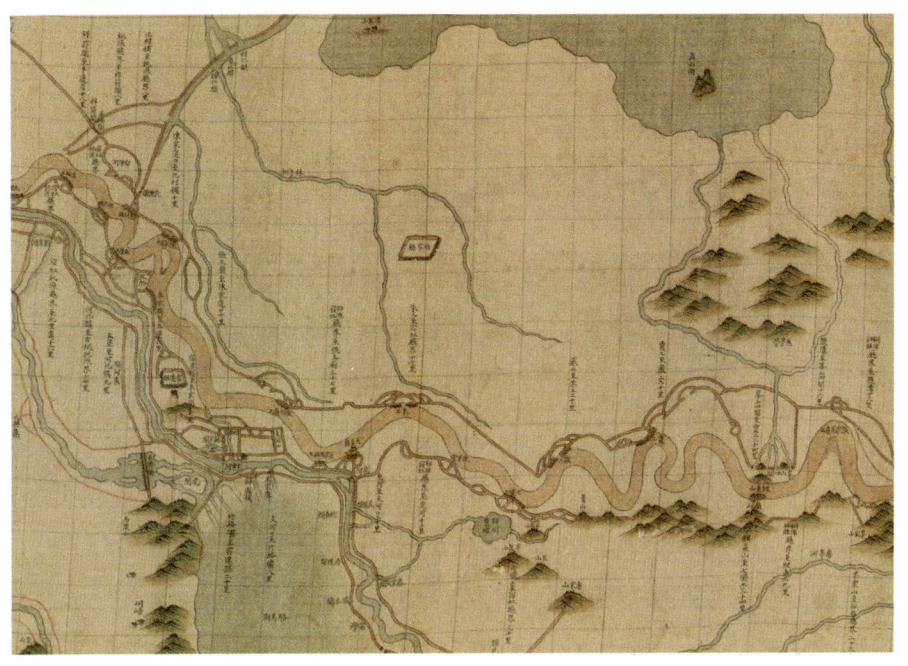

图 5-13 《黄河南河图》邳州睢宁宿迁河段

宿虹厅境北岸:皂河、支河口、竹络坝、宿迁县城、朱家闸、五堡、河北镇及宿虹、桃源厅界。今宿迁市有皂河镇,即图上皂河位置所在。今宿迁市蔡集镇东北上坝村附近在五万分之一地形图上标注为"支口公社",支河口应在此地附近。皂河至支河口间有大王庙、夏家马路工,大王庙应为 1820 年之龙王庙,夏家马路工即夏工,根据与皂河的相对位置推断,应在今皂河镇东龙岗村附近。竹络坝附近有十字河、苏家闸,在五万分之一地形图上,此地河道形态与图上河道位置较为相似,结合 DEM 数据影像分辨出的旧有河道线状痕迹,可判断竹络坝位置约在今石篓村北,十字河位置在竹络坝以北九百米处。宿虹、桃源厅交界处堤内有古城工,今泗阳县郑楼镇西有古城山,古城工位置应在此地附近。

宿虹厅境南岸：张王庙、陈家道口、化村铺及宿虹、桃源厅界。邳睢厅、宿虹厅交界处至张王庙间有墩郎庙工，按《续行水金鉴》所记各堤工顺序，墩郎庙工应在田家房工以上[1]，参考1820年田工位置，该工应在今宿迁市蔡集镇西北田洼村附近。根据《黄河南河图》上标注的距离[2]，由祥符闸向上游推算可知，化村铺大致位置应在今宿迁市洋河镇西北岔堤村附近，陈家道口在今宿迁市南蔡乡北长庄村附近，张王庙在今宿迁市三棵树乡东北张庙村附近，而张庙村与张王庙地名符合地名相似性原则，因此以上推断地名位置是可信的。

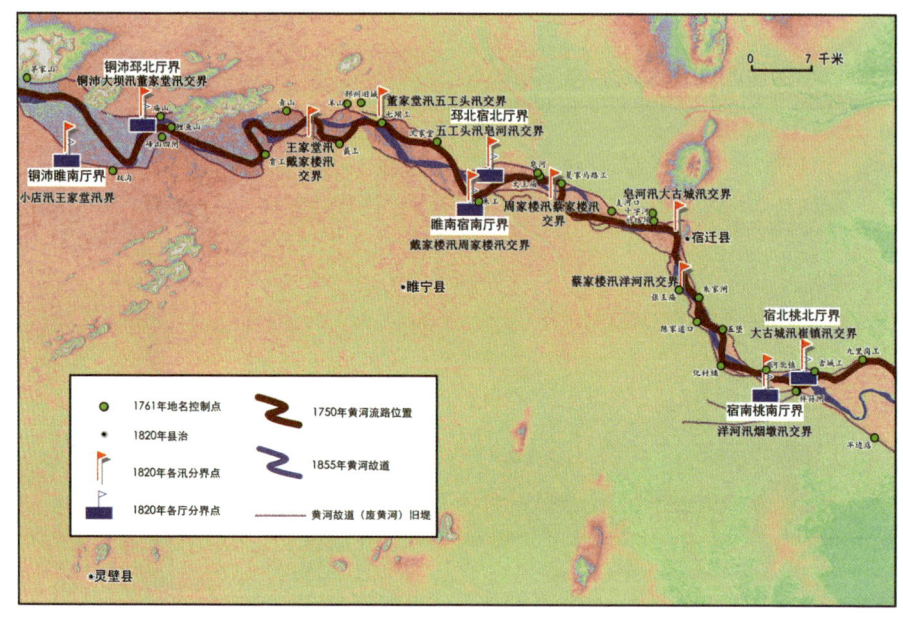

图5-14　1750年邳睢宿虹境内河段黄河流路位置复原

（四）桃源清河河段

桃源厅境北岸：九里岗工、半路留工、单家庄工、七里沟工、三岔工及桃源、外河厅界。今泗阳县郑楼镇东北故道河滩北侧有九里冈，根据地名相似性原则推断，此地为九里岗位置所在。以九里冈为标准按里程推算[3]，半路留工应在今泗阳县城西杨工村一带，单家庄工应在今泗阳县城西南五村一带，七里沟工应在今泗阳县城东南七里沟村附近，三岔工应在今泗阳县李口

---

[1]《续行水金鉴》卷50，第1085页。
[2]《黄河南河图》原标注为"桃源厅界至祥符闸八里""化村铺至桃源厅界八里""陈家道口至化村铺十里""张王庙至陈家道口十里"。
[3]《黄河南河图》原标注为"九里岗至半路留二十二里""半路留至单家庄八里""单家庄至七里沟十二里""七里沟至三岔工二十里"。

镇东南三岔村一带。上述四处地名中,七里沟与三岔工今均有地名可与之对应,因此定位可信度也是较高的。

桃源厅境南岸:祥符闸、半边店、胡家庄、桃源县城、颜家庄、谈家坝、高家湾及桃源、外河厅界。祥符闸附近有五瑞闸。今泗阳县临河镇南有大店村和小店村紧邻,根据《黄河全图》"野饭店"[1]地名推断,半边店位置应在小店附近。颜家庄位置距桃源县城六里,按《续行水金鉴》所记各堤顺序[2],应在张家庄与司家庄之间。今泗阳县城厢镇东南有张庄与司庄,结合里程,颜家庄应在两村之间靠近大堤的南园村附近。

图5-15 《黄河南河图》桃源清河河段

外河厅境北岸:清河县、中河口、王家营及外河、山安厅界。中河口附近有杨家庄,至王家营之间还有李家庄工、减坝工。清河县城位置在今淮安市淮阴区西南码头镇西北旧县。[3] 中河口位置即为今淮安市杨庄镇附近黄运交汇口一带。王家营即今淮安市淮阴城区。

外河厅境南岸:西坝、东坝、老坝口、汤董庄、三岔堤及外河、海防厅界。西坝、东坝隔运河相邻。西坝以西有御坝,东坝至老坝口间有惠济祠,老坝口至汤董庄间有车路工,汤董庄至三岔堤间有上张庄工,三岔堤以下有放淤标注和尹韩庄。东西二坝位置与中河口均在黄运交汇口一带。今淮安市东有老坝村,根据位置与地名对应原则推断,老坝村靠近旧堤一带应为老坝口位置所在。汤董庄地名今已不存,今老坝村东有地名汤陈宫,根据同姓地名相似的情况推测,此地应为汤董庄位置所在。根据嘉庆二十五年(1820年)厅汛分界情

---

[1] 乾隆《江南通志》卷52载,"半边店一名野饭店",第37页。
[2] 《续行水金鉴》卷50,第1093页。
[3] 周振鹤主编,傅林祥、林涓、任玉雪、王卫东著:《中国行政区划通史·清代卷》,第268页。

况,三岔堤位于外南厅外河汛与海防厅上河汛交界处。今淮安市故道南岸有地名韩庄和尹庄,两地相连,应为《黄河南河图》上尹韩庄位置所在。

图5-16 1750年桃源清河境内河段黄河流路位置复原

(五) 安东至海口河段

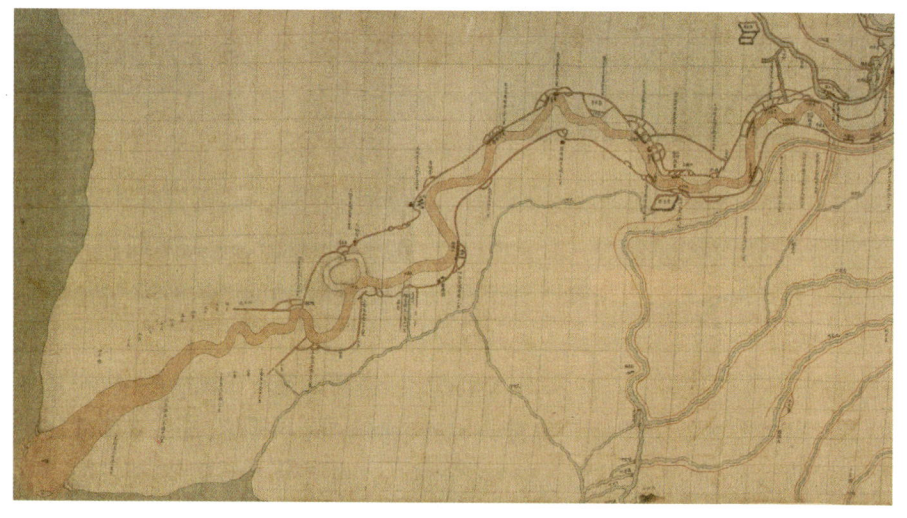

图5-17 《黄河南河图》安东至海口河段

北岸山安厅境:李家马头工、齐家马头、西门工、二塘工、罗僧庙、大飞、佃湖工、拦黄坝、二套、五套、七套、十套、沈家滩、二木楼、太平港、海口。西门工到二塘工之间堤外有安东县城。佃湖至拦黄坝间有云梯关、马港河，拦黄坝堤内有大通口。拦黄坝至二套间有薛套，二套堤内有引河，应为新开引河。二套至五套间还有三套、四套。五套至七套间有六套。七套至十套间有八套、九套。山安厅境内李家马头工即《六省黄河埽坝河道全图》上李娄周工中李工的位置。齐家码头位置已无地名可以佐证，查《续行水金鉴》各堤工名称，有齐家码头越堤在矶嘴坝埽工之后，且越堤外应有洪家荡外圈堰。今涟水县保滩镇有洪荡村，可作洪家荡外圈堰定位参考。洪荡村沿故道上游殷家渡村附近故道河形较为符合"矶嘴坝"形态，五万分之一地形图上沿此"矶嘴坝"向下游至高圩村附近故道北岸有较长一段旧堤痕迹形似外越堤，此处还有"人渡"注记，应为常用渡口，因此齐家马头位置应在此附近。西门工在安东县即今涟水县城西，堤头位置应有一道外堤连通至盐河南岸大堤，五万分之一地形图上涟水县城西清水塘处与图上旧越堤形态相似，西门工大约应在此地附近。

今涟水县黄营乡东靠近故道处有大飞村，应为《黄河南河图》上大飞位置所在。今涟水县有石湖镇（又名甸湖镇，五万分之一地形图上两地名同时标注），根据同音地名原则，甸湖即为佃湖，镇前旧堤应为佃湖工位置所在。云梯关即今响水县云梯关位置。今响水县有大通村，应为昔日大通口位置所在，拦黄坝当在其下不远处。二套、五套和七套在今响水县依然有同名地名存在，位置准

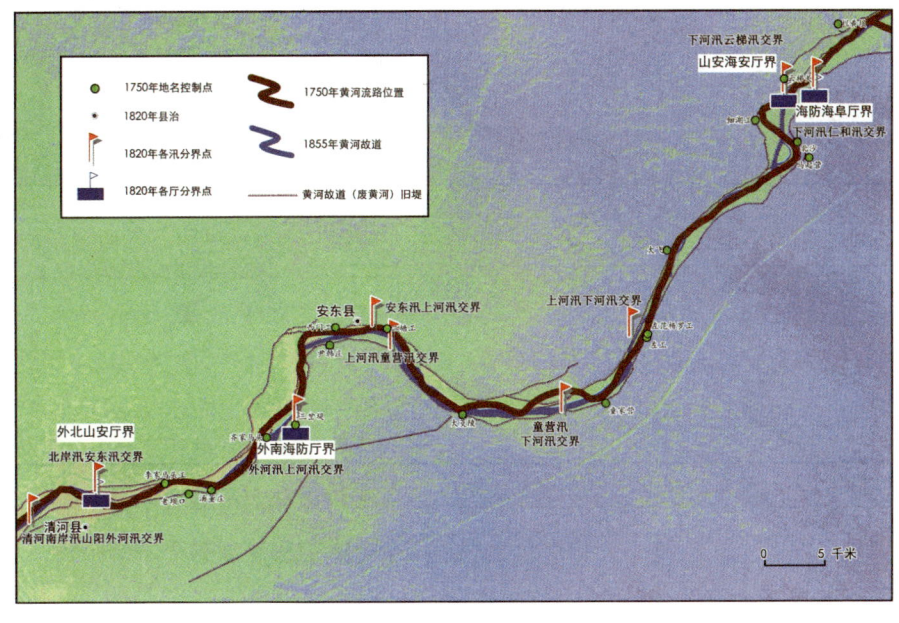

图 5-18　1750 年安东至云梯关河段黄河流路位置复原

确。今滨海县滨淮镇西有沈家滩,即《黄河南河图》上沈家滩位置所在。大飞、佃湖工有北向沿堤河弯弯顶,佃湖以下至五套之间黄河主流均偏向北岸。

南岸海防厅境:大茭陵、龚家营、童家营、左工、马起营、天妃宫、陈家浦、灶工尾。大茭陵堤内有茭陵工,龚家营堤段有放淤标识,左工堤内有左范杨罗工,马起营堤内有北沙村落,天妃宫附近有辛家荡。堤内有旧河河形。大堤至灶工尾结束。灶工尾至海口之间尚有地名,依次为:头巨、二巨、三巨、四巨、五巨、六巨、七巨、八巨、九巨、十巨、四木楼。今淮安市有茭陵乡,茭陵乡东故道南岸有龚营村,大茭陵与龚家营位置就在这两处地方。今阜宁县蒲南乡西南有童营,即童家营位置所在。今阜宁县芦浦乡西有左家庄,左工应为左家庄前堤工。今阜宁县北沙乡即为《黄河南河图》上北沙位置所在,马起营位置在今阜宁县北沙乡南靠近故道处,对岸为佃湖。今滨海县坎南镇西靠近故道处有辛荡村,即《黄河南河图》上辛家荡,天妃宫应在辛家荡前不远处。根据图上标注距离[1],可推测出陈家浦位置在今滨海县坎北乡北四坝村附近,灶工尾位置在今滨海县陆集镇附近。灶工尾以下各巨地名在今滨海县境内均有对应同名地名存在。此段河弯沿南堤位置有茭陵工、龚家营前、童营、左工、马起营、北沙。辛家荡前旧有南向河弯,《黄河南河图》上已成旧河。

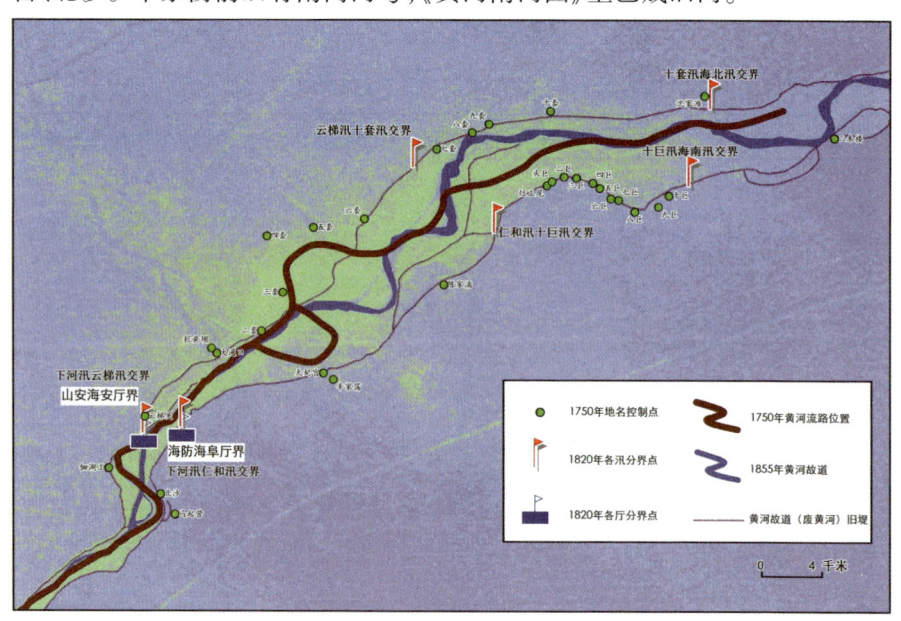

图 5-19　1750 年云梯关至海口河段黄河流路位置复原

1　《黄河南河图》原标注为"马起营至天妃宫三十四里""天妃宫至陈家浦二十四里""陈家浦至灶工尾二十四里"。

《黄河南河图》在靠近海口地方的地名信息是十分详细的,这些地名的确定可以为文献记载的河道信息提供必要的空间坐标框架。

三、1780年江南黄河流路位置

《黄运湖河全图》没有标注各厅汛界位置,图上北岸由山东省界起、南岸由河南省界起,图上反映的黄河河段主要在江南省境内。1780年江南段黄河流路位置主要基于《黄运湖河全图》所记录的地名信息与沿堤险工,以此作为河段河弯复原的控制点。为便于比较,各示意图标注1820年各厅汛分界点以作位置参考。

（一）丰沛萧砀河段

北岸丰上、丰下汛堤段有地名王家堂、蟠龙集、丰县、石林坝。按《黄河南河图》,王家井至王家堂十三里,王家堂至大王庙十四里,大王庙至蟠龙集六里,由此可知王家堂至蟠龙集二十里。今砀山县玄庙镇有王井村,应为王家井所在位置;大沙河镇西南有蟠龙集,即图上蟠龙集位置所在;以王家井与蟠龙集为参考,王家堂位置应在今周寨镇附近;石林坝应与嘉庆二十五年(1820年)石林工在同一位置。

北岸铜汛堤段有地名潘家屯、孙家集。潘家屯处于微山湖与黄河连通水道的河口位置,今铜山县刘集镇西北靠近故道处有潘屯村,此地应为潘家屯位置所在。图上孙家集位于靠近大谷山一处旧河道的位置,今徐州市大孤山西有河头村,DEM影像有旧河道痕迹,参考潘家屯与大谷山位置推测,孙家集应在今河头村附近。

图5-20 《黄运湖河全图》丰沛萧砀河段

南岸砀县堤段有地名荣家坝、窦家寨、蒋家营、碎石坝、丁家集、付家洼、唐家湾。参考嘉庆二十五年(1820年)黄河沿岸地名,窦家寨位置在江南砀山县窦寨村,沿堤向下有蒋营村,即图上蒋家营位置所在。荣家坝位置在窦家寨以上,南北两堤分开之处,参考五万分之一地形图"砀山县"幅,大约在今砀山县蒋堤口与大李庄附近。碎石坝在毛城铺附近,毛城铺位置与1820年位置相同。丁家集位置与1820年王平庄位置相似,今砀山县蒋营东南有丁集和新丁集,丁家集位置应在今丁集所在地。付家洼地名今已无存,图上所示在黄河南向河弯内岔流处,结合五万分之一地形图"黄口"幅水道信息综合判断,其位置应在今砀山县良梨镇封庄附近。唐家湾位置与1750年唐家湾位置相同。

南岸萧县堤段有地名徐家庄工、顺河集、田家楼工。徐家庄工位置与1820年徐严庄位置相同,五万分之一地形图"黄口"幅显示此地大堤外各道越堤堤形依然完整。顺河集、田家楼地名一直存在,1820年沿堤地名都存在,两个时间段的地名位置不变。徐家庄工与田家楼工两处是当时黄河南向河弯弯顶所在。

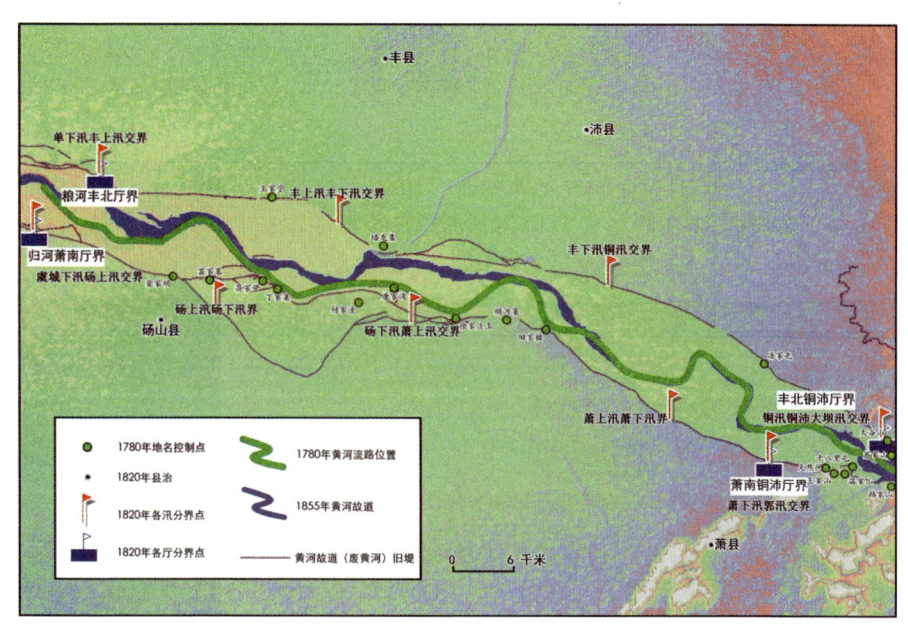

图 5-21 1780 年丰沛萧砀河段黄河流路位置复原

(二) 徐州铜沛两岸河段

北岸大坝汛堤段:大谷山、苏家山、陡山口、土山寺、出头山、狼矢、大坝。参考嘉庆二十五年(1820年)黄河沿岸地名,大谷山即今徐州市大孤山,孙苏山即今徐州市苏山头,陡山口即今徐州市陡山。今徐州市东有土山寺,应是图上土山寺位置所在。出头山在土山寺以东,今地名仍存。《大清一统志》有"狼矢沟,在铜山县东二十里""自华家楼至长山有旧堤一千九百六十丈,内狼矢沟险工二百五丈"。[1] 狼矢沟应在长山附近堤段,今长山以北有狼山,此处沟谷应为狼矢沟,长山、凤凰山间距与"二百五丈"可以对应,中间应有黄河旧堤,狼矢工的位置大约在此处。张鹏翮《治河全书》所附《黄河全图》狼矢沟工位置在土山寺以上,以地形险要程度考虑,土山寺之上位置更为符合。参考嘉庆二十五年(1820年)黄河沿岸地名,长山在土山寺以东不远处,大坝位置在长山与王家山之间。结合《续行水金鉴》《徐州府志》《大清一统志》《六省黄河埽坝河道全图》内容加以对比,《黄运河湖全图》所画狼矢、出头山、大坝与其他地名的相对位置有误,但此段黄河均沿南岸行河,北岸的位置关系对河道河弯的确定并不起决定性作用。

图 5-22 《黄运湖河全图》徐州河段

南岸郭汛堤段地名有天然闸、王家山、十八里屯、韩家山、埽工、石工、七里沟、三山头。天然闸、王家山、十八里屯、韩家山和三山头地名至1820年都未有变化,可以按照1820年地名位置定位。埽工、石工位置与1820年韩工位置大致相同,结合《续行水金鉴》记载,只是堤工加固程度有所不同,位置大体不变。七里沟地名在1820年图上未见,其位置在三山头以上,五万分之一地形图"徐州市"幅在徐州市东南故道南岸有七里沟,按其与三山头相对位置判断,应当与图上七里沟同为一地。本段河道韩家山以下偏向南岸,埽工、石工、七里沟三处均为南向沿堤弯顶。

---

[1] 《钦定大清一统志》卷69《徐州府(一)》。

南岸小店汛堤段地名有韩家堂、张工、全工、小店工。图上张工在韩家堂前,今铜山县杨洼水库北有韩堂,《续行水金鉴》记载黄工、韩家堂、张家房(张工)依次相邻[1],今韩堂处沿堤以上有黄庄,以下有张集,三者相互位置与黄工、韩家堂、张家房位置相符合,因此韩堂当为韩家堂位置所在,黄庄与张集两地沿故道大堤应为黄工与张工位置所在。全工名称在《续行水金鉴》工程中并未提及,依图上位置应在张工与小店工之间,与张工之间隔一道大越堤,今铜山县张集镇靠近故道处,杨洼水库与向阳水库之间有一段旧越堤,以此越堤为大越堤推测,全工位置应在今张集镇水口村前;小店工位置以小店村位置记,与1820年小店工位置相同。本段内张工、全工在同一弯曲处,张工为弯顶处,小店工为一处南向河弯弯顶。

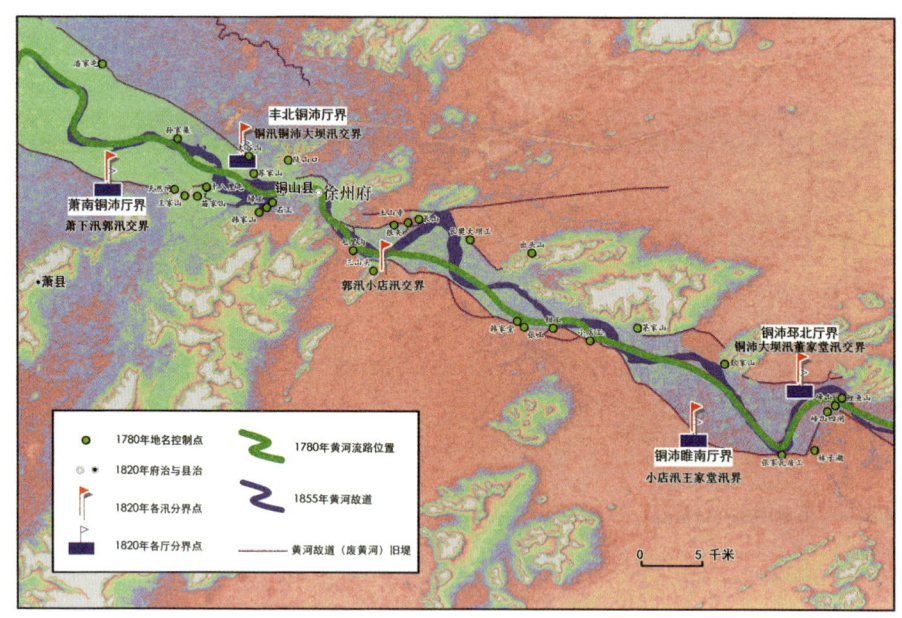

图5-23 1780年徐州河段黄河流路位置复原

(三) 邳州睢宁河段

北岸董家堂汛堤段地名有茅家山、耿家山、鲤鱼山、青山工、七坝工、羊山。参考嘉庆二十五年(1820年)黄河沿岸地名,茅山即茅家山,位置在今徐州市毛山头附近。查阅江南各地方志,均未见徐州以下耿家山名称,图上耿家山在茅家山以下鲤鱼山以上,且与茅家山之间有湖泊,参考今五万分之一地形图"双沟"幅,图上耿家山表示的位置应在今铜山县大黑山、狄山一带的

---

1 《续行水金鉴》卷49,第1072页。

群山之内。参考嘉庆二十五年(1820年)黄河沿岸地名,鲤鱼山即今睢宁县故道附近鲤鱼山,青山工位置在青羊山附近,即今睢宁县青山头,七坝工位置与1820年七坝工位置相同,羊山即今睢宁县古邳附近羊山。本段黄河河道在鲤鱼山以南,鲤鱼山以下、青山工以上有一处北向河弯旧河形,疑似今睢宁县马山处故道。

北岸五工头汛堤段地名有宋家湾工、邳州旧城、沈家堂工。参考嘉庆二十五年(1820年)黄河沿岸地名,宋家湾工在今睢宁县宋湾沿故道旧堤。邳州旧城在图上所示已是湖泊,五万分之一地形图"古邳镇"幅显示今睢宁县古邳东北有沼泽湖泊,应为图上邳州旧城湖泊遗迹。沈家堂工在宋家湾工以下北向弯曲处,与1820年河道之十一堡工应相距不远,今睢宁县黄墩镇东南沿故道旧堤附近有沈塘村,其位置约在1820年十一堡工西北,应为沈家堂今日位置,沈家堂工应在其南侧故道大堤处。

图5-24 《黄运湖河全图》邳州睢宁河段

南岸王家堂汛堤段地名有张家瓦房工、林子湖、峰山四闸、峰山、房家庄工。张家瓦房工在1820年图上未见,其堤外有多道越堤格堤,参考1820年图上越堤分布,张家瓦房工应在双沟以下不远处,双沟即今睢宁县双沟镇,张家瓦房工位置应在双沟镇东可怜庄附近。林子湖在峰山四闸以上,五万分之一地形图与DEM影像均显示在睢宁县方林村有洼地,按其与峰山四闸相对位置来看,最为符合林子湖所在位置。峰山四闸与峰山位置均按1820年两地位置定位。房家庄工下游对岸为青山工,查今地名,睢宁县房湾村位置与之较为符合。此段黄河在张家瓦房工和房家庄工有南向沿堤河弯弯顶。

南岸戴家楼汛堤段地名有陈家庄工、魏家庄工、郭家渡工。今睢宁县姚集镇东北靠近故道处有陈堰,五万分之一地形图上此地有堤外越堤两处,均为水洼,陈堰所在旧堤处应为陈家庄工位置所在。1820年图上有魏家庄,魏家庄工应在魏家庄沿堤处,与1820年位置相同。郭家渡工与魏家庄工同在一弯曲处,应在魏家庄以下不远处位置,参考五万分之一地形图旧堤位置,应在今黄庄到小桥村一带。本段南向河弯弯顶两处,分别在陈家庄工和魏家庄工。

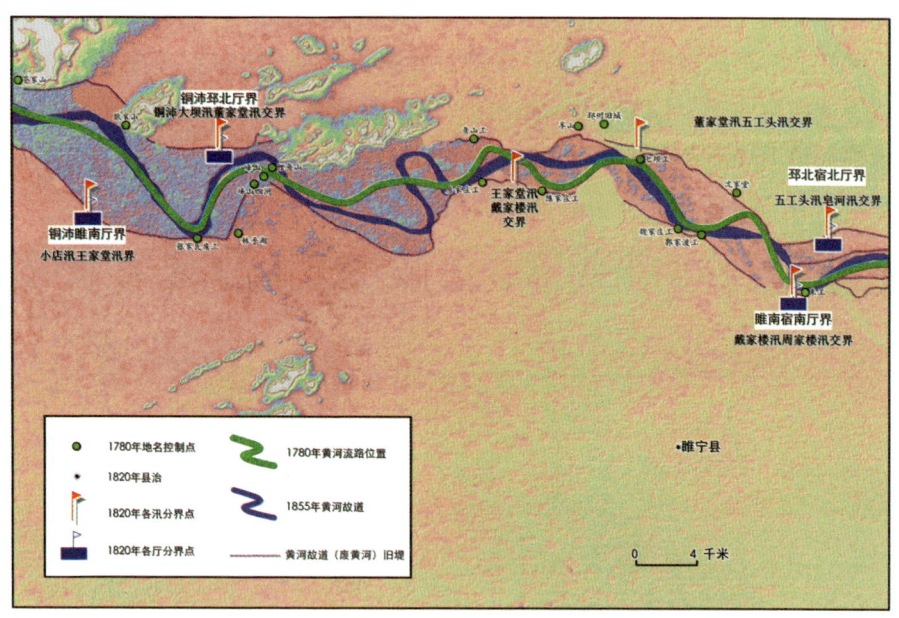

图5-25 1780年邳州睢宁河段黄河流路位置复原

（四）宿迁河段

北岸皂河汛堤段地名有龙王庙、皂河、夏家马路工、临黄坝。参考嘉庆二十五年(1820年)黄河沿岸地名,皂河镇位置即今宿迁市皂河镇,龙王庙在皂河镇东南;夏家马路工即1820年图上夏工,其位置在京杭运河南岸今皂河镇东南下坝附近。图上临黄坝靠近宿迁县城,图示位置应在支河口与黄河连通处附近,约在今宿迁市石娄村至龙虎坝一带。

北岸古城汛堤段地名有宿迁县、朱家闸工、五堡工、古城工。宿迁县城即今宿迁市所在。图上朱家闸工位置在1820年图上未出现,今宿迁市南故道与运河之间有朱闸村,应为朱家闸,朱家闸工在朱闸西侧旧堤处。今无地名可支持五堡位置定位,但1820年图上旧河形由北岸张工南向至赵化工,赵化工之化工即图上化村铺工,依照河弯前后顺序,五堡工应在张工附近。再按堤形判断,1820年图上张工在越堤以下,1780年图五堡工在越堤内,因此五堡工应较1820年之张工靠近上游,由此判断其位置约在今宿迁市黄堤村到衙门口村一带。今泗阳县郑楼镇西有古城村,村前靠近故道旧堤,应为古城工位置所在。

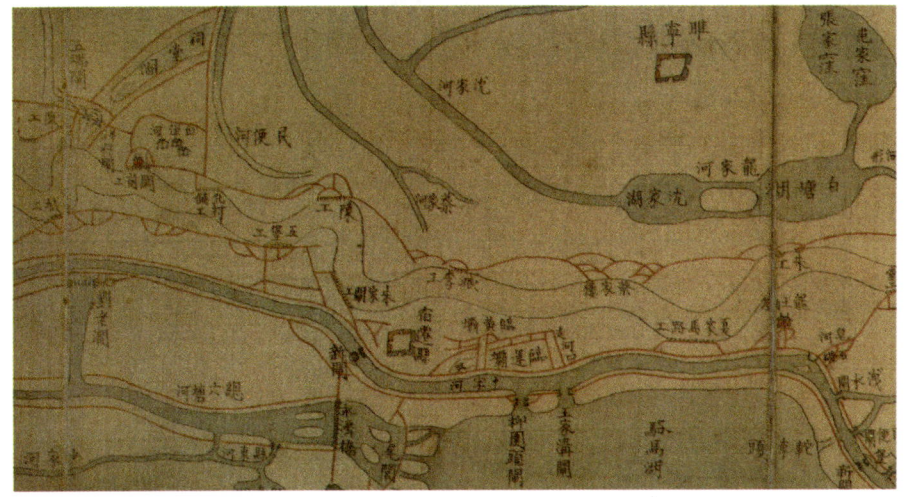

图 5-26 《黄运湖河全图》宿迁河段

南岸周家楼汛堤段有朱工。朱工全称应为朱家坝工[1],在皂河以上。今宿迁市王官集镇西有朱海村,五万分之一地形图上此地有两处水库,地表形态改变较大,朱海村前尚有旧堤一道,按《续行水金鉴》所考,"雍正四年朱家坝工决口处俗名朱家海"[2],朱工位置大约就在此处。本段朱工处为南向沿堤河弯弯顶。

南岸蔡家楼汛堤段地名有蔡家楼、臧李工、陈工。由图上所示,蔡家楼位置在对岸皂河夏工下游,今宿迁市蔡集镇位置在故道南堤附近,周边地名有蔡圩子、蔡瓦房等,五万分之一地形图显示此地有部分旧越堤遗存,由此可推断蔡家楼应在今蔡集镇附近。臧李工位置应在宿迁县对岸,查五万分之一地形图,此地以"臧庄"为村名的聚落至少有四个,但较为靠近故道河堤的只有一处,在1820年小古城西北,臧李工应在其北侧故道大堤处。今宿迁市南蔡乡以北,沿故道大堤有地名陈圩村,五万分之一地形图显示村前有东堤和西堤,是为一处越堤所在,堤前一段沿故道旧堤应为陈工位置所在。本段蔡家楼、臧李工、陈工三处均为南向沿堤河弯弯顶。

---

1 《续行水金鉴》卷50,第1084页。
2 《续行水金鉴》卷50,第1084页。

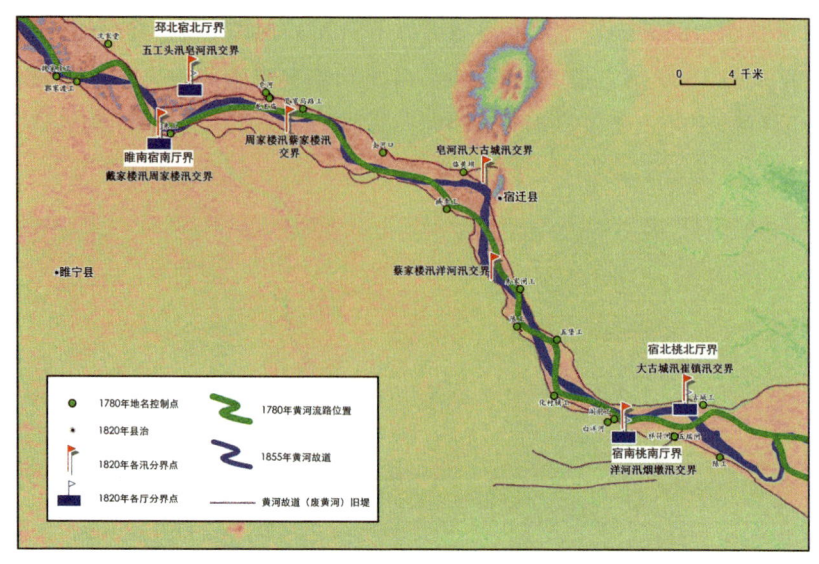

图 5-27 1780 年宿迁河段黄河流路位置复原

（五）桃源清河河段

北岸崔镇汛堤段标注有九里岗工淤闭、陶庄工。九里岗工与 1820 年图上九里岗工位置相同，《续行水金鉴》记载[1]九里岗工在乾隆三十六年对岸陈工漫缺堵合后本为最险处，后竟淤闭。陶庄工一段，康熙四十二年建半路刘埽工，到乾隆年间称陶家庄，再到嘉庆年间称黄杨工，皆因民居地段而得名，其位置应在今泗阳县大兴庄北杨工村附近。

北岸黄家嘴汛堤段标注有河北镇工、七里沟工、三岔工。河北镇工在徐昇坝以下，与徐昇坝相连，应在今泗阳县桥口村附近。五万分之一地形图上，今泗阳县城东故道对岸有七里沟，应为七里沟工位置所在。三岔工位置与 1820 年三岔工位置相同。

北岸清河北岸汛堤段地名有玉皇阁工、清河旧县、中河口、杨家庄、张庄工、王营。玉皇阁工为清河旧县南沿河岸堤工，今淮安市旧县村即为清河旧县所在。中河口、杨家庄均与 1820 年图上的位置相同。张庄工在王营之前，王营即王家营，张庄工大约在烟墩埽工附近。

南岸洋河汛堤段地名有化村铺工、白洋河、阁前工。化村铺工即 1820 年图上赵化工之化工，白洋河即 1820 年图上洋河镇，两地位置与 1820 年相同。阁前工在白洋河临故道堤岸处，大约在今洋河镇关口村附近。本段化村铺工、阁前工两处为南向沿堤河弯弯顶。

---

[1] 《续行水金鉴》卷 47，第 1021 页。

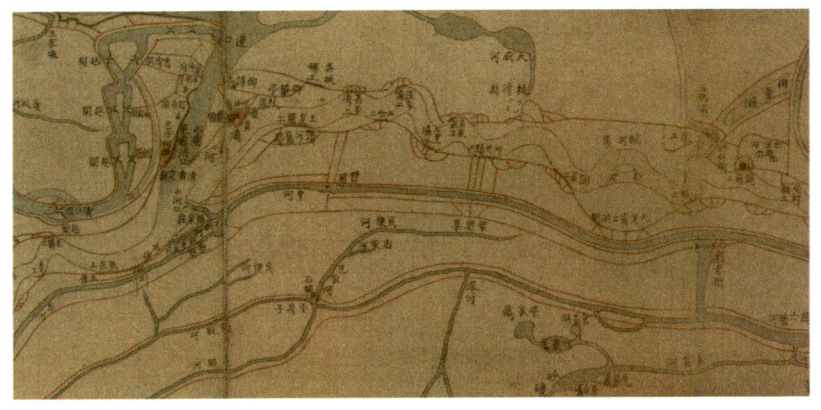

图5-28 《黄运湖河全图》桃源清河河段

南岸烟墩汛堤段标注有祥符闸、五瑞闸、陈工。祥符闸和五瑞闸位置依照1820年图上两闸位置定位。陈工依图示在五瑞闸以下,堤外有河道可通至五瑞闸,今泗阳县仓集镇以西今有河渠一道,查五万分之一地形图名为"五河",现有河渠大都以旧有河道为基础开挖,因此"五河"北端徐圩村附近沿故道大堤极有可能为陈工位置所在。本段五瑞闸以下有南向河弯弯顶一处,并未沿堤。

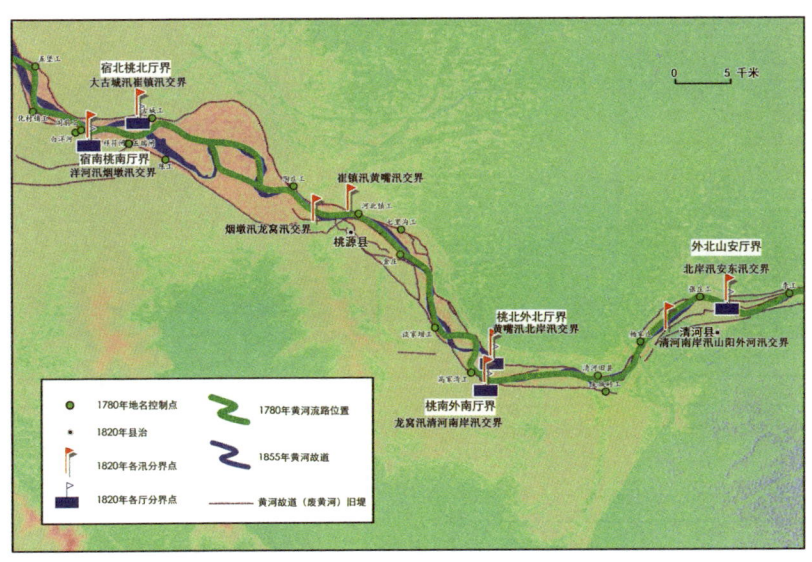

图5-29 1780年桃源清河河段黄河流路位置复原

南岸龙窝汛堤段地名有临河集、金家庄工、谈家坝工、高家湾工。临河集位于大堤之内,今泗阳县有临河镇,即临河集位置所在。今泗阳县城厢镇东南沿故道旧堤附近有金庄村,金庄工应在此地附近。今泗阳县李口镇南沿故道旧堤有谭坝村,谈家坝工位置应在此附近。今泗阳县新袁镇以东沿故道旧堤有高湾村,即高家湾工位置所在。本段内临河集有南向河弯,但距堤甚远;金家庄、谈家坝、高家湾三处均为南向沿堤河弯弯顶。

（六）安东至海口河段

北岸安东汛堤段:李工、时高工,安东县。由图上河弯显示,李工应为1820年李娄周工之李工,位置应与1820年李工位置相同。时高工在安东县之上,今已无地名可参考,按所处越堤堤形,应与萧工、孙汤工位置接近。

北岸上河汛堤段:刘陈董工。刘陈董工与1820年图上标注的刘陈董工在同一位置,即今涟水县城东。

北岸下河汛堤段:佃湖工。佃湖工位置与1820年图上佃湖工位置相同,在今涟水县甸湖镇。

北岸云梯汛堤段:云梯关、马港河、二套、五套。云梯关、二套、五套与1820年图上云梯关位置相同,时至今日地名都未改变。1820年,马港口工为马港河与黄河连通之处。五套之后,黄河直达海口。

北岸十套汛与海北汛堤段地方无地名。

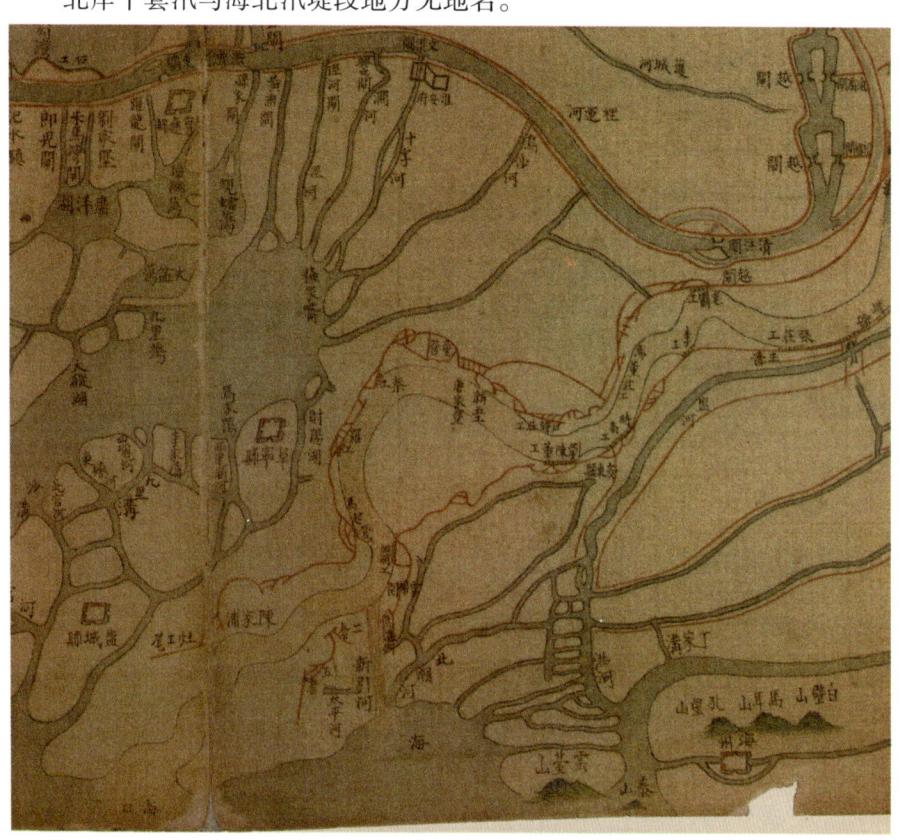

图 5-30　《黄运湖河全图》安东至海口河段

南岸清河南岸汛堤段标注有吴城砖工、顺黄坝、清黄交汇、惠济祠。图上高家湾至吴城砖工一段过于简略,按1820年图上所示,吴城砖工在七堡以下,今五万分之一地形图上有此段旧堤,大约分布在今淮安市码头镇西太平村一带;顺黄坝与1820年顺黄坝位置相同,今淮安市码头镇北仍有顺黄坝;惠济祠遗址今有留存,大约在今龙厅村一带。本段顺黄坝一段黄河行河位置沿南堤。

南岸外河汛堤段标注有老坝工、汤董庄工。此段两处堤工在1820年图上均有记载,位置按1820年定位即可。以本图所示,老坝工处为南向沿堤河弯弯顶,汤董庄工处弯向偏南,并不沿堤。

南岸上河汛堤段标注有尹韩庄工。尹韩庄工为尹家庄工与韩家庄工二工相连[1],今淮安市宋集乡北故道南岸有尹庄和韩庄,两村相邻,尹韩庄工应在此附近故道旧堤处。图上河形较为简略,此处应为南向沿堤河弯弯顶。

南岸童营汛堤段标注有新五工、唐家堡。新五工即新港工伍墩工[2],二工相连,其位置应在高家庄以上,约在今淮安市宋集乡东甘姜村一带。唐家堡即1820年图上唐工位置所在。

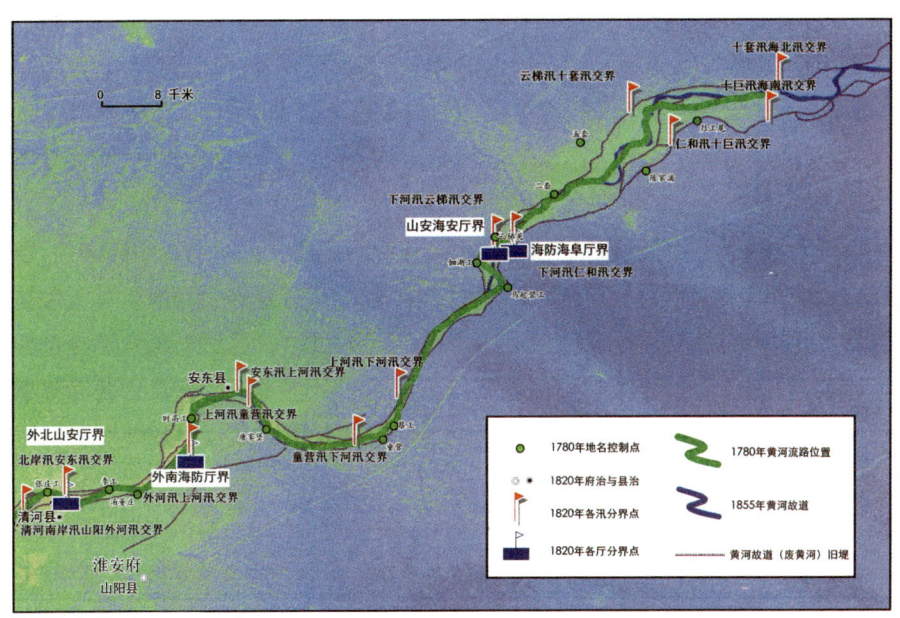

图 5-31　1780 年安东至海口河段黄河流路位置复原

1　《续行水金鉴》卷 50,第 1102 页。
2　《续行水金鉴》卷 50,第 1103 页。

南岸下河汛堤段标注有童营、蔡工、罗工、马起营工。以图上所示，罗工应在蔡工与马起营工之间，《续行水金鉴》中未有记载，今地名亦无线索可循；其余各工均与1820年图上记载各工位置相同。

南岸仁和汛堤段标注有陈家浦、灶工尾。此两地与1820年图上所载位置相同。越靠近海口地方，图示越是简略。

四、乾隆时期黄河故道内流路位置的变化

本研究所复原的乾隆时期河南段黄河为1761年时间断面。与约六十年前的1703年时间断面流路情形比较，铜瓦厢以上河段河弯位置变化不明显，只是几段河道弯曲度的细微变化，应与1761年时较大的漫溢决口后新堤修筑有关。较为显著的变化河段主要分布在铜瓦厢以下河段：今兰考耿家寨以下流路位置由偏北改为偏南，靠近曹县位置又较1703年流路位置偏向北岸。1761年河南段铜瓦厢以下河段河道控制点数量较为稀少，仅能反映出河弯偏向明显的河段，因此复原图上反映出其弯曲程度减缓，与控制点数量不足也有一定关系。

江南段黄河流路位置从1703年到1750年再到1780年三个时间断面上有明显变化的河段有：徐州以上毛城铺至管粥集，主要表现为河弯南北摆动；徐州至宿迁河段，主要表现为河弯曲直的变化，并由此引起河弯数量变化，这应与康熙至乾隆时期"开引河"与"淤边滩"的治河措施有关；桃源县内明显的河道内流路变动为九里岗河段的淤塞，这段变化发生于乾隆三十六年（1771年）南岸陈工[1]漫缺处堵口之后[2]，应为上游河弯调整后引起的后续反应；清口以下安东河段，至1750年时北向河弯尚且较多，1780年河弯数量有所减少，应与乾隆年间重视对清口以下河段两岸大堤的修筑引起的自然河弯变动有关；海口位置在河图上的信息表达并不清晰，但从沿河大堤的发展来看呈逐年延伸的态势。

---

1 根据控制点复原情况，此陈工应为宿迁境内南岸"陈工"。
2 《续行水金鉴》卷47，第1021页。

第六章

清嘉庆二十五年黄河故道

内流路位置

清乾隆兰阳改河之后至嘉庆年间,黄河河道不再有大的变动。这一时期对黄河河道的记录较为详细的资料有《续行水金鉴》和《六省黄河埽坝河道全图》。

《续行水金鉴》所辑资料至嘉庆二十五年(1820年),其"河水工程"按黄河南北两岸道厅汛分述,基本代表了1820年黄河大堤的各级分段管理。

《六省黄河埽坝河道全图》的图上信息反映的应该是嘉庆二十二年(1817年)到嘉庆二十五年(1820年)的黄河两岸情形,李孝聪先生在《黄淮运的河工舆图及其科学价值》一文中通过"箝口坝"的出现时间和"图内'宁'字均不避道光帝讳而缺笔或改写",对该图的时间断限有所阐述,确定"此图应绘于嘉庆二十二年之后至道光皇帝登基之前的1817至1820年间"。对照《续行水金鉴》读《六省黄河埽坝河道全图》,可以得到比较准确的1820年黄河河形与两岸大堤的相对位置关系。

一、1820年河南山东段黄河大堤与河弯情况

(一) 黄沁厅上南厅河段

北岸唐郭汛、武陟汛、荥泽汛、原武汛属于黄沁厅堤段。

唐郭汛,位于北岸沁河口以西,《六省黄河埽坝河道全图》所注汛名。沿黄河堤至武陟县沁河桥依次有青峰岭、唐郭汛、拦黄堰、戗坝、挑坝、武陟县、沁河桥。按《续行水金鉴》所记载[1],乾隆十七年,武陟县西南唐郭庄一带筑拦黄堰一道,由青峰岭至沁河南堰尾,由武陟分防外委一员专管拦黄堰。今河南武陟县有唐郭村,黄河北岸仍有唐郭险工[2],此处也应是1820年拦黄堰所处位置。

武陟汛,沁河口以东木栾店以下,沿堤标注名称依次为大王庙、沁堤尾及遥堤头堡、二堡、三堡、四堡、五堡、六堡、七堡、八堡、九堡、十堡、十一堡。六堡至十一堡有内越堤,在秦家厂内。之后接缕堤头堡、二堡、三堡、四堡、五堡、六堡、七堡、八堡、九堡、十堡、十一堡、十二堡,二堡堤外有詹店,即今武陟县詹店镇。六堡至十二堡外有马营,今武陟县有马营村。之后有武陟汛、荥泽汛界。武陟汛图说文字:"武陟汛遥堤,工长三千三百五十一丈,计十八里零一百十一丈,缕堤工长二千九百四十七丈,计十六里零六十七丈,堡房三十三座,河兵九十五名,堡夫一百二十二名。"本段内流路位置由中间位置偏向南岸,与北堤相距较远。

荥泽汛,沿堤标注名称依次为头堡、二堡、三堡、四堡、五堡、大王庙、六

---

[1] 《续行水金鉴》卷45,第970页。
[2] 河南黄河河务局编,王以显编辑:《河南黄河河道地图1:100000》。

堡、七堡、八堡。头堡堤内有盐店庄,查《河南黄河河道地图》,今武陟、原阳两县交界处东原阳县境内桥北乡有盐店庄村,其位置靠近河岸,应为昔日之盐店庄所在。八堡之后为荥泽汛、原武汛界。荥泽汛图说文字:"荥泽汛大堤,工长一千五百五十八丈,计八里零一百一十八丈,堡房八座,堡夫十五名。"本段内流路位置总体偏向南岸,与北堤相距较远。

原武汛,沿堤标注名称依次为头堡、二堡、三堡、四堡、五堡、六堡、七堡、八堡、九堡、十堡、大王庙、十一堡、十二堡、十三堡、十四堡、十五堡、十六堡、大王庙、十七堡、十八堡、十九堡、二十堡。八堡至大王庙越堤内有孟庄,十一堡至十二堡越堤内标有孔庄和胡庄,今原阳县境内由西向东依次有胡堂庄、孔庄和老孟庄,与《六省黄河埽坝河道全图》名称相似,但孟庄与胡庄位置恰好相反,孔庄位置应为今原阳县孔庄村。十四堡堤外有原武县城和玲珑塔,原武县城即今原阳县原武镇,其东边留有玲珑塔村。今原阳县蒋庄乡以北还留有大王庙地名,此处应为十六堡与十七堡之间的位置。二十堡之后有黄沁厅,属原武汛界、卫粮厅属阳武汛界。原武汛图说文字:"原武汛大堤,工长六千七百四十四丈,计三十七里零八十四丈,堡房二十座,河兵四十三名,堡夫七十名。"本段内流路位置总体偏向南岸,与北堤相距较远。

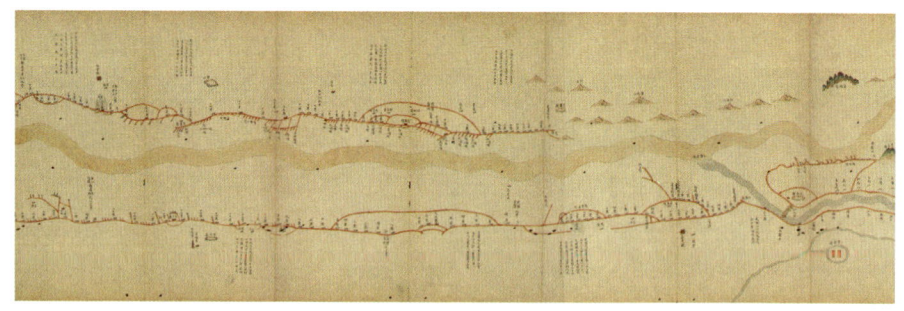

图 6-1 《六省黄河埽坝河道全图》黄沁厅上南厅河段

南岸荥泽汛、郑州上汛、郑州下汛、中牟上汛属上南厅堤段。

荥泽汛,沿堤标注名称依次为头堡、二堡、三堡、四堡、五堡、六堡、七堡、八堡、九堡、十堡、十一堡、十二堡。九堡至郑州上汛三堡有越堤一道。九堡附近有李岗、张庄,今郑州市靠近黄河大堤有岗李村,位置与之较吻合;张庄位置不可明确。十二堡之后有荥泽汛、郑州汛界。荥泽汛图说文字:"荥泽汛大堤,工长二千二百一十三丈,计十二里零五十三丈,夫堡十二座,兵堡三座,河兵十五名,堡夫二十三名。"本段起黄河流路位置偏向南岸,但无南向沿堤岸河弯。

郑州上汛,沿堤标注名称依次为将军庙、头堡、二堡、三堡、四堡、五堡、六堡、七堡、八堡。汛界至头堡间有地名核桃园、邵家寨,今郑州市花园口镇有核桃园、邵庄位置可作参考。头堡附近有胡家屯,今地无迹可寻。今郑州市沿堤有六堡、七堡、八堡村名,其位置顺序与图上夫堡位置吻合。八堡外有相寺,今八堡村以南有祥云寺,疑似相寺位置。八堡之后有郑州上汛、郑州下汛界。郑州上汛图说文字:"郑州上汛大堤,工长三千三百四丈九尺,计十八里零一百六十四丈,夫堡八座,兵堡四座,河兵七十名,堡夫二十五名。"本段黄河流路位置偏向南岸,但无南向沿堤岸河弯。

郑州下汛,沿堤标注名称依次为九堡、十堡、十一堡、大王庙、十二堡、十三堡、十四堡、十五堡、十六堡、十七堡、裴昌庙、十八堡。十一堡、十二堡之间堤外有石家桥,今郑州市沿堤有石桥村,应是石家桥位置所在。十六堡堤内有来童寨,今郑州市沿堤有来潼寨村与其位置相吻合。十八堡之后有郑州下汛、中牟上汛界。郑州下汛图说文字:"郑州下汛大堤,工长三千五十八丈,计十六里零一百七十八丈,夫堡十座,兵堡五座,河兵五十八名,堡夫二十五名。"本段黄河流路位置偏向南岸,但未临堤。

中牟上汛,沿堤标注名称依次为头堡、大王庙、二堡、三堡、四堡、五堡、六堡、七堡、八堡、九堡、十堡、十一堡,头堡至二堡间有清水,应是黄河在此漫溢痕迹,堤外有杨桥,今中牟县西北靠近黄河大堤处有杨桥村,即应是此

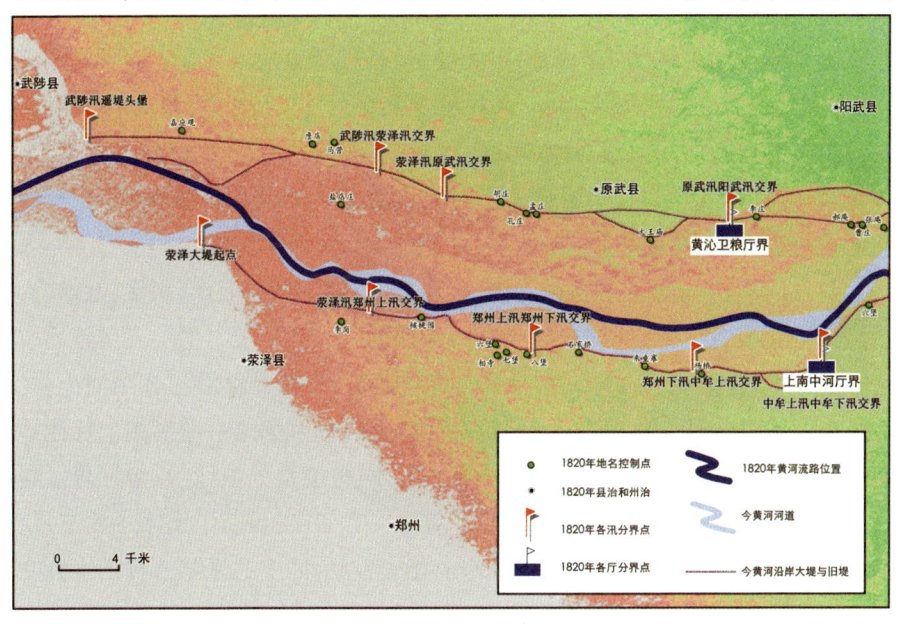

图6-2 1820年黄沁厅上南厅河段黄河流路位置复原

杨桥所在。十一堡之后有上南厅属中牟上汛、中河厅属中牟下汛界。中牟上汛图说文字:"中牟上汛大堤,工长三千二百十三丈三尺六寸,计十七里零一百五十三丈三尺六寸,夫堡十一座,兵堡六座,河兵五十七名,堡夫三十名。"本段七堡至十堡间,黄河有南向河弯,但并未沿堤。

(二) 卫粮厅中河厅河段

北岸阳武汛、阳封汛、封丘汛属卫粮厅堤段。

阳武汛,沿堤标注名称依次为头堡、二堡、三堡、小庙、四堡、五堡、六堡、七堡、八堡、九堡、十堡、十一堡、十二堡、十三堡、十四堡、十五堡、十六堡、十七堡、十九堡(此十九堡应为十八堡,其后有十九堡)、十九堡、二十堡、二十一堡、二十二堡、二十三堡。由四堡向河道延伸河堤一道,堤头有李庄即今原阳县李庄村。十一堡至十六堡堤内沿河所标地名依次为郝庵、曹庄、张庵,今原阳包厂乡沿黄河有与之同名村庄,次序也与之相同。二十三堡堤内有三官庙,即今原阳县三官庙。二十三堡之后有阳武汛、阳封汛界。十三堡与三官庙之间有"引沟"一道。阳武汛图说文字:"阳武汛大堤,工长六千七十三丈,计三十三里零一百三十三丈,堡房二十三座,河兵五十名,堡夫五十一名。"本段内流路位置总体偏向南岸,与北堤相距较远。

阳封汛,沿堤标注名称依次为头堡、二堡、三堡、四堡、五堡、大王庙、六堡、七堡、八堡、九堡、十堡、十一堡、十二堡、十三堡、十四堡、十五堡、十六堡。大堤内有地名盐河集,今其具体位置不可考。十六堡之后有阳封汛、封丘汛界。阳封汛图说文字:"阳封汛大堤,工长五千五丈五尺,计二十七里零一百四十五丈五尺,堡房十六座,河兵五十名,堡夫二十五名,埽夫二十名。"本段内头堡至八堡间河堤对应一处黄河北向弯顶,由南岸九堡方向来水,下游至新庄前大堤。阳封汛、封丘汛界对应河道有一处北向弯顶,此处北弯偏向河道中部,与北堤尚有距离。

封丘汛,沿堤标注名称依次为头堡、二堡、三堡、四堡、五堡、六堡、七堡、八堡、九堡、十堡、十一堡、十二堡、十三堡、十四堡、十五堡、十六堡。五堡越堤有于家店,即今封丘县于店村。五保堤内有顺河街,今封丘县沿河有顺河街村。七堡至九堡堤外有荆隆工,今封丘县有荆隆口乡,五万分之一地形图上标注地名荆隆宫。十六堡之后有封丘汛、祥符汛界,同时也是卫粮厅、祥河厅界。封丘汛图说文字:"封丘汛大堤,工长五千四百一丈三尺,计三十里零一丈三尺,堡房十六座;上汛分管堤长三千一百八十九丈五尺,计十七里零一百二十九丈五尺,河兵三十名;下汛分管堤长二千二百十一丈八尺,计十二里零五十一丈八尺,河兵四十名;堡夫共六十九名。"图说中封丘分上下二汛,图上并无所示。

本段内荆隆工堤内有西圈堰，河道在此有北向弯，弯顶与北堤距离尚远。

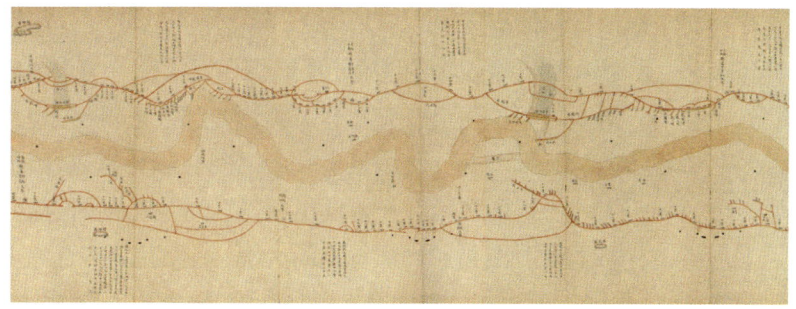

图6-3 《六省黄河埽坝河道全图》卫粮厅中河厅河段

南岸中牟下汛属中河厅堤段。

中牟下汛，沿堤标注名称依次为头堡、大王庙、二堡、三堡、四堡、五堡、六堡、七堡、八堡、二坝、清水、十堡、十一堡、十二堡、十三堡、十四堡、十五堡、十六堡、十七堡、十八堡、十九堡、二十堡。八堡到十堡间为中牟大坝堵塞决溢水路的位置，并无九堡标注。今沿黄河南堤"黄河中牟修防段"前后有六堡村和九堡村，其中九堡位置在九堡渡口处，根据五万分之一地形图所示，此处有决溢积水痕迹。十五堡、十六堡之间大堤与新月堤之间有东彰，应为今中牟县东漳乡所在。二十堡之后有中河厅属中牟下汛、下南厅属祥符上汛界。中牟下汛图说文字："中牟下汛大堤，工长六千六百七十六丈，计三十七里零十六丈，夫堡二十座，兵堡十座，河兵一百三十九名，堡夫四十八名。"本段九堡位置到十三堡之间有南向河弯弯顶一处，东彰新月堤十七堡位置有南向河弯一处。

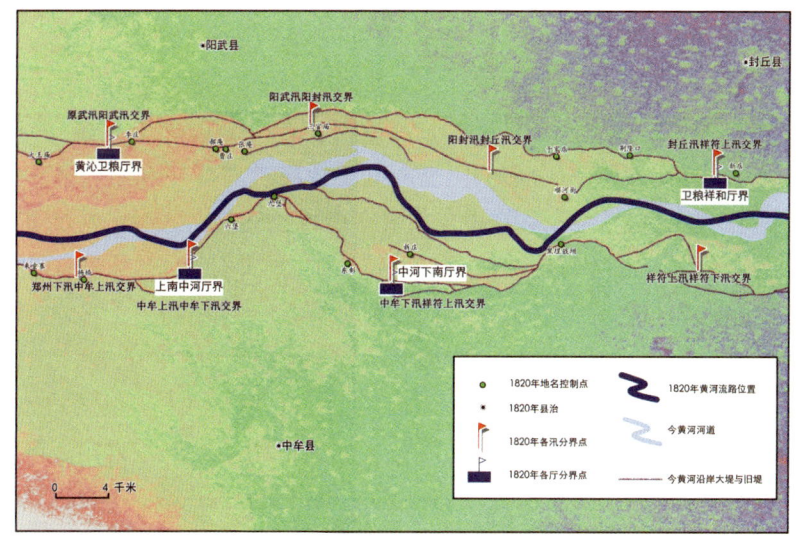

图6-4 1820年卫粮厅中河厅河段黄河流路位置复原

(三) 祥河厅下南厅河段

北岸祥符上汛属祥河厅堤段。

祥符上汛,沿堤标注名称依次为头堡、月堤头堡、二堡、三堡、四堡、五堡、六堡、七堡、八堡、九堡、十堡、十一堡、十二堡、十三堡、土坝、砖坝、十四堡、鱼鳞坝、挑坝、人字坝、十六堡。九堡至十一堡之间有陈桥镇、魁星楼,今封丘县有陈桥镇。十六堡挑坝之后有祥符上汛、祥符下汛界,同时也是祥符厅与下北厅界。祥符上汛图说文字:"祥符上汛大堤,工长五千四百一十丈,计三十里零十丈,堡房十七座,河兵一百三十八名,堡夫六十五名,埽夫二十名。"本段内十四堡至两汛交界处有河道北弯顶直抵堤下。

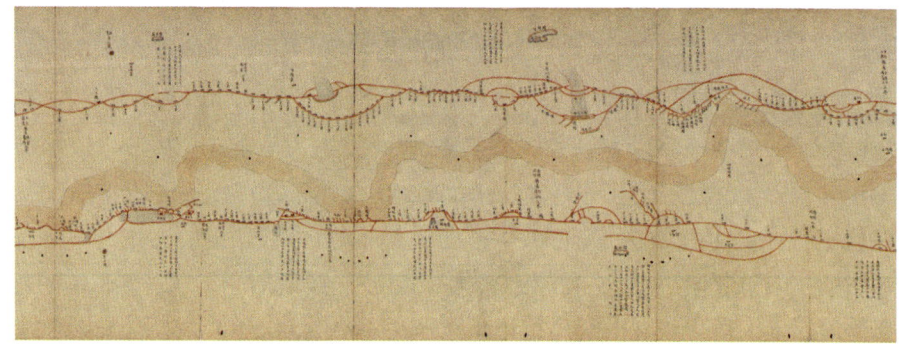

图6-5 《六省黄河埽坝河道全图》祥河厅下南厅河段

南岸祥符上汛、祥符下汛、陈留汛属下南厅。

祥符上汛,沿堤标注名称依次为头堡、二堡、三堡、四堡、五堡、六堡、七堡、八堡、九堡、十堡、十一堡、十二堡、十三堡、十四堡、十五堡、十六堡、十七堡、十八堡、十九堡、黑堽戗坝、大王庙、二十堡、二十一堡、二十二堡、二十三堡、二十四堡、二十五堡、二十六堡、二十七堡、二十八堡、二十九堡、三十堡、二坝、三十三堡。头堡与中牟下汛交界处堤内有地名新庄和教门庄,查《河南黄河河道地图》,今中牟县东漳乡东有辛庄村,其北部为河堤,应为新庄位置所在;今地名无与教门庄类似者,但教门庄应在新庄附近,今新庄附近有南仁庄,其位置与名称似是昔日教门庄之所在。十九堡到二十堡之间有黑堽戗坝,五万分之一地形图"陈桥"幅显示今开封市水稻乡东北有"黑岗口闸门"一道,此处堤坝应为黑堽戗坝位置所在。三十堡与三十三堡之间为祥工大坝处,此位置大堤分布形式与五万分之一地形图上今柳园口附近新旧堤防分布基本吻合。三十三堡之后有祥符上汛、祥符下汛界。祥符上汛图说文字:"祥符上汛大堤,工长七千九百三十四丈,计四十四里零十四丈,夫堡三十三座,兵堡十一座,河兵一百七名,堡夫九十九名。"本段十八堡到二十堡之间有南向沿堤河弯弯顶一处。

祥符下汛,沿堤标注名称依次为头堡、二堡、三堡、四堡、五堡、六堡、七堡、将军庙、八堡、将军庙、九堡、十堡、十一堡、十二堡、十三堡、十四堡、十五堡、十六堡、十七堡、大王庙、十八堡、十九堡、二十堡、二十一堡、二十二堡、二十三堡、二十四堡、二十五堡、二十六堡、二十七堡、二十八堡、二十九堡、三十堡、三十一堡、三十二堡、三十三堡、三十四堡、三十五堡、三十六堡、三十七堡、三十八堡。三十五堡堤外有埽头集,五万分之一地形图上此处有埽街,与埽头集沿堤位置相符合。三十八堡之后有祥符下汛、陈留汛界。祥符下汛图说文字:"祥符下汛大堤,工长八千二百八十九丈,计四十六里零九丈,夫堡三十八座,兵堡十二座,河兵八十名,堡夫九十九名。"本段无明显南向河弯。

陈留汛,沿堤标注名称依次为头堡、二堡、三堡、四堡、五堡、六堡、七堡、八堡、九堡、十堡、十一堡、大王庙、十二堡、十三堡、十四堡。九堡堤外有曲兴集,今开封有曲兴镇原名为曲兴集。十四堡之后有下南厅属陈留汛、兰仪厅属兰阳汛界。陈留汛图说文字:"陈留汛大堤,工长三千五百七十二丈,计十九里零一百五十二丈,夫堡十四座,兵堡七座,河兵三十二名,堡夫三十二名。"本段河道内流路位置偏向北岸,无明显南向河弯。

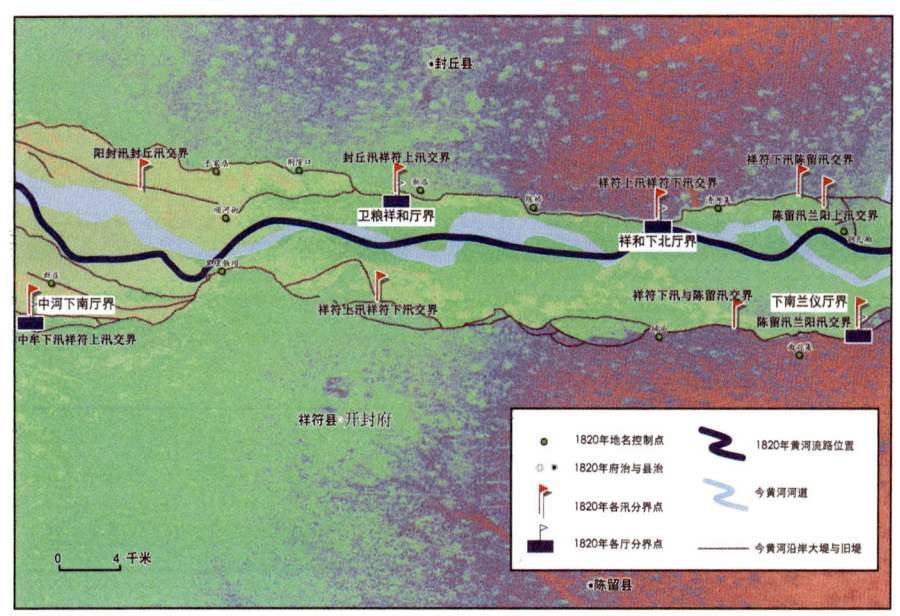

图6-6 1820年祥河厅下南厅河段黄河流路位置复原

(四) 下北厅兰仪厅河段

北岸祥符下汛、陈留汛合称祥陈汛,与兰阳上汛同属下北厅堤段。

祥符下汛,沿堤标注名称依次为头堡、二堡、三堡、四堡、五堡、六堡、七堡、八堡、九堡、十堡、十一堡、十二堡。六堡堤外有清河集,今封丘县沿黄河大堤仍有清河集。四堡、五堡之间有"清水",五万分之一地形图上显示清河集以上有水洼留存,已成一湖。十二堡之后有祥符下汛、陈留汛界。本段内没有北向弯顶。

陈留汛,沿堤标注名称依次为头堡、二堡及陈留、兰阳汛界。本段大堤是陈留县黄河北岸境内大堤,只有两堡,与祥符下汛合称祥陈汛。祥陈汛图说文字:"祥陈汛大堤,祥符汛长四千五十九丈,计二十二里零九十九丈,陈留工长四百八十五丈,计二里零一百二十五丈,堡房十四座,河兵六十名,堡夫三十六名。"本段内没有北向弯顶。

兰阳上汛,沿堤标注名称依次为头堡、二堡、鸡嘴坝、全神庙、三堡、头坝、二坝、托坝、四堡、托头坝、托二坝、托三坝、五堡、土坝、挑坝、六堡、七堡、八堡、九堡、十堡、十一堡、挑头坝、挑二坝、十二堡、挑坝、挑二坝、顺堤下首、十三堡、挑坝四道、十四堡、挑坝、十五堡、十六堡、将军庙、十七堡、斜头坝、斜二坝、挑头坝、挑二坝、十八堡。头堡、二堡之间大王庙堤内有铜瓦厢,即1855年黄河北决之铜瓦厢。大王庙堤外有新庄集,今黄河在此北流,有地名前辛庄和后辛庄。十八堡之后有下北厅属兰阳上汛与曹考厅属兰阳下汛界。兰阳上汛图说文字:"兰阳汛大堤,工长四千五百八十丈,计二十五里零八十丈,堡房十八座,河兵一百四十四名,堡夫六十一名。"本段内头堡至三堡间有临堤北向弯顶,十一堡至曹考厅兰阳下汛头堡、二坝间有沿堤北向弯顶。

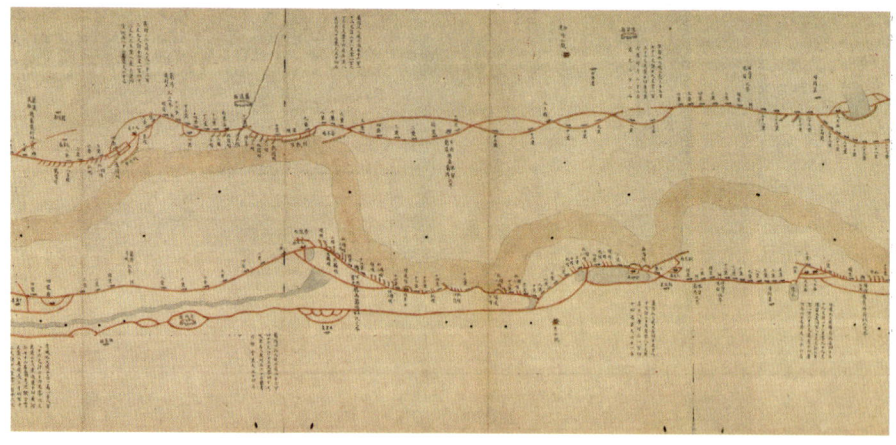

图 6-7 《六省黄河埽坝河道全图》下北厅兰仪厅河段

南岸兰阳汛、仪封上汛属兰仪厅堤段。

兰阳汛，沿堤标注名称依次为头堡、二堡、三堡、四堡、五堡、六堡、七堡、八堡、九堡、柴坝、十堡、十一堡、将军庙、十二堡、十三堡、十四堡、十五堡、十六堡。六堡至八堡堤内有蔡家楼，今兰考县沿堤有蔡楼，此处为乾隆四十八年兰阳改河后，黄河主流由南折东大弯弯顶处。十一堡堤外有兰仪县城即今兰考县城。十六堡之后有兰阳汛、仪封上汛界。兰阳汛图说文字："兰阳汛大堤，工长五千二百一十三丈，计二十八里零一百七十三丈，夫堡十六座，兵堡八座，河兵九十名，堡夫五十四名。"本段六堡至仪封上汛四堡大堤为黄河南向弯沿堤一段。

仪封上汛，沿堤标注名称依次为头堡、二堡、三堡、大王庙、四堡、五堡、六堡、七堡、八堡。八堡堤外有毛家寨，毛家寨南有圈头集，今兰考县仪封乡西沿旧堤有毛古村，毛古村南有圈头村，两地分布与毛家寨、圈头集位置基本吻合。八堡之后有兰仪厅属仪封上汛、仪睢厅属仪封下汛界。仪封上汛图说文字："仪封上汛大堤，工长二千三百三丈九尺，计十二里一百四十三丈九尺，夫堡八座，兵堡四座，河兵八十二名，堡夫二十名。"本段四堡以上与兰阳汛同在一处南向沿堤弯顶。

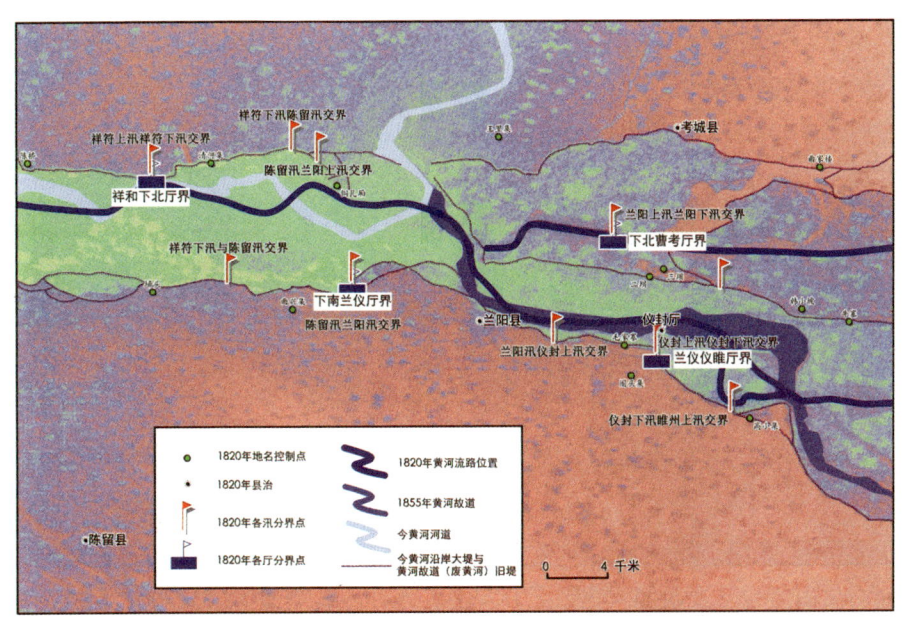

图6-8　1820年下北厅兰仪厅河段黄河流路位置复原

（五）曹考厅仪睢厅睢宁厅河段

北岸兰阳下汛、考城汛、曹上汛属曹考厅堤段。

兰阳下汛,沿堤标注名称依次为头堡、挑头坝、二坝、三坝、顺坝、大王庙、二堡、三堡、四堡、五堡、六堡、七堡、八堡。八堡之后有兰阳汛、考城汛界。兰阳下汛图说文字:"兰阳下汛大堤,工长二千七百四十七丈,计十五里零四十七丈,堡房八座,河兵七十名,兰考巡检管堡夫五十四名。"兰阳下汛大堤原为黄河南堤,乾隆四十八年兰阳改河后原南堤改作北堤[1],三坝之后没有北向弯顶。

考城汛,沿堤标注名称依次为头堡、二堡、三堡、回龙庙、四堡、五堡、六堡、七堡、八堡、九堡、十堡、十一堡、挑头坝、二坝、三坝、四坝、大王庙、十二堡、十三堡、十四堡、十五堡、十六堡、十七堡、十八堡、十九堡、二十堡、二十一堡、二十二堡、二十三堡、二十四堡、二十五堡、二十六堡、二十七堡、二十八堡。四堡之前有回龙庙,后有十堡集,九堡有陈埠道,此两地今无迹可寻。十一堡、十二堡之间有韩小坡,今兰考县有韩湘坡村。十六堡处有牛寨,沿旧堤向下今有牛寨村。十八堡处有大刘寨,沿旧堤向下今有大刘寨。二十堡、二十一堡之间缕堤外有周寨,今沿旧堤有周庄位置较为符合。二十三堡处有赵寨,今兰考沿旧堤张君墓镇赵寨位置较为符合。二十四堡处有丁寨,今兰考只有一地名丁庄位置较为符合。二十五堡堤外大公馆今无相似地名可定位。二十八堡之后有考城汛、曹县上汛界。考城汛图说文字:"考城汛大堤,工长一万一千八百八十六丈,计六十六里零六丈,夫堡二十八座,兵堡十四座,河兵七十二名;兰考巡检分管夫堡八座,堤长三千四百一十二丈,计十八里零一百一十二丈;考城主簿汛堤长八千四百七十四丈,计四十七里零十四丈,分管夫堡二十座,堡夫八十八名。"考城汛之后进入山东境内,考城、曹上两汛交界处有图说文字:"山东黄河北岸,西自河南考城汛交界起,东至江南砀山县交界止,共三万九千三百七丈四尺,计程二百一十八里零六十七丈四尺。"本段内无靠近岸堤河弯现象,十二堡处有引河缓解黄河南向弯冲堤之势。

曹上汛,沿堤标注名称依次为头堡、二堡、三堡、四堡、五堡、六堡、七堡、八堡、九堡、十堡、大王庙、十一堡、十二堡、十三堡、十四堡、十五堡、十六堡、十七堡、十八堡、十九堡、二十堡、二十一堡、二十二堡。三堡堤内有旧考城,即今河南民权县北关镇一带。[2] 十三堡堤外有地名为流通,《续行水金鉴》记

---

[1] 翟自豪:《兰阳改河与铜瓦厢改道》,《黄河史志资料》1991年第4期。
[2] 乾隆四十七年之前,考城县治在今河南民权县北关镇一带;乾隆四十七年移至张村集偏东地方,即今兰考县驻地堌阳镇——周振鹤主编,傅林祥、林涓、任玉雪、王卫东著:《中国行政区划通史·清代卷》,第240—241页。

载流通集在十一堡堤北,史家楼在十二堡堤南,史家楼以下有戴家楼。[1] 五万分之一地形图"王桥镇"幅显示今民权县沿黄河北故堤有史楼和代楼,以此为参照,流通集应在魏楼村北黄河北故堤外,流通附近有黄河漫溢后清水痕迹,此地也有水洼一处可作参照。二十二堡之后为曹上汛、曹中汛界,同时也是曹考厅、曹河厅界。曹上汛图说文字:"曹县上汛大堤,工长八千五百七十丈四尺,计四十七里零一百十丈四尺,夫堡二十二座,兵堡十座,河兵五十名,堡夫六十四名。"本段内无靠近北岸河弯现象。

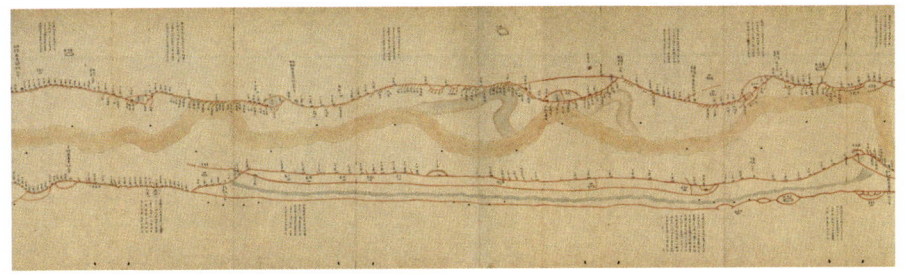

图6-9 《六省黄河埽坝河道全图》曹考厅仪睢厅睢宁厅河段

南岸仪封下汛、睢州上汛属仪睢厅堤段。

仪封下汛,沿堤标注名称依次为九堡、十堡、十一堡、十二堡、十三堡、十四堡、十五堡、十六堡。十六堡之后有仪封下汛、睢州上汛界。仪封下汛图说文字:"仪封下汛大堤,工长二千三百三丈五尺,计十二里零一百四十三丈五尺,夫堡八座,兵堡四座,河兵三十一名,堡夫十八名。"本段十六堡堤内有南向弯顶旧河形一处。

睢州上汛,沿堤标注名称依次为头堡、二堡、大王庙、三堡、将军庙、四堡、五堡、将军庙、六堡、七堡、八堡、九堡、十堡、十一堡、十二堡、十三堡、十四堡、十五堡、十六堡、十七堡、十八堡。头堡堤外越堤有高小集,今民权县沿旧堤有高集村与其位置相吻合。十四堡与十五堡之间有孙路口,今民权县虽有孙六乡原名孙六口,但距离偏差太大,不能定为孙路口今址。之后有仪睢厅属睢州上汛、睢宁厅属睢州下汛界。睢州上汛图说文字:"睢州上汛大堤,工长六千三百六丈,计三十五里零六丈,夫堡十八座,兵堡九座,河兵一百二十八名,堡夫四十三名。"本段五堡至八堡有南向沿堤河弯弯顶旧河形一处,九堡至十堡有南向弯顶一处,但并未沿堤。

南岸睢州下汛、宁陵汛属睢宁厅堤段。

---

1 《续行水金鉴》卷45,第992页。

睢州下汛,沿堤标注名称依次为头堡、二堡、大坝、大王庙、挑坝、顺坝、三堡、四堡、五堡、六堡、七堡、八堡、九堡、十堡、十一堡、十二堡、十三堡、十四堡、十五堡、十六坝、十七堡、十八堡。二堡处大坝、二坝间有清水,应是黄河决溢遗迹,五万分之一地形图上民权县老城以东太平庄至断堤头村一带有决口遗迹,与图上清水吻合。三堡堤外有李兴集,今图上无迹可寻。今民权县有六堡村,应为睢州下汛六堡位置所在。十三堡到十四堡间有清水一处,应是黄河决溢遗迹,五万分之一地形图上民权县龙门寨村一带有决口遗迹,按大堤长度推测,与图上此处清水吻合。十八堡之后有睢州下汛、宁陵汛界。本段内五堡到七堡间有沿堤南向河弯弯顶一处。睢州下汛图说文字:"睢州下汛大堤,工长六千四百二十四丈八尺,计三十五里零一百二十四丈八尺,夫堡十八座,兵堡十座,河兵一百七名,堡夫四十二名。"

宁陵汛,沿堤标注名称依次为头堡、二堡、三堡、四堡、五堡、六堡、七堡、八堡、九堡、十堡、十一堡、十二堡、十三堡、十四堡。今宁陵县仍存有二堡、五堡、八堡地名,与图上三处夫堡位置相对应。十堡堤外有孔家集,今宁陵县有孔集乡,其位置与孔家集吻合。十四堡之后有睢宁厅属宁陵汛、商虞厅属商丘汛界。本段内黄河无明显南向弯顶。宁陵汛图说文字:"宁陵汛大堤,工长四千二百六十丈,计二十三里零一百二十丈,夫堡十四座,兵堡七座,河兵四十名,堡夫三十二名。"

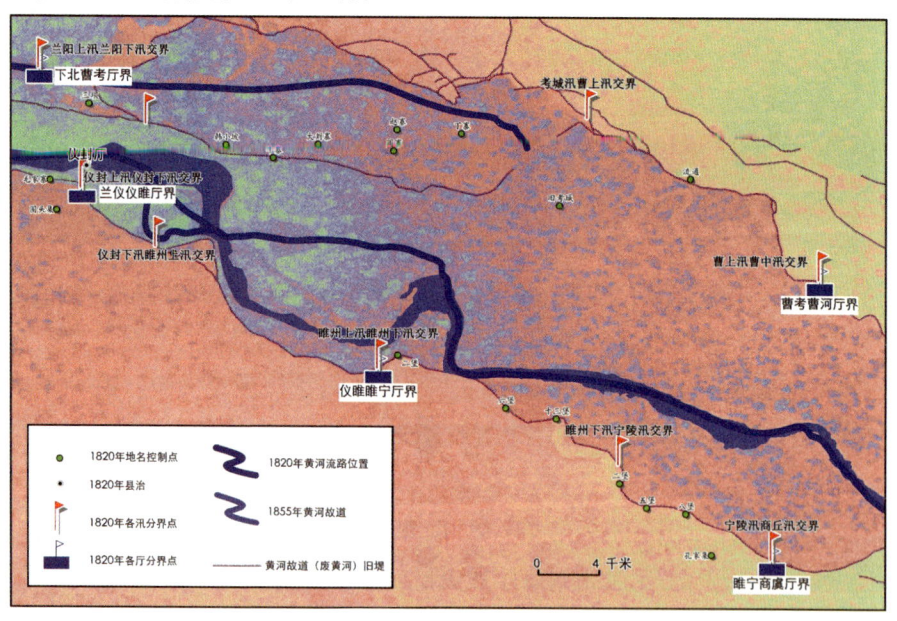

图6-10　1820年曹考厅仪睢厅睢宁厅河段黄河流路位置复原

（六）曹河厅商虞厅河段

北岸曹中汛、曹下汛属曹河厅堤段。

曹中汛，沿堤标注名称依次为头堡、二堡、三堡、四堡、大王庙、五堡、六堡、七堡、八堡、九堡、十堡、十一堡、十二堡、十三堡、十四堡、十五堡、十六堡、十七堡、十八堡、十九堡、二十堡、二十一堡、二十二堡、二十三堡、二十四堡、二十五堡、二十六堡。各堡均无具体地名。二十六堡之后有曹中汛、曹下汛界。曹中汛图说文字："曹中汛大堤，工长九千四百四十八丈，计五十二里零八十八丈，夫堡二十六座，兵堡十二座，河兵六十名，堡夫五十二名。"本段内无靠近岸堤河弯现象。

曹下汛，沿堤标注名称依次为头堡、二堡、桓侯庙、鱼鳞坝、三堡、四堡、五堡、顺头坝、顺二坝、赵将军庙、六堡、鱼鳞坝、盖坝、碧霞宫、护坝、七堡、八堡、九堡、十堡、十一堡、十二堡、十三堡、十四堡、十五堡、十六堡、十七堡、十八堡、十九堡、二十堡。五堡处有魏家埠道，今曹县内沿旧堤有魏堤头。七堡至十堡堤外有望鲁集，今曹县仍有望鲁集。二十堡之后有曹河厅属曹县县丞、粮河厅属曹单县丞界，即曹河厅、粮河厅界。曹下汛图说文字："曹下汛大堤，工长七千六百八十四丈，计四十二里零一百二十四丈，夫堡二十座，兵堡十座，河兵八十名，堡夫四十名。"本段二堡至七堡间有靠近岸堤北向河弯一处。

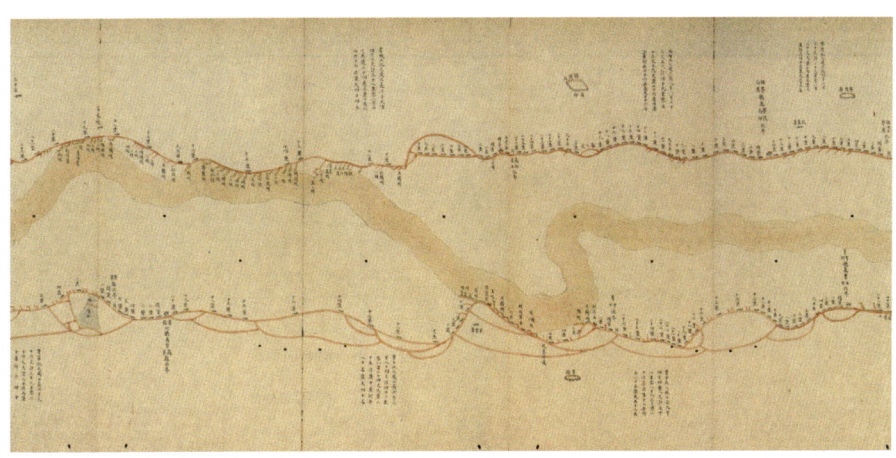

图 6-11 《六省黄河埽坝河道全图》曹河厅商虞厅河段

南岸商丘汛、虞城上汛属商虞厅堤段。

商丘汛，沿堤标注名称依次为头堡、二堡、三堡、四堡、五堡、六堡、七堡、八堡、九堡、十堡、大王庙、十一堡、十二堡、十三堡、十四堡、十五堡、十六堡、十七堡、十八堡、十九堡、南大堤、二十堡、二十一堡、二十二堡、二十三堡、二十四堡、二十五堡、二十六堡。沿堤无具体地名。二十六堡之后有商丘汛、虞城上汛界。商丘汛图说文字："商丘汛大堤，工长八千八百七十三丈五尺，计四十九里零五十三丈五尺，夫堡二十六座，兵堡十二座，河兵七十六名，堡夫五十六名。"本段内黄河无明显南向弯顶。

虞城上汛，沿堤标注名称依次为五虎庙、碑亭、头堡、二堡、三堡、四堡、五堡、六堡、七堡、八堡、九堡、十堡、鱼鳞坝、十一堡、十二堡、十三堡、十四堡、十五堡、十六堡、大王庙、十七堡、十八堡、桑家堤、十九堡、二十堡、二十一堡、二十二堡、二十三堡、二十四堡。十八堡处桑家堤今图无同名地点，今虞城县桑堂村位置与之较为接近，更南边的太平庄今无迹可寻。虞城上下汛交界处附近有虞城县城，即今虞城老城利民镇所在。二十四堡后有商虞厅属虞城上汛、归河厅属虞城下汛界。虞城上汛图说文字："虞城上汛大堤，工长六千九百四十三丈，计三十八里零一百三丈，夫堡二十四座，兵堡十座，河兵六十四名，堡夫四十四名。"本段十二堡至十六堡、十八堡至二十堡间有沿堤南向河弯弯顶两处。

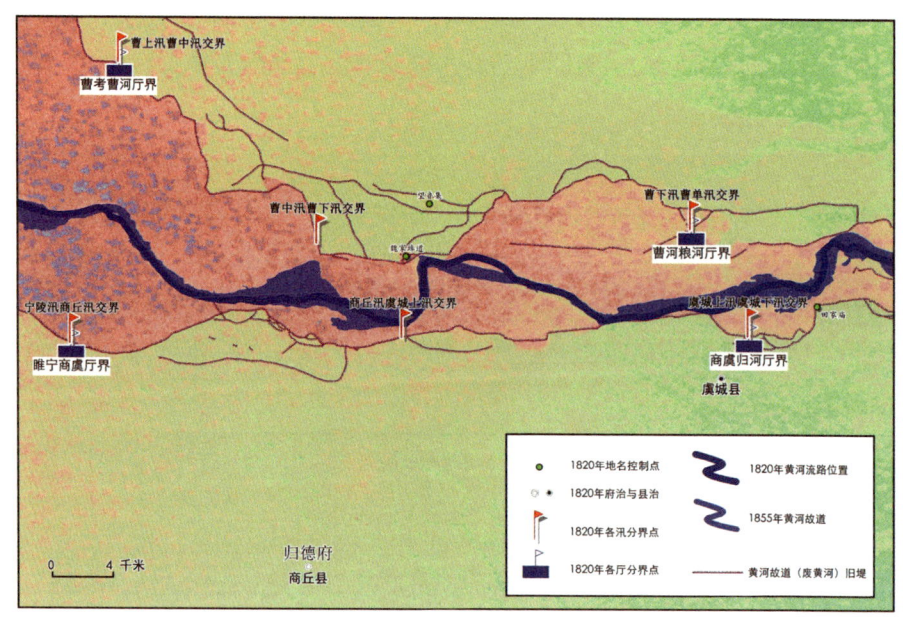

图6-12　1820年曹河厅商虞厅河段黄河流路位置复原

（七）粮河厅归河厅河段

北岸曹单汛、单下汛属粮河厅堤段。

曹县汛，沿堤标注名称依次为头堡、二堡、三堡、四堡、五堡、六堡及曹县汛、单县汛界。本段只有六堡,无靠近岸堤河弯现象。

单县汛,沿堤标注名称依次为头堡、二堡、三堡、四堡、五堡、六堡、七堡、八堡、九堡、鱼鳞坝、挑坝、十堡、十一堡、十二堡、十三堡、十四堡。十四堡堤外有黄岗,即今单县黄岗镇所在。十四堡之后有曹单汛、单下汛界。图上曹县汛与单县汛合称曹单汛,曹单汛图说文字:"曹单汛大堤,工长七千九百九十六丈,计三十九里零七十六丈,夫堡二十座,兵堡十座,河兵四十名,堡夫四十名。"本段九堡至十三堡间黄河有北向弯,但并未靠近堤岸。

单下汛,沿堤标注名称依次为头堡、二堡、三堡、四堡、五堡、六堡、七堡、八堡、九堡、十堡、十一堡、十二堡、十三堡、十四堡、十五堡、十六堡、十七堡、十八堡、十九堡、二十堡,之后为山东省粮河厅与江南省丰北厅界。单下汛图说文字:"单县汛大堤,工长六千九百六十九丈,计三十八里零一百二十九丈,夫堡二十座,兵堡十座,河兵四十名,堡夫三十九名。"本段无靠近岸堤河弯现象。

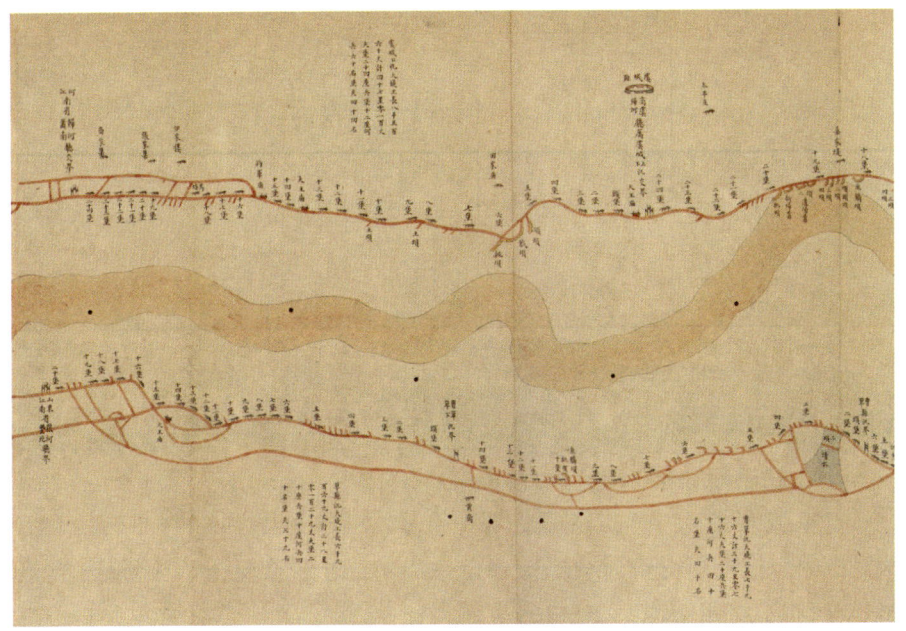

图6-13 《六省黄河埽坝河道全图》粮河厅归河厅河段

虞城下汛属归河厅堤段。

虞城下汛,沿堤标注名称依次为大王庙、头堡、二堡、三堡、四堡、五堡、六堡、七堡、八堡、九堡、十堡、十一堡、十二堡、十三堡、十四堡、十五堡、将军庙、十六堡、十七堡、十八堡、马坊、十九堡、二十堡、二十一堡、二十二堡、二十三堡、二十四堡。六堡堤外有田家庙,即今虞城县老田庙。十八堡至二十四堡大堤附近依次有马坊、伊家楼、张家集、乔家集,今虞城县张集镇应为张集位置所在,小乔集村即图上乔家集位置,马坊与伊家楼位置可推测但无相似地名对应。二十四堡之后有河南省归河厅、江南省萧南厅界。虞城下汛图说文字:"虞城下汛大堤,工长八千五百六十丈,计四十七里零一百丈,夫堡二十四座,兵堡十二座,河兵六十名,堡夫四十四名。"本段六堡处有南向河弯弯顶一处,并不沿堤。

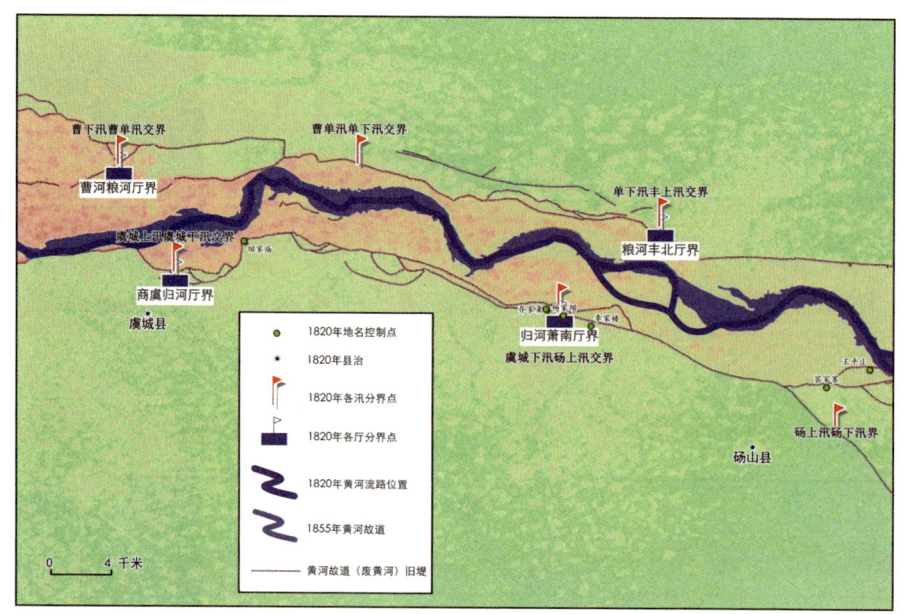

图 6-14　1820 年粮河厅归河厅河段黄河流路位置复原

二、江南段黄河大堤与河弯情况

江南段大堤与河南、山东段大堤图上标注信息差异明显,详尽标注险工名称,较多标注具体地名信息,夫堡信息零星标注且多见于险工堤段;有汛界标注,但无各汛图说文字。

（一）丰北厅萧南厅河段

北岸丰上汛、丰下汛、铜汛属丰北厅堤段。

丰上汛,沿堤标注名称依次为大堤、六堡、二坝、夫八堡、十六夫堡及丰上、丰下汛界。由山东、河南交界地方沿堤向下,靠近六堡处堤外有曲家楼,今地曲家楼无迹可寻。夫八堡堤外有汪家楼,相应地段今无与汪家楼相似地名。汪家楼以下有黄家楼,今砀山县周寨镇附近有前黄楼和后黄楼,后黄楼在大堤以北,其位置与黄家楼较为符合。黄家楼以下有贾家楼在十六夫堡堤外,今沿黄河旧堤向下有贾楼,此地附近应为当时贾家楼位置所在。本段黄河在曲家楼以上有北向河弯一处,夫八堡有北向河弯一处,十六夫堡以下有北向河弯一处,三处河弯均未沿堤。

丰下汛,沿堤标注名称依次为吴家楼、蟠隆集、陈家坝、御水坝、唐家坝、于家坝、南坝、石林工、兵九堡、黄村坝及丰下、铜汛界。与上汛交界之下有吴家楼,吴家楼以下有蟠隆集,今砀山县沿黄河故道有吴楼、蟠龙集,其相对河道位置与图上相符合。与蟠隆集相邻的有陈家坝、御水坝,堤内有御水坝工,五万分之一地形图上此段属大沙河与黄河故道连通之处,故道以北大沙河南岸有陈庄村、二坝村,其位置与图上陈家坝、御水坝位置较为符合。之后唐家坝、于家坝位置应与村名有关,今沿旧堤向下以唐、于二姓为名的地点依次有唐林、于庄两村。南坝、石林工、胡家马路在兵九堡附近,今地名与之无可对应的地方,《黄河南河图》[1]该段有石林坝,在双庙工以下西牌楼工之后,今丰县沿旧堤有双庙村,双庙附近有南集、南高头村,与南坝或有所联系,由此推测石林工约在今丰县腾家堤村附近。兵九堡之后有黄村坝,今丰县沿旧堤有黄坝村,当为黄村坝位置所在。本段北向河弯在御水坝工与石林工堤前各有一处,两处均未沿堤。

铜汛,沿堤标注名称依次为谢家马路、许家马路、张庄坝。图上虽无铜汛与北岸大坝汛交界标识,但依据《续行水金鉴》及同治七年《江南省黄河全图》图示,铜汛与北岸大坝汛界在张庄坝以下郑家庄之前大谷山脚。本段与上汛交界之下堤外有包家楼、徐家庄,今铜山县境内沿旧堤包楼与包家楼位置相符合,徐家庄位置不能确定。谢家马路、许家马路应是以姓作名的路口位置,今徐州市有张庄,应为张庄坝位置所在,沿旧堤在张庄之前查找今地名,较为符合谢家马路、许家马路今址的地点在今铜山县谢庄、许集两地。图上本段黄河虽有河身弯曲示意,但北向河弯并不明显,只是突出南岸天然闸引渠位置与黄河的关系。

南岸砀上汛、砀下汛、萧汛属萧南厅堤段。

砀上汛,沿堤标注名称依次为杨庄坝、李家楼、窦家寨及砀上、砀下汛界。河南、江南交界处以下杨庄坝与李家楼相邻,李家楼堤内有李工大坝,应是嘉庆十六年李家楼漫溢[2]后的修防堤工,李工大坝内有南向旧河弯一道,即嘉庆十六年之前河形遗迹。今砀山县沿故道南堤有杨堤口,杨堤口以下有李楼村,李楼北有官庄坝镇,李工大坝旧址应在其北侧旧堤一带。窦家

---

[1] 《黄河南河图》时代大约在1750年。
[2] 《续行水金鉴》卷49载:"李家楼,嘉庆十六年七月漫溢,十七年三月于堤北滩面越筑堵合。"第1062页。

图6-15 《六省黄河埽坝河道全图》丰北厅萧南厅河段

寨北与王平庄相邻,王平庄有王平庄工沿堤旧河形一段,今砀山县西南门镇西有窦寨村,王平庄地名已无存,按窦寨位置并结合五万分之一地形图上旧堤与等高线位置推测,王平庄应在今西南门镇蔺屯村附近。本段内黄河南向弯顶在李工大坝以下一处、王平庄工前一处,两处均已非沿堤状态。

砀下汛,沿堤标注名称依次为毛城铺、石滚坝、魏家寨、梁陈马路、定国寺及砀下、萧汛界。嘉庆二十五年之前此段大堤分南北两部分,偏南一段经毛城铺、定国寺,建堤时间早;偏北一段经张家寨唐家湾与北堤于徐严庄合为一堤,系毛城铺减水坝功能日渐微弱,沿河新建之缕堤,嘉庆二十五年后新建汛堤均以偏北侧堤为主。今砀山县有毛程铺和定国寺两村庄,应为毛城铺与定国寺位置所在。毛城铺以下魏家寨堤外有梁陈马路,今毛程铺沿旧堤以下有梁马路口和陈马路口两村庄,两村西北旧堤之内有魏寨村,应为魏家寨所在,魏家寨向北有引渠一道,与五万分之一地形图上夹河走向基本一致。偏北侧堤王平庄以下有张家寨,今无此地名,五万分之一地形图上此段旧堤堤形保存完好,与《六省黄河埽坝河道全图》堤形基本吻合,可综合判断出张家寨位置应在今砀山县单庄村附近。张家寨以下有邵庄、邵坝,邵坝位置应为图上邵工位置所在。唐家湾地名今已无存,今此地有唐庄、唐寨、唐官庄等多处唐姓地名,综合旧堤堤形与夹河位置判断,唐官庄一带较为符合唐家湾所处位置。本段邵工至唐家湾一段为南向河弯,并未沿堤。

萧汛,沿堤标注名称依次为徐严庄、顺河集、田家楼、贺田工及萧南、铜沛厅界。徐严庄处于萧砀两汛交界处以下,今萧县沿故道有徐庄,其位置与徐严庄的可能位置较为吻合。徐严庄以下沿堤有顺河集,顺河集堤内有李家楼,今两处地名已不存在;萧县徐庄以下有新庄水库,水库西侧有李新楼,结合之后田家楼位置推测,当时李家楼位置可能在今新庄水库附近,顺河集约在水库南部。田家楼前有贺田工,今萧县新庄水库东边有田楼、贺庄两村相邻,其位置应是田家楼所在,贺田工在其附近旧堤处。田家楼以下堤外有李家双楼,查《江南省黄河全图》李家双楼位置约在郝家集之前离堤较远处,今萧县杨楼镇有郝集,即郝家集位置所在,以此为基准查阅今地名,今阎集镇以东之李楼村较符合李家双楼位置。本段李家楼以上有一处南向河弯,贺田工前有一处南向河弯,两处弯顶均未沿堤。

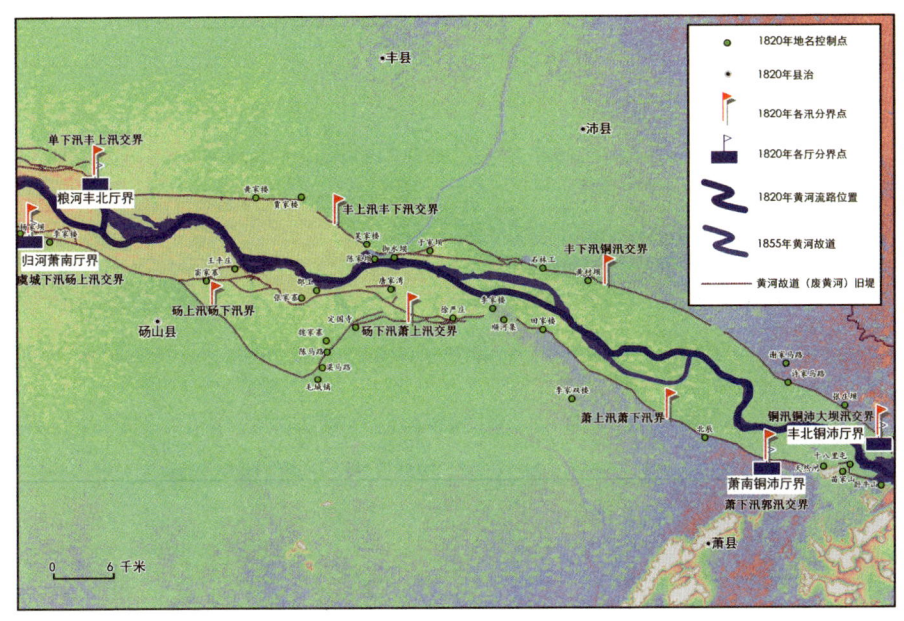

图6-16　1820年丰北厅萧南厅河段黄河流路位置复原

(二) 铜沛厅河段

北岸大坝汛属铜沛厅堤段。

北岸大坝汛,沿堤标注名称依次为小谷山、郑家庄、大谷山、苏家山、平山、徒山、骆驼山、土山寺、长山、黄山崆、兵十二堡、夫十堡、王家山、夫山、茅家山、石闸、茅工。图上无北岸大坝汛界的具体位置,《江南省黄河全图》所示铜沛厅、邳北厅界标注于骆家山与庙山之间,庙山附近有拐山,参考五万分之一地形图各山位置,北岸大坝汛南界应在拐山和棉山之前。大谷山与小谷山今写作大孤山和小孤山,查五万分之一地形图与同治七年《江南省黄河全图》,可确认《六省黄河埽坝河道全图》中大谷山与小谷山标识位置与现实相反。今徐州市苏家山称苏山头,平山地名仍存,徒山今作陡山,其相互位置与图上所示吻合。大孤山与苏家山之间有郑庄,应为郑家庄位置所在。图上徒山沿河岸以下有骆驼山,今徐州市东有骆驼山。骆驼山以东,今地名依次有土山寺、长山,结合《江南省黄河全图》所示,《六省黄河埽坝河道全图》中土山寺位置有误。图上兵十二堡、夫十堡位置在大坝附近,今五万分之一地形图徐州市境有大坝地名,以其为标准,其靠近旧堤位置应为夫十堡位置所在。图上王家山今作王山,在徐州市与铜山县交界处铜山县一侧。王家山以下夫山在吴邵湖以南,今无此山名,查《江南省黄河全图》并结合五万分之一地形图判断,夫山应为尖山之误写,其位置应定于今铜山县尖山。茅家山与茅工之间有石闸,石闸为黄河向北引河上的闸口,今五万分之一地形图显示,铜山县有闸河,由黄河故道北岸崔贺庄水库引出向东北流,附近留有闸口名称,以此为基础可判断茅工与茅家山在闸河口两边分布,茅家山大约在今毛山头附近,茅工约在崔贺庄水库南岸。本段黄河顺山势蜿蜒,徐州府城外虽成北弯但沿南堤。夫十堡处有沿堤北向弯弯顶一处,茅工处有靠近堤岸北向弯弯顶一处。

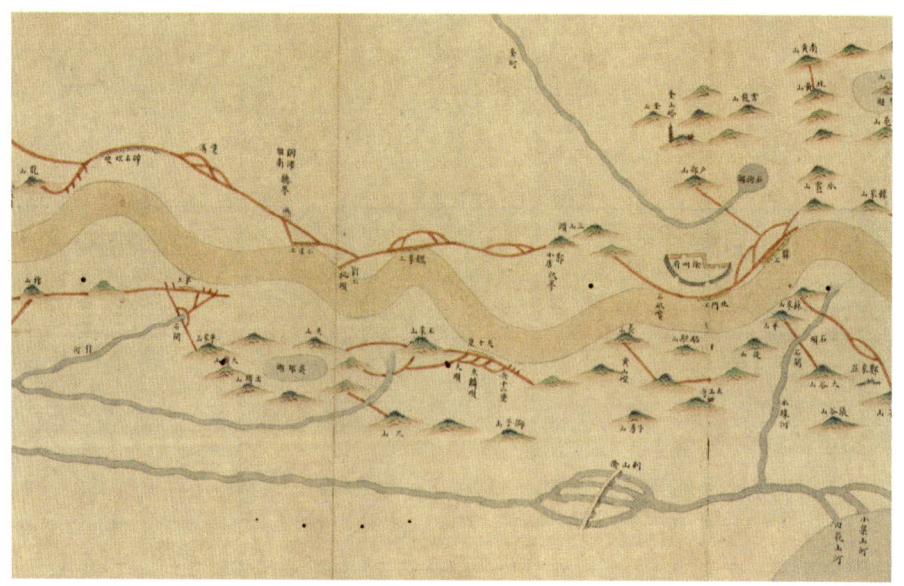

图6-17 《六省黄河埽坝河道全图》铜沛厅河段

南岸郭汛、小店汛属铜沛厅堤段。

郭汛,沿堤标注名称依次为天然闸、王家山、苗家山、石坝、九里沟、韩家山、冰雹山、韩工、北门工、石矶嘴、三山头及郭、小店汛界。天然闸、王家山、苗家山相距不远。苗家山北有十八里屯,今徐州市铜山区有闸口村,五万分之一地形图上此处有山峰标注若干,闸口村附近有霸王山、苗山,两山以北有十八里屯地名。因此,闸口村应为天然闸位置所在,霸王山即王家山,苗山即苗家山,苗家山旁石坝应在苗山东田巷村附近。九里沟、韩家山、冰雹山三地相连,九里沟地名今已不存;今徐州云龙湖西北有韩山,即韩家山;同治《徐州府志》载有"苗家山至冰雹山即十八里屯缕堤,长一千五十丈"[1],查同治《江南省黄河全图》,冰雹山在韩山以东偏北,韩山在卧牛山以东,今卧牛山地名仍存,此十八里屯即今苗山北之十八里屯。根据同治《徐州府志》关于卧牛山、冰雹山、韩家山的记载[2],并与《六省黄河埽坝河道全图》《江南省黄河全图》相对照,冰雹山应在卧牛山与韩家山之间;查五万分之一地形图,按相对位置推测,今徐州市西南王窑附近凤凰山位置较为符合。韩工应为韩家山前堤工,同治《徐州府志》有"自韩家山起至段家庄西头止,旧有民修堤四百九十三丈,今自韩家山起至两山口止,缕堤长四千五百八十丈,内堤北自山边起至石矶嘴下柳园头止,新旧石工长二千九百九十一丈七尺"。其中,"两山口"在《续行水金鉴》中记作"梁山口",此处韩家山至段家庄一段应为韩工,今五万分之一地形图上有段庄位置,沿段庄旧河道遗迹可推测出韩工的大致位置情况。北门工应在徐州古城北门处,大约在今夹河东街附近;石矶嘴图上位置在徐州城以下,通过实地考察走访,确认大约在今奎

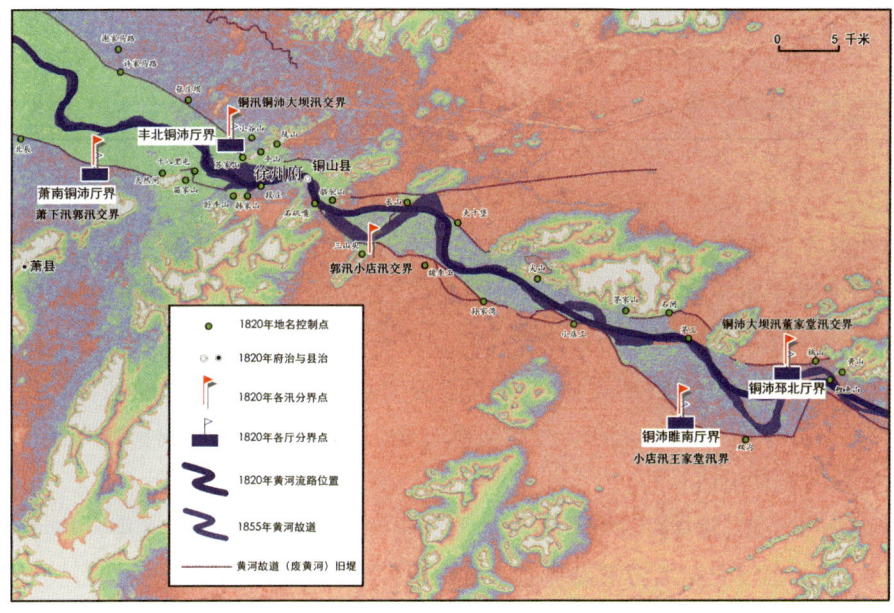

图 6-18 1820 年铜沛厅河段黄河流路位置复原

---

1 同治《徐州府志》卷 13,第 3 页。
2 原文为:"由楚王山而东为卧牛山,又东为冰雹山,又东为韩家山。"

山积水坝附近。三山头在石矶嘴以下,距黄河故道有一定距离,今徐州市东南崔庄附近有山头村,五万分之一地形图上显示此地有三处矮山,应当为三山头位置所在。本段南向河弯在韩家山至韩工之前一段并未沿堤,徐州城北门工虽为北弯,但河势沿南堤至石矶嘴。

小店汛,沿堤标注名称依次为魏李工、刘工、小店工及铜沛、睢南厅界。魏李工、刘工应为沿河堤工,但《续行水金鉴》小店汛段仅记魏李工长六十五丈,其下孙家湾建有碎石土坝。[1] 今徐州市境有孙湾村,即孙家湾位置所在,魏李工应在其东北方向,今此地有团结水库。今徐州市境内有小店村,五万分之一地形图上沿故道有旧堤痕迹,应为小店工位置所在。本段有魏李工和小店工两处南向沿堤河弯弯顶。

(三) 邳北厅睢南厅河段

北岸董家堂汛、五工头汛属邳北厅堤段。

董家堂汛,沿堤标注名称依次为棉山、黄山、鲤鱼山、马家山、小峰山、青羊山、七堡工、象山及董家堂、五工头汛界。棉山、黄山、鲤鱼山、马家山、小峰山、青羊山为依次相连的山头,棉山北有拐山。今五万分之一地形图上有拐山,但无棉山名称,拐山南有地名庙山集,有一处高程点较周围高出二十余米,应为棉山所在。沿故道河岸向下有黄山,因此庙山集处即为棉山所在。五万分之一地形图上有鲤鱼山,位置在今故道南岸,此点为黄河河道在此变化的基准位置。查同治七年《江南省黄河全图》,马家山之上有蛟龙山,马家山位置应在黄河故道遗存北向弯顶处,今睢宁县黄河故道北岸有马山,五万分之一地形图上记作马鞍山,有蛟龙山在马山北部,因此今马山较符合《江南省黄河全图》所示马家山位置。小峰山位置今无地名佐证。五万分之一地形图上睢宁县境内沿黄河故道北岸向下,马鞍山之后有青山头,青山头之下有九堡、十堡地名,十堡之后古邳镇附近有羊山,羊山以南有象山。综合判断,青羊山大致在青山位置,七堡工在青山头与九堡中间。本段黄河由鲤鱼山南部流过,青羊山前有北向河弯一处,七堡工有沿堤北向河弯弯顶一处,象山前有引河一处。

五工头汛,沿堤标注名称依次为七坝工、宋家湾工、十一堡工及邳北、宿北厅界。本段七坝工与宋家湾工二工相连,今睢宁县沿故道有五工头村,五工头以下有宋湾,宋湾前旧堤应为宋家湾工位置所在,由此推测五工头附近旧堤大约为七坝工位置所在。宋湾工以下有十一堡工,今睢宁宋湾村沿故

---

[1] 《续行水金鉴》卷49,第1072页。

道以下有七堡村,但无十一堡地名,按"二里一堡"的标准沿故道旧堤向下游测算,十一堡工应在今邢埝到新工大埝之间,此处也是黄河故道一处北弯弯顶,与图上信息相符合。本段七坝工宋家湾工处有北向河弯弯顶一处,十一堡工处有北向河弯弯顶一处。

图6-19 《六省黄河埽坝河道全图》邳北厅睢南厅河段

南岸王家堂汛、戴家楼汛属睢南厅堤段。

王家堂汛,沿堤标注名称依次为双沟、碎石坦坡、龙山、滚坝、虎山、二闸、三闸、泰山、李工及王家堂、戴家楼汛界。今睢宁县有双沟镇,其位置即为双沟所在。双沟至龙山间堤防为碎石坦坡,龙山、虎山、二闸、三闸、泰山即峰山四闸的组成部分,今睢宁县峰山村在五万分之一地形图上标记为丰山,其附近矮山名叫洪山,应当是图上峰山的具体位置所在,其余各山各闸应在峰山村附近分布。李工堤外有王家堂,今睢宁县有王塘村,王塘村前有铁牛,《续行水金鉴》记载王家堂前贾家楼以下有越堤,今王塘村以上有贾堰,由此推测王塘应为王家堂旧址,李工位置大约在今房湾村附近。本段南向河弯在峰山闸之前、王家堂之前各有一处未沿堤河弯,李工有一处南向沿堤河弯弯顶。

戴家楼汛,沿堤标注名称依次为余纪马程工、鲍工、邹工、魏家庄工、郭家渡工及睢南、宿南厅界。图上余纪马程工、鲍工、邹工在同一河弯南向弯顶。对岸象山前有一道引河,今此地有庆安水库。余纪马程各工名称均已不存,以对岸象山为基准点,参考五万分之一地形图上旧堤形态,推测该工大约分布在今睢宁县娄堰一带旧堤上。图上鲍工、邹工二工相连,堤外有戴家楼;今庆安水库西侧有鲍埝,鲍埝南有戴楼,从与故道旧堤位置关系来看,此戴楼应为戴家楼,鲍工与邹工应在今鲍垎所处位置。魏家庄工与郭家渡工二工相连,《续行水金鉴》记载二工应在韩家坝以下,郭工长五百五十丈,魏工长五百三十七丈。[1] 今五万分之一地形图上睢宁县有韩坝,其形态与记载韩家坝大越堤相符合;韩坝以下有魏公,疑似魏家庄工所在位置;魏公隔故道对岸有郭集,魏公附近应有郭家渡,按距离推测约在今睢宁县黄庄附近。本段南向河弯共有鲍工附近和魏家庄工附近两处,均为沿堤弯顶。

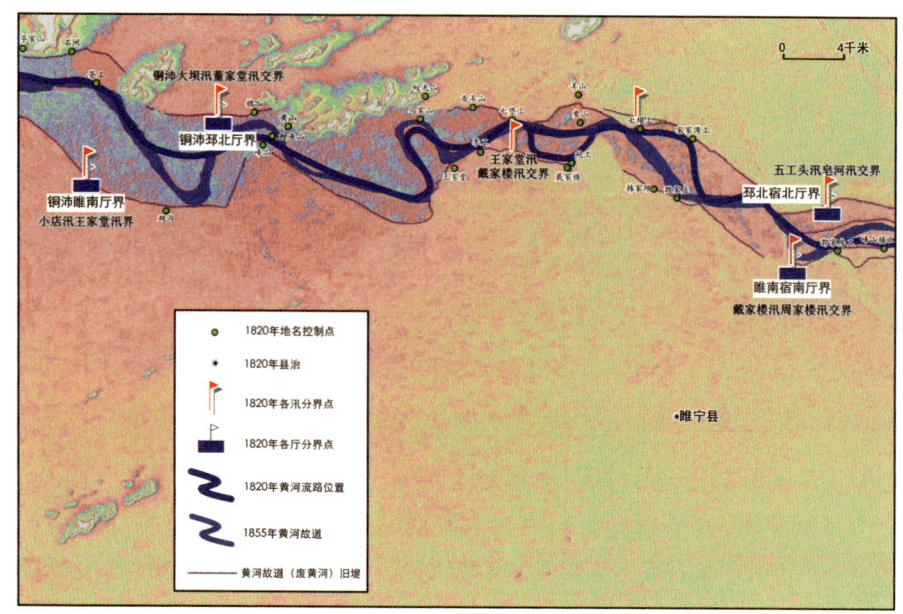

图6-20　1820年邳北厅睢南厅河段黄河流路位置复原

（四）宿北厅宿南厅河段

北岸皂河汛、古城汛属宿北厅堤段。

皂河汛,沿堤标注名称依次为皂河、龙王庙、夏工、黄工、支河口、叶工及皂河、古城汛界。皂河即今宿迁市皂河镇,龙王庙即今皂河龙王庙,在皂河镇乾隆行宫位置。龙王庙以下有夏工越堤,今夏姓村庄在此附近无迹可寻,按旧越堤堤形判断,夏工位置当在龙王庙以下小庙村附近。夏工之下黄工在支河口以上,今宿迁有支口村,即支河口位置所在,由此推测黄工位置应在今宿迁沿京杭运河的七堡村附近。支河口以下有叶工,今无地名可参考,由支河口及附近旧堤河渠形态推测,叶工应在今九龙村到小陆庄一带。本段北向沿堤河弯弯顶共有三处,分布在夏工、黄工和叶工三处堤防工段,其

---

[1]《续行水金鉴》卷49,第1082页。

中夏工与黄工之间河段有新开引河一道。

古城汛,沿堤标注名称依次为真武庙、西门工、蔡申工、张工、河卓工及宿北、桃北厅界。真武庙外有马陵山,图上汛界即在此处,清代嘉庆《宿迁县志》云,"马陵山在城北,陵阜耸秀,自山东迤逦而来,为邑之镇";民国时期殷惟和主编的《江苏六十一县志》记载:马陵山,在治北二里。马陵山位置应在今宿迁市马陵公园内。真武庙即宿迁玉虚观,原址亦在马陵公园内。西门工位置在马陵公园靠近故道一侧大堤处。蔡申工在西门工以下河段,今宿迁市南运河与故道之间有申湾村,参阅五万分之一地形图各河道信息,推测申湾村位置应为蔡申工所在。蔡申工以下有张工,今申湾以下有张庄村,张工应在张庄村附近。河卓工靠近古城汛与崔镇汛界,今地有卓码村作为参考,河卓工当在此地附近。本段北向河弯有西门工、蔡申工、张工、河卓工四处,均为沿堤弯顶。

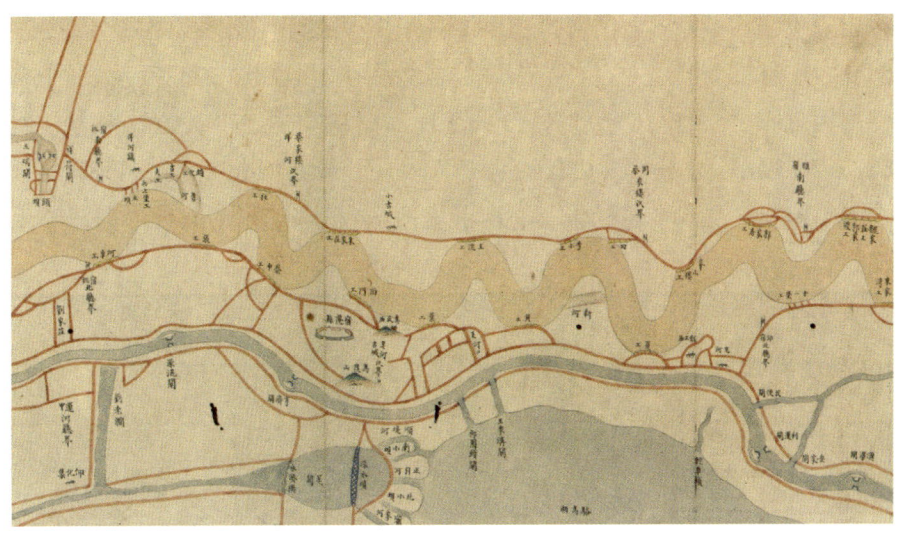

图6-21 《六省黄河埽坝河道全图》宿北厅宿南厅河段

周家楼汛、蔡家楼汛、洋河汛属宿南厅堤段。

周家楼汛,沿堤标注名称依次为郭家房工、峰山楼工及周家楼、蔡家楼汛界。郭家房工为堤内越堤,今宿迁市朱海水库东有郭庄,其北部沿故道旧堤应为郭家房工位置。郭家房工以下有峰山楼工,今宿迁市有峰楼村,五万分之一地形图上标记为峰山楼,峰山楼工应坐落于此处。此段黄河主河道偏向南堤,郭家房工与峰山楼工均为沿堤河段,但两处属于同一南向河弯。

蔡家楼汛,沿堤标注名称依次为田工、李小工、王沈工、小古城、朱家庄工及蔡家楼、洋河汛界。田工和李小工处同一河弯弯顶;今宿迁市蔡集镇以北有田马路、田洼两村相邻,田工应在此地附近沿故道大堤之上;田马路以下有周李庄,其附近故道大堤处应为李小工所在。王沈工应为两工之简称;查《续行水金鉴》,王工应为王家马路工,今宿迁市有王马路;五万分之一地形图所示其下今曙光村原名沈庄,应为沈工名称由来。据五万分之一地形图所示,宿迁县城西故道对岸有地名古城,应为小古城位置所在;沿故道向下有朱老庄,应为朱家庄工位置所在。本段南向河弯有田工、王沈工、朱家庄工三处,均为沿堤弯顶。

　　洋河汛,沿堤标注名称依次为杜工、赵化工、吉工、夫工、兵七堡工、土坝及宿南、桃南厅界。查《续行水金鉴》,杜工全称杜家庄工,长二百零一丈七尺,应在陈家坝埽工以下;赵化工为赵家庄工和化村铺工合称,赵工长三百零六丈,化工长一百四十四丈;吉工为吉祥庵工,长一百八丈七尺;夫工为夫十二堡工,长一百五十三丈五尺。按古今地名对照,以上各工均难以定位。今宿迁市洋河镇即图上洋河镇;镇西北有十一堡地名,由此推测夫十二堡工应在今小月堆前旧堤上;吉工在其前,按各堤工长度推算,吉工应在今十一堡村附近;赵化工应在今岔堤村附近;杜工应在今宿迁市黄道口至孙桥附近。夫工以下有兵七堡工,堤外有洋河镇,兵七堡工及土坝应在洋河镇北部沿故道旧堤之上。本段杜工有南向沿堤河弯弯顶,赵化工附近为旧河道南向弯顶,洋河镇前兵七堡工为一处沿堤南向河弯弯顶。

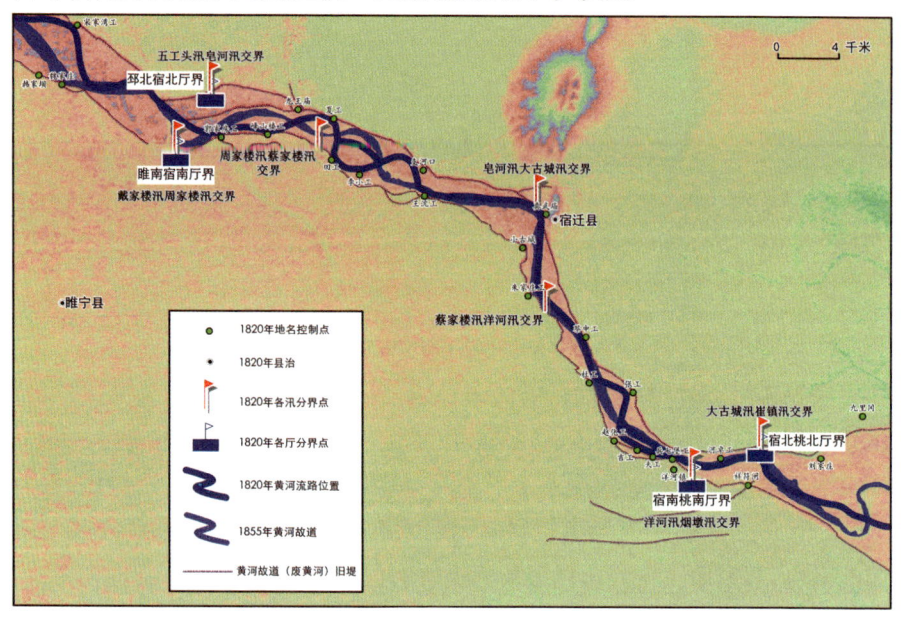

图6-22　1820年宿北厅宿南厅河段黄河流路位置复原

（五）桃北厅桃南厅河段

北岸崔镇汛、黄家嘴汛属桃北厅堤段。

崔镇汛，沿堤标注名称依次为刘家庄、九里冈及崔镇、黄家嘴汛界。汛界以下堤外有刘家庄，今宿迁市郑楼镇西南有刘庄，其位置即图上刘家庄所在。图上九里冈文字标注于运河南岸，今有九里冈在运河北岸，九里冈处运河与旧堤仅隔数百米，沿故道旧堤有四堡村、崔镇，此处故道北岸形似半圆，淤闭时间较早。本段北向弯只有九里冈偏下游一处，并未沿堤。

黄家嘴汛，沿堤标注名称依次为徐昇坝工、河北镇工、顾家庄工、小八堡工、孙平庄工、卢家塘、三岔工、张家房工、徐家庄工及桃北、外北厅界。紧邻崔镇汛、黄家嘴汛交界处之下，徐昇坝工、河北镇工、顾家庄工三工相连。三工对应运河对岸有众兴集，今泗阳县城即众兴集所在，五万分之一地形图上显示众兴集对应运河南岸有徐陈坝，其附近应是徐昇坝位置所在。河北镇与顾家庄位置不可确定，应在徐昇坝以下，并与之相连。沿故道北岸向下有八堡村，小八堡工应在此地附近。五万分之一地形图显示八堡村以下有一湖泊名为"芦塘"，疑其附近有卢庄，此地应为卢家塘位置所在。卢家塘以下三岔工、张家房工、徐家庄工三工相连，今泗阳县有三岔村，应为三岔工位置所在；五万分之一地形图在交界村附近标注有"杨徐队"，其位置应为徐家庄工所在；张家房地名今已不存，其位置应在三岔村与交界村之间。本段北向河弯分布于徐昇坝工、小八堡工和三岔工三处，均为沿堤河弯弯顶。

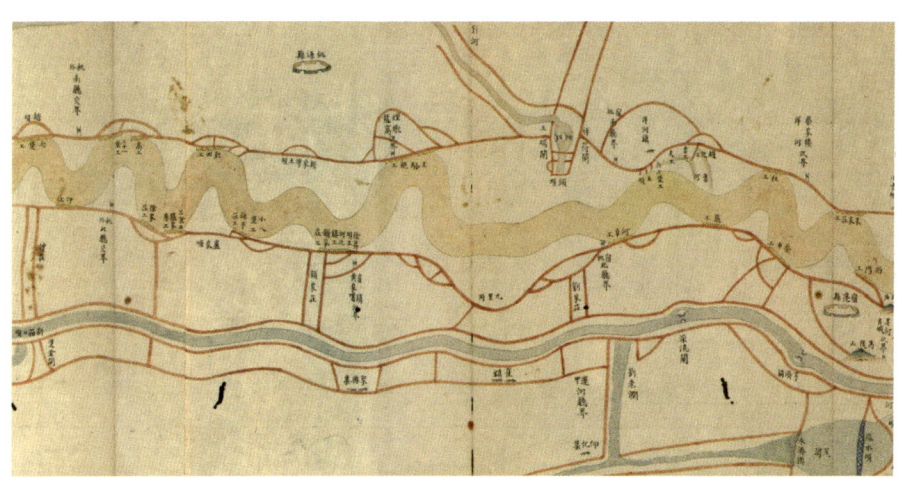

图6-23 《六省黄河埽坝河道全图》桃北厅桃南厅河段

南岸烟墩汛、龙窝汛属桃南厅堤段。

烟墩汛，沿堤标注名称依次为祥符闸、头坝、五瑞闸、王骆鲍工及烟墩、龙窝汛界。祥符闸、头坝、五瑞闸皆在一处,五万分之一地形图上今泗阳县境内有与故道相连通河道,靠近故道处标注有"前废闸"和"闸口",此地有闸西、闸东、闸圩等以"闸"为名的地名。综合判断,闸东、闸西两村之间应为祥符闸、五瑞闸位置所在,闸圩附近应为头坝位置所在。王骆鲍工中王工为王家庄工[1],王骆鲍工位置靠近桃源县城即今泗阳县城厢镇,城厢镇西有骆湾、王庄,其附近旧堤处应为王工、骆鲍工所在。本段在王骆鲍工有南向沿堤河弯一处。

龙窝汛,沿堤标注名称依次为胡家湾土坝、刘田工、高工、二十一堡工及桃南、外南厅界。据《续行水金鉴》记载,胡家湾土坝应在桃源县司家庄以下李家口以上[2],今沿旧堤依次有司庄村、胡庄村、李口镇,应为司家庄、胡家湾、李家口三处,因此胡家湾当在今泗阳县胡庄一带。据《续行水金鉴》记载,刘田工中的刘工应为刘家庄埽工,缕堤长七百三十丈,田工为田家集挑水坝埽工,长一百八十七丈六尺。[3] 刘田工在胡家湾以下,今泗阳县李口镇南有刘庄,刘庄前靠近故道处有谭坝村,五万分之一地形图上谭坝处标注地名为田码,将刘庄和田码视作刘田工对应的村庄。结合故道对岸三岔位置

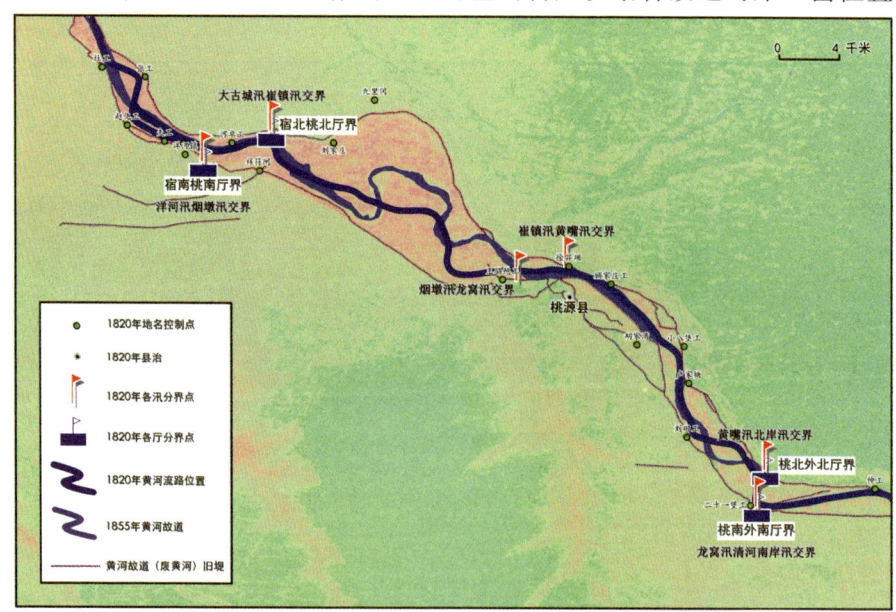

图 6-24 1820 年桃北厅桃南厅河段黄河流路位置复原

---

1 《续行水金鉴》卷 50 载:"烟墩险工……乾隆五十一年后复生,名王家庄,至今修防。"第 1092 页。
2 《续行水金鉴》卷 50 对各堤工按顺序作说明:"司家庄之后为胡家湾,胡家湾之后为李家口。"第 1093 页。
3 《续行水金鉴》卷 50,第 1093 页。

推断,刘田工应在今刘庄前谭坝村附近。高工与二十一堡工在同一河弯处,高工即高家湾埽工。[1] 今泗阳县靠近与淮安市交界处有高湾村,高湾村以下有堤根村,高湾村应为高家湾所在,堤根村附近应为二十一堡工位置所在。本段刘田工和高工附近为两处沿堤南向河弯弯顶。

（六）外北厅外南厅河段

清河县境内北岸属外北厅堤段。

清河县境内北岸,沿堤标注名称依次为仲工、安周工、中河口、浦家庄、孙家庄工、太平工、太东工、苗工、宋工、挑水坝、旧减坝、大王庙、马烟下工及外北、山安厅界。仲工即仲家庄埽工,长二百八丈九尺,嘉庆十八年建[2];光绪《清河县志》记载,仲家庄在旧县西三里[3];今淮安市有仲弓村,仲工位置应在此附近;仲弓村东有旧县村,即旧清河县城所在。安周工在仲工以下,五万分之一地形图上,旧县东北运河南岸有周庄,应是"周工"名称来源之村庄,安周工应在周庄之南。中河口为当时运河与黄河交汇处北侧交汇口,其对应黄河南侧有二坝,今废黄河与京杭运河交汇处有二坝村,中河口位置在今二坝西北、杨庄村以上。中河口以下有浦家庄,今杨庄东北有浦渡村,其位置应为浦家庄所在。浦家庄以下孙家庄工、太平工、太东工、苗工、宋工、挑水坝各工相连,今淮安市盐河南岸有孙庄,应为孙家庄位置所在;《江苏省通志稿》记有"太平庄埽工,现长五百二十五丈,建于乾隆嘉庆年间",今无太平庄名称;由孙庄位置起,按太平庄工长度估算,孙家庄工等堤工应在今孙庄到东闸堆村一线的旧堤上。旧减坝、大王庙、马烟下工都位于王家营之前,王家营即原淮阴县,今淮安市淮阴区所在;马烟下工为三处堤工相连,烟工即烟墩埽工,今淮安市淮阴区黄河西路荷花公园附近存有烟墩埽工遗址。本段黄河北向弯顶有仲工堤段、安周工堤段、孙家庄工至马烟下工堤尾段,均为沿堤弯顶。

清河县境内南岸,南岸汛、外河汛属外南厅堤段。

南岸汛,沿堤标注名称依次为七堡工、吴城砖工、顺黄坝工、顺清河、箍口坝、高家马头、彭家马头、兵二堡及南岸、外河汛界。在五万分之一地形图上,今淮安市沿黄河故道南岸依次有头堡至七堡的地名分布,大体呈一条直线,其中七堡处应为七堡工所在位置。据《续行水金鉴》记载各工顺序,七堡工之下有御坝,御坝以下为顺黄坝工,今淮安市码头镇有玉坝,即当时之御

---

1 《续行水金鉴》卷50,第1093页。
2 江苏省地方志编纂委员会办公室:《江苏省通志稿·都水志》第二卷,厅汛表,第363页。
3 光绪《清河县志》卷6,清光绪二年刊本。

图 6-25 《六省黄河埽坝河道全图》外北厅外南厅河段

坝,顺黄坝工今位置大约在玉坝至四幢碑之间。顺清河为连通黄河与运河的一条人工河道,在顺黄坝工以下,五万分之一地形图上顺兴河附近有河道遗存,应为原顺清河河道位置所在。箍口坝在高家马头以上、二坝之前,处于黄河、运河交汇处。今淮安市有二坝村,根据五万分之一地形图"三树"幅与民国五万分之一图"淮阴城"幅图上水道与地名信息综合判断,1820 年黄河通过运口位置应在今二坝村南,运河的位置应当在塘河堆的位置,因此二坝堤工的位置应在二坝村东南京杭运河与塘河堆交汇处,箍口坝应在今草闸村南。高家马头、彭家马头、兵二堡均应在箍口坝与南岸汛、外河汛界之间,今淮安市二堡村应是兵二堡位置所在,高家马头和彭家马头地名今已不存在。本段南向河弯在七堡工处为沿堤弯顶,顺黄坝工之前与兵二堡之前为非沿堤河弯弯顶。

外河汛,沿堤标注名称依次为外越堤、四堡工、草湾、潘汤陈高工、土石坝及外南、海防厅界。外越堤外为汰黄堤,今五万分之一地形图上窑汪村至岔堆村之间的旧堤处标注有"太皇堆",此旧堤即应为原汰黄堤。四堡工处有老坝工,老坝工应由老坝口得名,老坝口位置距清江闸不远,今已在淮安市区内,以清江闸位置为基准推测,老坝口工与四堡工约在今淮安市甄庄一带。草湾又名三老坝[1],今淮安市东有老坝村,附近还有三坝村,此地应是三老坝即草湾位置所在。图上在草湾以下有潘汤陈高工,按《续行水金鉴》所载应为"潘汤陈高张"五工相连。今淮安市老坝村以下到南马厂乡一段有潘

---

[1] "三老坝,又名草湾",见《续行水金鉴》卷 50,第 1099 页。

庄、汤陈宫、高庄、张庄、高张村,此段故道旧堤应为潘汤陈高工位置所在。本段在四堡工和潘汤陈高工两处有沿堤南向河弯弯顶。

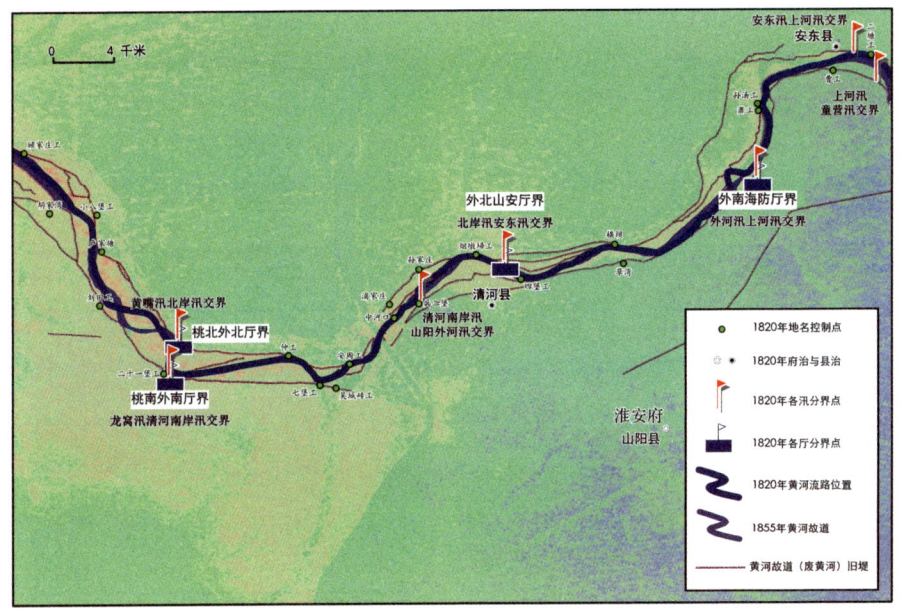

图6-26　1820年外北厅外南厅河段黄河流路位置复原

（七）山安厅海防厅河段

北岸安东汛、上河汛、下河汛属山安厅堤段。

安东汛,沿堤标注名称依次为李娄周工、萧工、孙汤工、东门工及安东、上河汛界。李娄周工堤段与盐河之间有横坝,今淮安市新渡乡南盐河与故道之间有恒坝村,五万分之一地形图恒坝处有旧堤,其下有夏坝、周庄,因此李娄周工应在今恒坝附近。萧工与孙汤工相连,处于同一河弯弯顶,今涟水县黄河故道西岸有肖渡村,五万分之一地形图上记为萧渡,萧工应属此地附近旧堤一段;孙汤工无地名佐证,应在萧渡以下。东门工当在安东县城东,即今涟水县城东沿故道旧堤处。此段李娄周工、萧工至孙汤工两处北向河弯均为沿堤弯顶,东门工与上河汛刘陈童(董)工、二塘工、二堡工、王孙吴工相连,处于同一河弯弯顶。

上河汛,沿堤标注名称依次为刘陈童工、二塘工、二堡工、王孙吴工、罗僧庙、朱家马路及上河、下河汛界。《六省黄河埽坝河道全图》中刘陈童工紧挨东门工,由《续行水金鉴》可知,刘陈童应为刘家庄、陈家庄、董家庄,二堡工在《续行水金鉴》中记作工堡,王孙吴分别为王家庄、孙家庄、吴家庄,今地只有一处汪庄,无法准确按地名确定各工位置。《续行水金鉴》记载刘家庄埽工长二十二丈一尺,陈家庄埽工长一百二十三丈三尺,董家庄埽工长八十二丈七尺,二塘埽工长八十一丈六尺,工堡埽长三十五丈四尺,王家庄埽工长七十六丈七尺,孙家庄埽工长一百四十七丈二尺,吴家庄埽工长二百六丈六尺,八段堤工总长七百七十五丈六尺,大约二千三百余米。按此距离推算,此段大堤大约为今涟水县城东小月堆至前周庄南部沿故道旧堤。罗僧庙与朱家马路位置均靠近上河汛、下河汛界,罗僧庙较难确定位置;朱家马路在《江南省黄河全图》中记为朱家马头,今涟水县南集镇以东靠近故道处有码头村,五万分之一地形图上此地记为朱码头,应为朱家马头位置所在。此段北向河弯只有此八工相连一段,为河道沿堤弯顶。

下河汛,沿堤标注名称依次为十二堡、石坝、十堡工、佃湖工、杨工、嵇工及山安、海安厅界。图上将十二堡位置记在两汛交界处之下,且之后有十堡工,疑十二堡为二堡之误。《续行水金鉴》对此段堤工记载仅有龙潭口老堤、七堡越堤、八堡越堤,并无二堡,此段黄河偏靠北岸,并未沿堤。十堡工应在今十堡村附近。佃湖工与杨工二工相连,杨工即杨家庄埽工[1];堤外越堤内有佃湖镇,今涟水县有甸湖镇,五万分之一地形图上甸湖镇东北有杨码头,可能与杨工有关,因此今甸湖镇前旧堤应为佃湖工与杨工位置所在。嵇工即嵇家马头埽工,在甸湖镇以下,今已无此地名。佃湖工、杨工、嵇工共处于同一北向沿堤河弯弯顶。

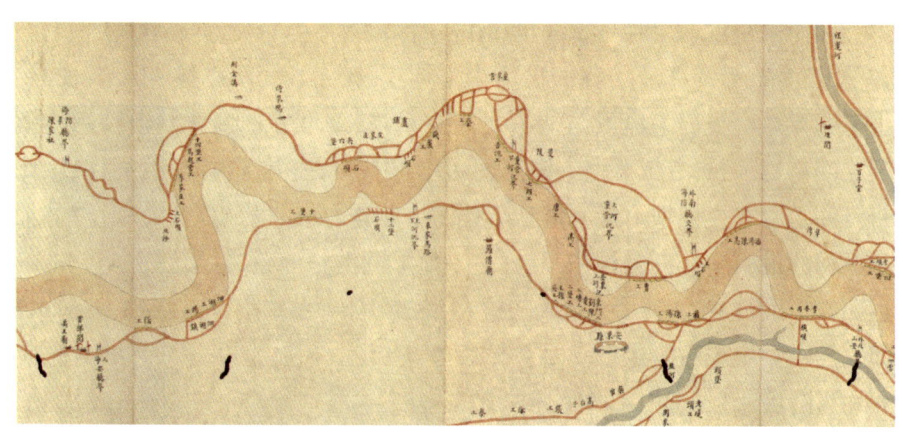

图6-27 《六省黄河埽坝河道全图》山安厅海防厅河段

南岸上河汛、童营汛、下河汛属海防厅堤段。

上河汛,沿堤标注名称依次为曹工及上河、童营汛界。图上所示上河汛

---

1 《续行水金鉴》卷47,第1029页。

所属曹工大堤位置应在安东县对岸河堤以上堤段内,按《续行水金鉴》所载上河汛各堤工分布顺序,依次为杨家码头埽工,尹家庄、韩家庄二工,刘家庄埽工,曹家庄埽工。[1]今淮安市故道南岸依次存在地名杨码头、韩庄、尹庄、刘庄、曹庄,与各埽工名称、顺序基本一致。查五万分之一地形图,尹庄、韩庄为相邻村庄,顺序并不影响其所命名堤工位置。综合各地图资料判断,曹工应在今淮安市曹庄附近。本段只有曹工一处南向沿堤河弯弯顶。

童营汛,沿堤标注名称依次为高工、唐工、七胡工及童营、下河汛界。高工在上河汛、童营汛交界处以下,全称为高家庄埽工[2],今淮安市宋集乡以东靠近故道处有高庄,应为高工位置所在。唐工位于高工之下、茭陵之上,全称为唐家堡埽工[3],今高庄以下有唐堡,即为唐工位置所在。图上显示七胡工堤外有茭陵,今淮安市有茭陵乡、大胡村,七胡工位置应在今淮安市茭陵乡北侧故道附近。本段黄河均为沿堤河段,直到下河汛钱卢工石坝尾都属于同一南向河弯。

下河汛,沿堤标注名称依次为吉沈工、蔡工、钱卢工、石坝、石坝、兵六堡、侍家坞、荆金沟、十四堡工、马起营工、李家庄工、土石坝、北沙及海防、海阜厅界。吉沈工在童营之前,今阜宁县有童营村,童营村西南有沈圩子,应为吉沈工中沈工名称由来,吉沈工位置当在此地附近。蔡工全称应为蔡家马头埽工。[4]童营村东北有蔡工村,五万分之一地形图上蔡工记为蔡弓,附近有蔡码头,因此蔡工位置应在此处。钱卢工位于卢铺堤内,全称应为钱家马头埽工和卢家庄埽工[5],今蔡工村以下有钱码村,钱码村以下有芦浦村,钱卢工应在钱码村至芦浦村一段沿故道旧堤之上。卢铺以下堤外有左家庄,左家庄、范家庄、杨家庄埽工应彼此相邻[6],今阜宁县芦浦乡有左范村,附近有杨码头,左家庄位置应在今左范村附近。兵六堡地名今已不存,其位置应在左家庄以下不远处。大堤外有侍家坞、紫荆沟地名,今均无迹可寻,按相对位置推测,应在今阜宁县羊寨乡附近。十四堡工、马起营工、李家庄工三处位置相邻,今阜宁县沿故道有马骑营村,村前有马工村,此地应为马起营工位置所在,十四堡工、李家庄工当与马起营工前后相接。马起营工以下有北沙地名,今滨海县有北沙镇,应为图上之北沙。本段有钱卢工以上堤段、

---

1 《续行水金鉴》卷50,第1102页。
2 《续行水金鉴》卷50,第1103页。
3 《续行水金鉴》卷50,第1103页。
4 《续行水金鉴》卷50,第1104页。
5 《续行水金鉴》卷50,第1104页。
6 《续行水金鉴》卷50,第1104页。

左家庄兵六堡堤段和马起营工堤段三处南向河弯，均为沿堤弯顶。

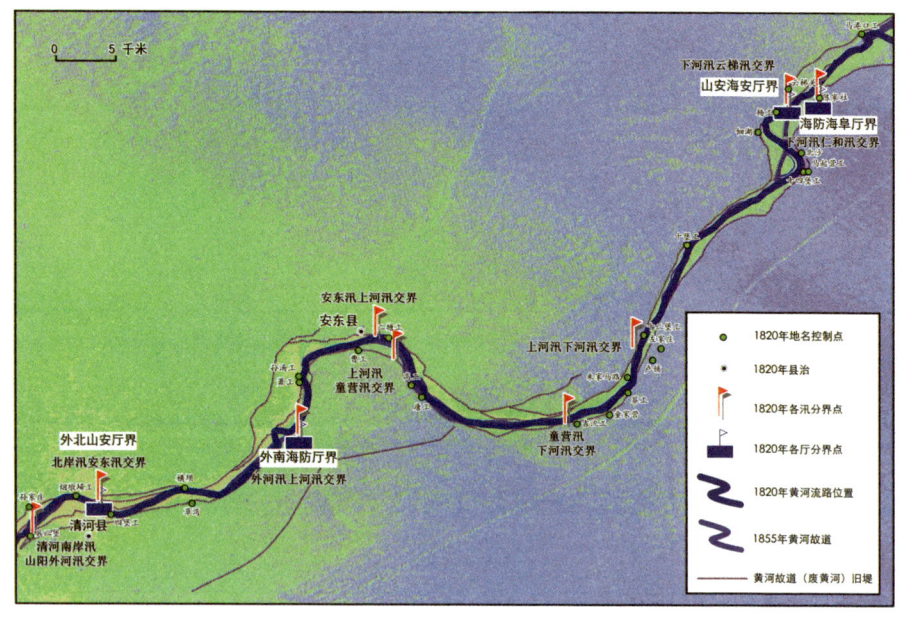

图6-28　1820年山安厅海防厅河段黄河流路位置复原

（八）海安厅海阜厅河段

北岸云梯汛、十套汛、海北汛属海安厅堤段。

云梯汛，沿堤标注名称依次为云梯关、禹王庙、挑水坝、大坝、二坝、薛套、二套、三套、四套、五套、六套、王陈港及云梯、十套汛界。云梯关即今响水县云梯关。大坝、二坝处有马港口工。马港口工为堵塞原大通口所修堤工，[1] 今响水县有大通村，应为昔日大通口位置所在，马港口工当在其下不远处。二套、三套之间堤外有龚家集，今响水县依然有二套、三套地名，今运河乡原名龚集街，即为原龚家集。五套堤内有黄泥嘴旧河形，其南有张家庄。今响水县五套村南，按DEM数据显示有弯形旧河道痕迹，其南有黄泥嘴、大张庄地名。六套以下有王陈港，今响水县六套乡以下与港相关地名有港尾村一处，疑似王陈港所在。此段北向河弯在马港口工一带，并未沿堤。

十套汛，沿堤标注名称依次为七套、八套、九套、十套、上十套、下十套、俞家滩、公馆、倪家滩及十套、海北汛界。今响水县有七套乡、八套村。九套与十套位置按各套间距推测，九套约在今顾庄村处，十套约在今蒋庄附近。十套以下堤内有骆家庄，今响水县樊集乡西有骆庄村，应为骆家庄位置所

---

[1]《续行水金鉴》卷47载："马港口乃昔年减泄黄涨之地。"第1031页。

在。十套以下有倪家滩,今响水县有倪滩村。此段北向非沿堤河弯在八套一处,十套至下汛交界河道偏北,也不沿堤。

海北汛,沿堤标注名称依次为沈家滩、张家社、叶家社、越堤、孟家社、积水、夫二十二堡、龙王庙、望海楼、佃湖营兵船、北尖、红沙。沈家滩在十套汛、海北汛交界处,今响水县有沈家滩。沈家滩以下有张家社、叶家社。叶家社堤内有旧河形,今无可匹配地名,依据 DEM 数据,此处旧河道痕迹,推测叶家社或在今朱舍村附近。孟家社堤内有三百号、百家社,今五万分之一地形图上显示响水县沿故道有二百号地名,推测三百号约在其附近,孟家社约在玖十号村附近。其余地名靠近海口,由于 1855 年黄河改道之后海岸线后退,较难找到遗留痕迹。本段黄河北弯均不沿堤,河弯形态以 1855 年河道在 DEM 数据上留下的痕迹为准。

图 6-29 《六省黄河埽坝河道全图》海安厅海阜厅河段

南岸仁和汛、十巨汛、海南汛属海阜厅堤段。

仁和汛,沿堤标注名称依次为陈家社、大套、天妃宫、辛家荡、十五堡、陈家浦、四坝及仁和、十巨汛界。今滨海县有大套乡,即大套位置所在。大套乡西南沿故道有陈舍村,应为陈家社位置所在。辛家荡前有树根套,今滨海县大套有辛荡村、树根套村,应为辛家荡与树根套位置所在,天妃宫应在树根套与辛家荡之间。十五堡、陈家浦、四坝一带堤内有黄河决溢之旧河形,今参考 DEM 影像旧河道遗迹,并结合五万分之一地形图地名信息,可确定图上四坝位置应在今滨海县四坝村西南旧堤附近,可推测十五堡、陈家浦应在今滨海县赵庄附近。本段十五堡前后一段有南向河弯弯顶一处,并未沿堤。

十巨汛,沿堤标注名称依次为周金港、鳝鱼塘、复兴庵、头巨、二巨、三巨、四巨、五巨、六巨、七巨、八巨、九巨、十巨及十巨、海南汛界。图上周金港以下有鳝鱼塘,越堤内有水陆社,今滨海县陆集镇有水陆舍,应为水陆社位置所在,五万分之一地形图上水陆舍东南有鳝鱼塘,水陆舍西南三千米处有周庄,大约为周金港位置所在。鳝鱼塘与头巨之间有复兴庵,今图上鳝鱼塘与头巨村相聚不过七百米,复兴庵应在头巨附近。今滨海县境内头巨到十巨各地名都存在,古今位置没有大的变动。六巨堤内有俞家滩旧河形一处,今六巨堤内无俞家滩地名,仅与租地地名较为相似,结合 DEM 影像与五万分之一地形图水道信息判断,今八巨河位置与此段旧河形较为吻合。本段水陆社前有一处不沿堤南向河弯。

海南汛,沿堤标注名称依次为于家港、八滩、卫滩、宋家尖、二木楼、东洼、七巨港、八巨港、大淤尖、丝网浜、南尖。今滨海县有八滩镇,八滩位置较为可靠。图上八滩之前有于家港,今八滩镇西部有渔家港村,应为于家港位置所在。八滩以下越堤内有卫滩,卫滩前有卫工,卫工沿堤以下有宋家尖,今八滩村以下有卫东村和圩区村,再之下有宋尖村。以宋家尖为定位基准,并参考五万分之一地形图此处旧堤遗迹,卫滩应在卫东村和圩区村附近,更靠近圩区村,卫工在靠近故道大堤处。今滨海县八滩镇东北有木楼村,五万分之一地形图上注记为二木楼子,应为二木楼位置所在。今滨海县淤尖乡东有东洼村,为东洼位置所在。今东洼村以下有七巨港村,七巨港村东北有淤尖村,五万分之一地形图上注记为大淤尖,今七巨港与淤尖两村位置应为

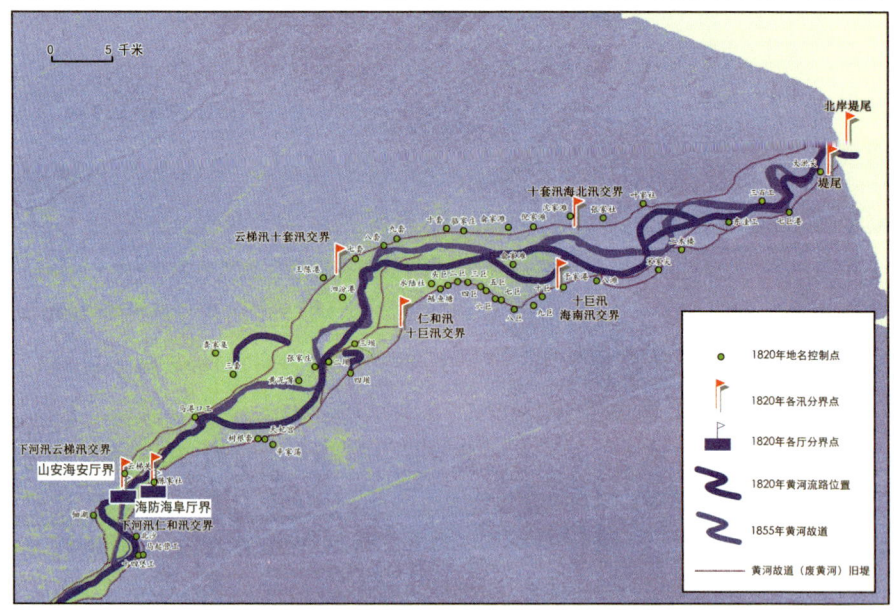

图6-30 1820年海安厅海阜厅河段黄河流路位置复原

图上七巨港与大淤尖今址所在。八巨港在两地之间,推测大约在今前港村附近。大淤尖以下地名已靠近海口,因海岸线后退,较难找到遗留痕迹。本段卫工与东洼工两处为沿堤南向河弯弯顶,七巨港和八巨港附近也有两处南向河弯,但依据图中所示,均不沿堤。

三、嘉庆时期黄河故道内流路位置的变化

由于《六省黄河埽坝河道全图》中黄河各段地名和沿堤险工记录更加详细,大堤内外控制点分布均衡,因此1820年黄河河道内流路位置的复原精度很高。与乾隆时期相比,嘉庆时期黄河流路发生显著变化的位置在河南、山东河段,主要为铜瓦厢以下河段。兰阳改河之后,黄河主流由兰仪县至商丘河段约一百七十里河道改由新开河道过水,原北侧河道并未完全断水,河图中对其也有记录。

1780年至1820年的四十年间,江南河段黄河变化主要是河弯进行上下游移动。其表现为,各河弯弯顶险工名称发生变化,险工以地名命名。名称改变,表示两岸弯顶位置发生变动。变动幅度较为明显的如宿迁河段支河口附近,由南向弯变成了北向弯,宿迁小古城、洋河以下古城工附近也是如此。河弯变动有传导性,引起变化的往往是上游某一河段的改变,这一点在1820年的河段变化中显得较为明显。淮安段因为运河的原因,受到人工强烈干预,河道狭窄,因此流路变化相对并不明显。清口以下至云梯关一段河道狭窄,1820年较1780年的变化也不明显。云梯关以下至海口河弯变动相对较大,这一段的人为干预主要表现为束堤与引河两方面。结合1750年流路位置来看,本段河弯变化速度和变动幅度都较大。

第七章

明清黄河故道流路变化的思考

一、人工强烈干预下的明清黄河故道发育特征

有关明清黄河故道的研究,以往大多根据文献资料对其河道进行描述,如此很难了解它在明清两代的详细变化过程。而本书则根据河图资料,并在 DEM 和 SRTM 数据资料的支撑下,详细复原出黄河河道内流路在明万历十八年(1590年)、清康熙十四年(1675年)、康熙四十二年(1703年)、乾隆十五年(1750年,江南段)、乾隆二十六年(1761年,河南段)、乾隆四十五年(1780年,江南段)与嘉庆二十五年(1820年)等七个时间断面的状况,试图呈现出明清黄河河道在铜瓦厢决口袭夺大清河改由山东注入渤海之前的河道变化特征。

根据前文按时间序列所复原的明清黄河河道变化情况,我们发现这一时期黄河下游河道的变化有以下特点:

(一) 河南山东段黄河河道的演变过程

这一段黄河主要包括河南、山东境内的黄河河道。其中,铜瓦厢以上河道本不属于明清黄河故道的范围,但因为这一区域的河道与下游河道变迁直接相关,故在此一并讨论。根据明清时期这一段黄河河道的演变特点,又以铜瓦厢为界,分两段考察其河道变迁特点。

1. 铜瓦厢以上河段河道流路较为顺直,河弯发育不明显,河道变化不大

这一段河道按险工又可分为两段,其中,今河南中牟九堡险工以上河段,1590年黄河行水位置在此河段偏于北岸,河道内行水位置尚在河南黄练集以北。康熙元年(1662年)河决黄练集,至1675年黄河行水位置已在黄练集南侧,此后直至1855年,均位于该地南侧。可见,本段黄河的行水位置普遍偏向于南岸。偏向于南岸的这条河道相对较为稳定,直至今天,这一段黄河仍然靠近南岸(如图 7-1 所示)。

中牟九堡险工至封丘、兰考交界河段,其中封丘、兰考交界处即清代铜瓦厢决口位置。由本段开始,所复原的各时段黄河出现了可明确分辨的河弯。1590年黄河在此河段相对和缓,按照河弯弯曲度 1.3 以上为明显河弯,共有四处明显河弯。1675年,此段明显河弯已达五处。到靳辅治河后的1703年,此段明显河弯数量减为三处。至乾隆时的1761年,本河段明显河弯数量仍为三处。到1820年,本河段明显河弯数量又增至四处。今黄河道在此段明显河弯数为三处。以河弯最多的1675年复原河道作本河段综合河流弯曲系数估算,结果为1.18,远小于典型弯曲河流1.3的值,由此可推测此段河流一直以来河弯发育并不很明显(见图 7-2)。

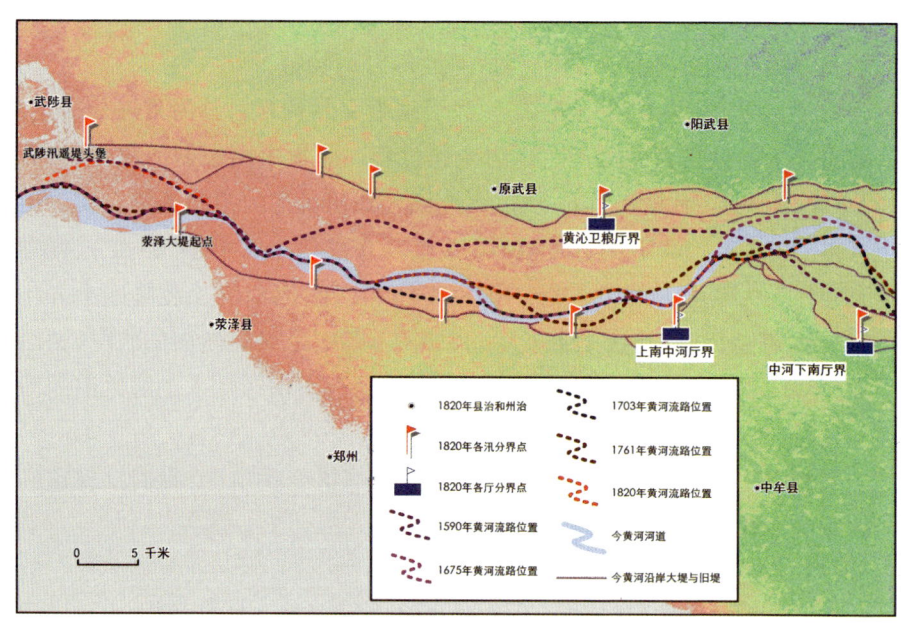

图 7-1 武陟荥泽至阳武中牟河段流路变迁示意图

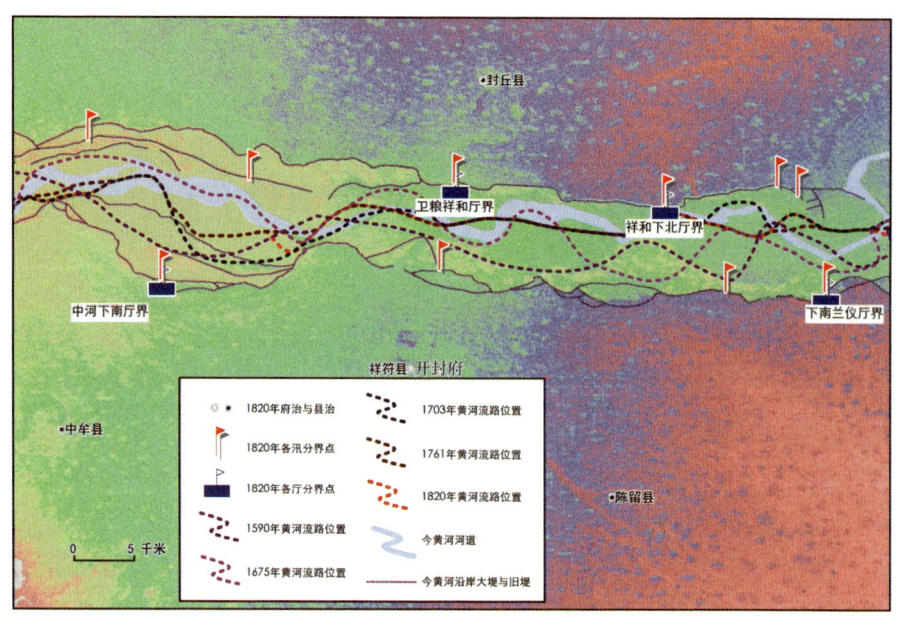

图 7-2 阳武中牟至铜瓦厢河段流路变迁示意图

2. 铜瓦厢以下兰考至徐州段明清黄河故道属典型平原河床,河弯发育明显,河道变动频繁

严格意义上的明清黄河故道起于今兰考东坝头。其中兰考东坝头至徐

州段属于平原地带,河道比较宽阔,明清时期较大的河道变动多有发生。这一段河床又可分为河南境内和山东境内两段。

今兰考与民权两县境内河段,大约相当于1820年北岸曹考、曹河厅界和南岸睢宁、商虞厅界以上河段。此段黄河在1782年之前偏行于北侧河道,1782年兰阳改河之后才由今日黄河故道行河。兰阳改道之前的河道在1590年有三处明显河弯,1675年有四处明显河弯,1703年有两处明显河弯,1761年有三处明显河弯。以河弯密度最高的1675年计算,此段河道弯曲系数为1.34,1590年为1.19,1703年为1.131,1761年为1.137,四个时间断面上仅在1675年时河道弯曲系数达到了弯曲型河流的界限值。在改行南部河道后的1820年,河道弯曲系数为1.18。至1855年,该段河道弯曲系数达到1.365(参见图7-3)。

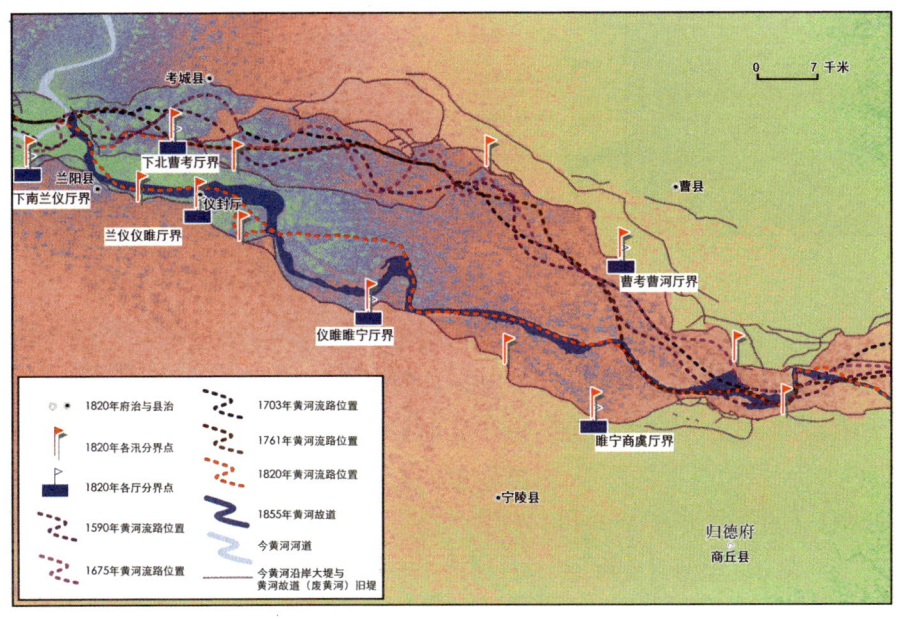

图7-3 铜瓦厢至商丘河段流路变迁示意图

今北岸山东曹县、单县境及南岸河南商丘、虞城境内河段,大约相当于1820年北岸曹河、粮河二厅及南岸商虞、归河二厅河段。进入本段,黄河故道开始变得狭窄起来,最宽处大约12千米。受限于河图中可定位控制点的数量不足与河图详细程度不够,1590年时,此河段明显河弯数仅有两处,河道弯曲系数为1.07。但到1675年时,此河段明显河弯有四处,河道弯曲系数上升到1.2。至1703年,此河段明显河弯有三处,河道弯曲系数为1.225。1761年,此河段明显河弯有三处,河道弯曲系数为1.25。1820年,此河段明显河弯有四处,河道弯曲系数为 1.26。1855 年,此河段明显河弯有五处,河道弯曲系数为 1.377。由此可见,这段河道弯曲系数逐渐提高,反映出河道曲流发育明显,河道逐渐趋于不稳定的特征。

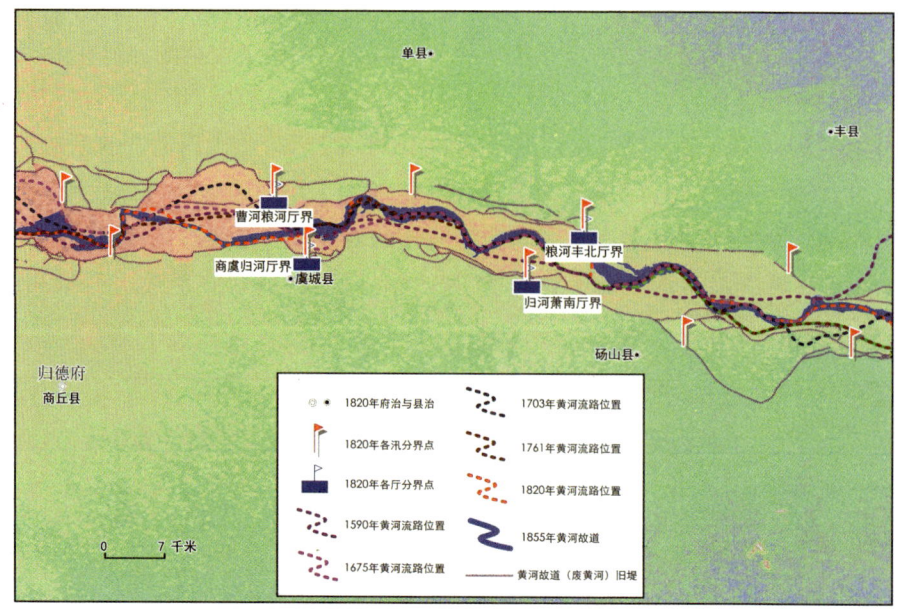

图 7-4　单县商丘至丰县砀山河段流路变迁示意图

（二）江南段黄河故道的演变过程

江南段黄河根据河图资料所复原的黄河河道内流路情形,大约涉及七个时间断面:1590 年时间断面、1675 年时间断面、1703 年时间断面、1750 年时间断面、1780 年时间断面、1820 年时间断面与 1855 年时间断面。这一段明清故道根据其发育特征又可分为三段。

1. 徐州以上河弯发育不明显,河道虽有变迁,但整体趋于稳定

今安徽砀山县以下至徐州河段,大约相当于 1820 年北岸丰北厅、南岸萧南厅河段。本段内河道的显著变化发生在今丰县、砀山、萧县三县交界处附近,1590 年与 1675 年两个时间断面上的河道均由此地折向北方,大致经由今大沙河河道北行至今丰县华山镇附近折向东行入沛县,由今铜山县与徐州市交界处即微山湖以南之京杭大运河至徐州。1590 年,河道在今沛县栖山镇以下还从主流分出一条岔流,经今铜山县韩堂一带汇入今故道河段。1703 年,河道已固定在今故道之内,在此河段明显河弯有四处,河道弯曲系数为 1.24。1750 年,此河段明显河弯有三处,河道弯曲系数为 1.14。1780 年,此河段明显河弯有四处,河道弯曲系数为 1.25。1820 年,此河段明显河

弯有五处,河道弯曲系数为1.26。1855年,此故道河段明显河弯有四处,河道弯曲系数为1.21。在潘季驯治河以后,尤其是黄河河道稳定之后,该段河弯处于相对稳定的状态。

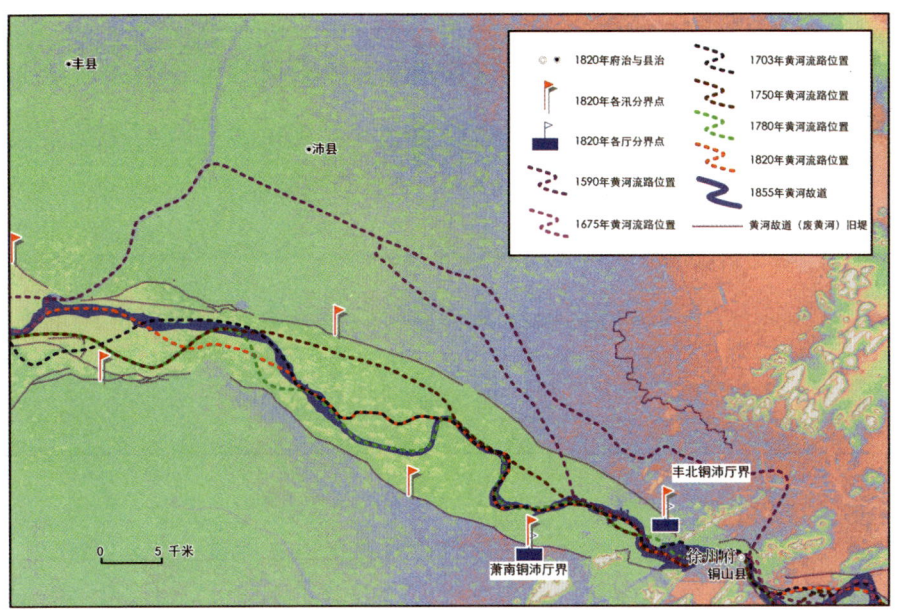

图7-5 丰县至徐州河段流路变迁示意图

2. 徐州至淮安清口段弯处较多,河道变动较大

今徐州市、铜山县、睢宁县境内河段,大约相当于1820年铜沛厅两岸及北岸邳北厅、南岸睢南厅河段。本段河道两岸多矮山,较徐州以上河段显著变窄,铜沛厅与邳北、睢南二厅交界处为本段河道最宽处,宽约7千米。由于河图中可定位控制点的数量较少,1590年时此河段可分辨明显河弯仅有三处,河道弯曲系数为1.156。1675年,此河段明显河弯有七处,河道弯曲系数为1.32。1703年,此河段明显河弯有八处,河道弯曲系数为1.29。1761年,此河段明显河弯有八处,河道弯曲系数为1.365。1780年,此河段明显河弯有六处,河道弯曲系数为1.23。1820年,此河段明显河弯有七处,河道弯曲系数为1.297。1855年,此故道河段明显河弯有七处,河道弯曲系数为1.4。弯处数量增长,随着弯曲系数的提高,此段河道也由稳定型转化为摆动型,河道趋于不稳定。

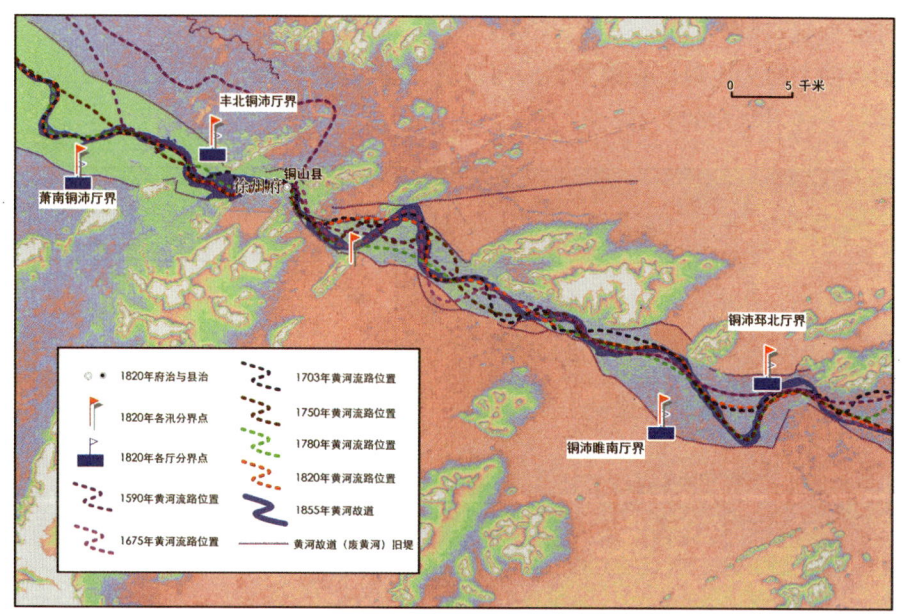

图 7-6 徐州境内河段流路变迁示意图

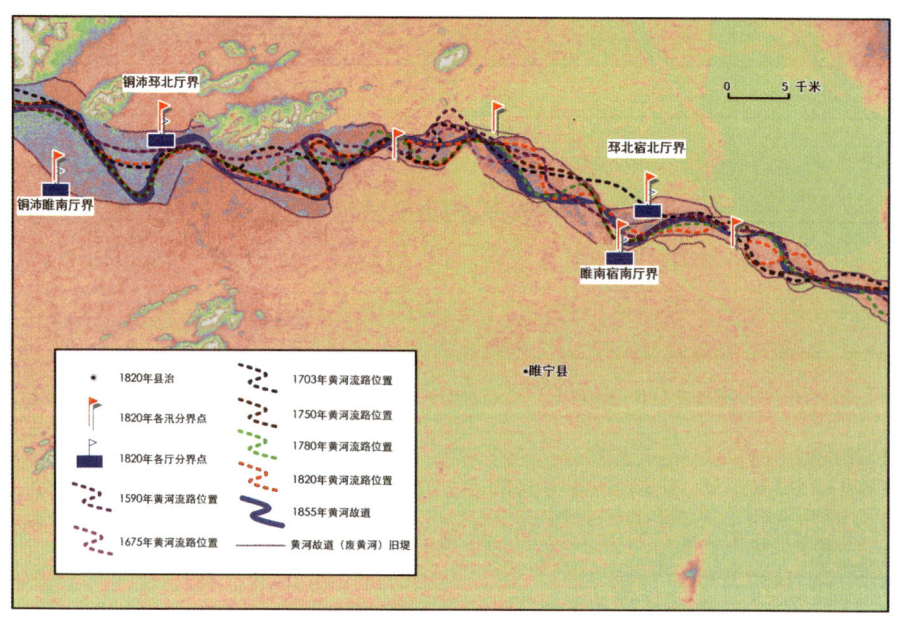

图 7-7 邳州境内河段流路变迁示意图

今宿迁市和泗阳县境内河段,大约相当于1820年北岸宿北、桃北二厅及南岸宿南、桃南二厅河段。1590年,此河段可分辨明显河弯数仅有五处,河道弯曲系数为1.21。1675年,此河段明显河弯有六处,河道弯曲系数为1.24。

1703年,此河段明显河弯有八处,河道弯曲系数为1.26。1761年,此河段明显河弯有八处,河道弯曲系数为1.29。1780年,此河段明显河弯有六处,河道弯曲系数为1.2。1820年,此河段明显河弯有七处,河道弯曲系数为1.24。1855年,此故道河段明显河弯有七处,河道弯曲系数为1.27。这一河段河道内流路变动较大的区域多集中在桃源河段,但总体来说河道相对稳定。

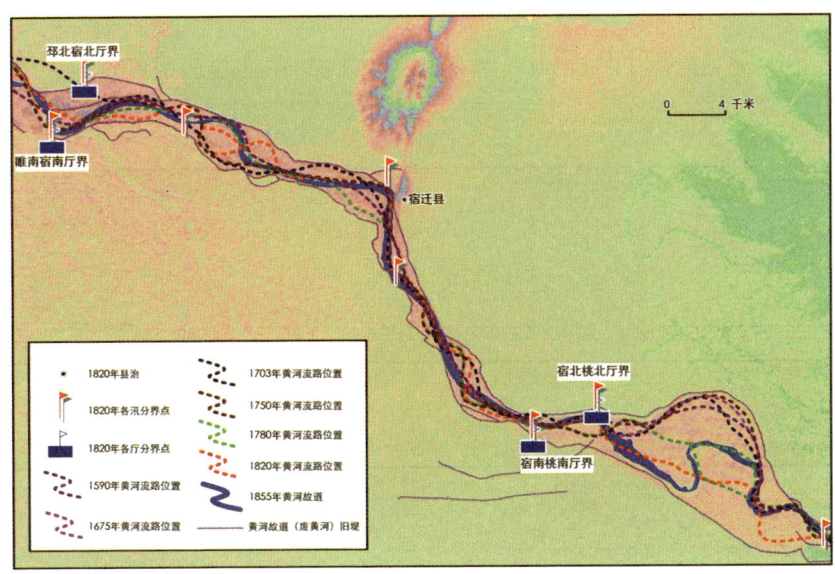

图7-8 宿迁至桃源河段流路变迁示意图

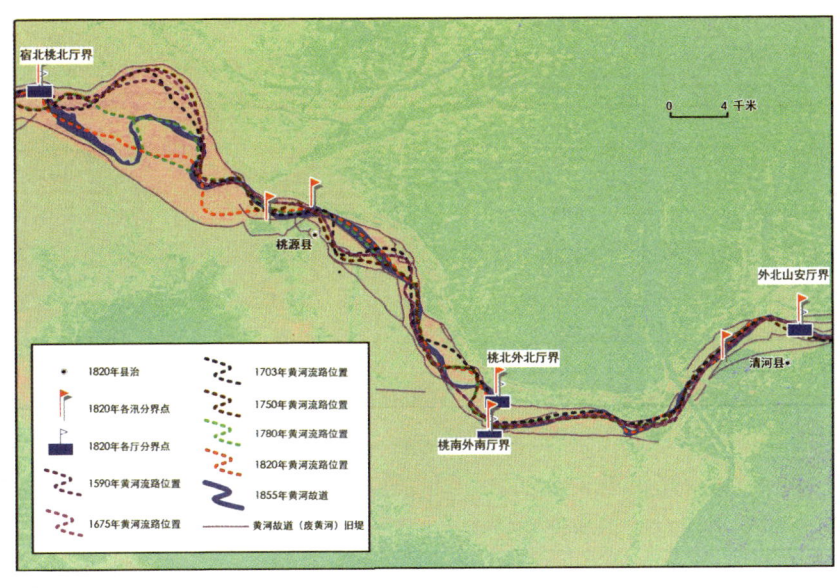

图7-9 桃源至清河河段流路变迁示意图

3. 清口以下至入海口段河弯发育完全,但河道变化幅度不大

这一段黄河河道的变化也以江苏阜宁为界,分为上下两段。

其中,淮安市、涟水县和阜宁县河段,大约相当于1820年北岸外北、山安二厅及南岸外南、海防二厅河段。本段黄河河道极为狭窄,是黄河故道最为狭窄的一段,以明代旧河道计算,最宽的涟水县以上河段也不超过4千米,因此河道内河弯的变化相对并不明显。最为明显的是1590年黄河河道从今淮安市区到涟水县城一段,当时黄河主流偏南岸,在淮安至涟水县西南保滩镇形成一个大弯。

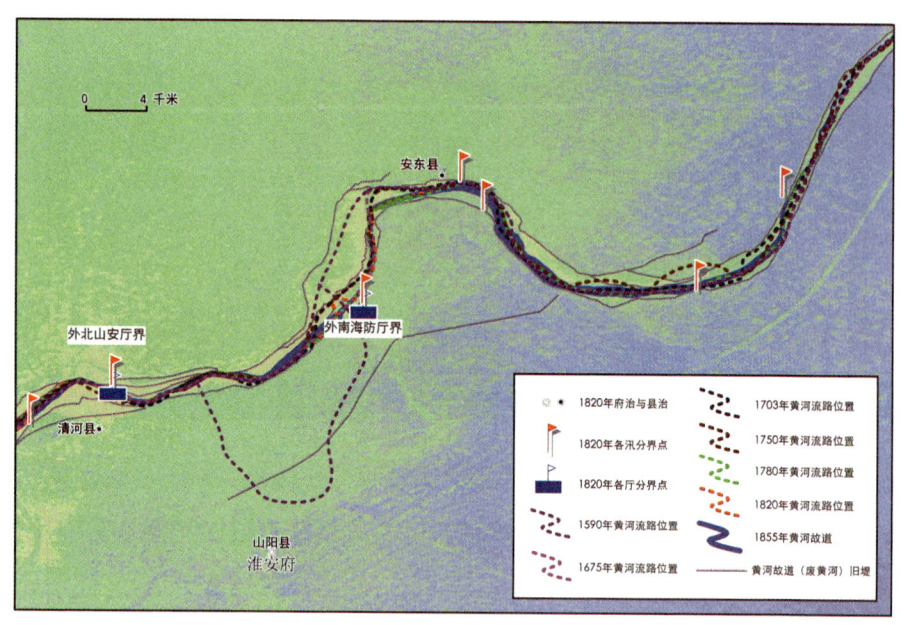

图7-10 清河至安东河段流路变迁示意图

而今滨海和响水二县境内河段,大约相当于1820年北岸海安厅、南岸海阜厅河段。本段黄河河道已至河口段,沿岸大堤的修筑时间相对较晚,较早的河图对本段河道均是简略示意。1703年,河道在云梯关附近流路位置偏于北岸。1750年,云梯关以下的河道摆动幅度仍然较大。随着裁弯取直的引河发挥作用,到1780年时,河道内流路位置已离开北岸,偏向河道中部。到1820年时,流路位置又偏向于南岸。总之,本段由于位于海口位置,河道内河弯的变化相对较为频繁和复杂。

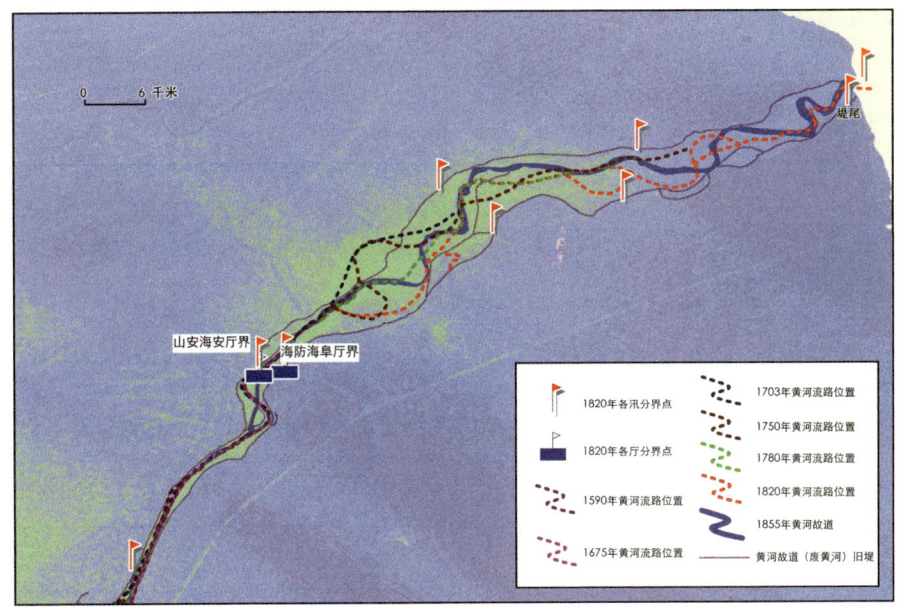

图 7-11 安东至海口河段流路变迁示意图

二、明清黄河故道演变的动力机制

明嘉靖二十五年(1546年)黄河结束了四个世纪的分流状态,"全河尽出徐、邳,夺泗入淮"。[1] 此后迭经潘季驯治河,黄河下游河道进入相对稳定的状态,明清黄河故道也基本形成咸丰五年(1855年)铜瓦厢决口之前的河道。这段时期黄河河道虽然相对稳定,但仍旧淤塞严重、决口频繁。因此,对黄河河道的治理,就存在着在顺应河道自然发育状况下,人工强力干预的特征。由是,自然与人工的合力作用就成为明清黄河故道河道演变的动力机制。

（一）自然因素对明清黄河故道演变的影响

明清黄河故道流经区域地貌特征不同,使得不同地区河道发育因受地形的限制,呈现出不同的河流动力形态。黄河冲出山陕峡谷,自孟津进入华北平原后,除在徐州附近为低山丘陵外,大部分地区地势低平。因此,水流缓慢,泥沙堆积旺盛。除在孟津—郑州桃花峪间纳入伊、洛、沁、汶河等支流外,再无其他支流汇入。[2] 此外,黄河河水补给以雨水为主,所流经的地区多为半干旱、半湿润季风区,降水年内变化大,水量集中在夏秋两季,约占全年

---

[1] 《明史》卷84《河渠志二》,总河工部尚书杨一魁语,中华书局1994年,第2064页。
[2] 上海师范大学等编:《中国自然地理》(上册),人民教育出版社1979年,第75页。

径流总量的70%—80%,易导致洪水泛滥。

水量的不稳定和含沙量大是黄河的基本特点,而这一特点成为明清黄河故道演变的基底。

(二) 人工干预对明清黄河故道演变的影响

1. 明清以堤防为主的治黄方案对明清黄河故道发育起到关键性作用

明代嘉靖二十五年(1546年)之前,河南段南岸堤防并不完备,黄河多经颍河、涡河、濉河南流入淮,且流路不定,之后南岸各支河先后淤塞。到明隆庆六年(1572年),始筑兰阳县赵皮寨至虞城县凌家庄二百二十九里大堤,本段黄河南岸大堤终于初见规模。随着堤防的逐步完善,隆庆、万历年间本段黄河两岸修筑堤工,河道束水作用明显,黄河逐步稳定在一定范围内。明万历十七年(1589年),潘季驯大筑三省黄河两岸大堤。大堤竣工之后,明清黄河变化区间基本稳定在今故道的范围之内。由此可见,大堤直接限制了黄河河道的正常发育,使得水流局限在堤坝范围内。这对处于平原段的黄河来讲,直接的影响就是在限制河弯发育的同时,加剧了黄河下游河道的不稳定状况。虽然河道束窄可以加大河水挟沙能力,即所谓的"束水攻沙",但另一方面,河道束窄使得上游地区泄洪能力下降。如黄河在清口以下安东河段,1750年时北向河弯尚且较多,至1780年河弯数量就有所减少,这应与乾隆年间重视对清口以下河段两岸大堤的修筑引起的自然河弯变动有关。

2. 引河开挖对河道发育的影响

康熙年间,靳辅治河,在黄河两岸大筑堤坝的同时,又在堤内河弯发育处开凿引河、截弯取直,在汛期利用洪水将河槽冲宽刷深(如图7-12、图7-13所示)。乾隆四年(1739年),也曾在河南境内大规模开凿引河,致使这一段河道较为顺直。

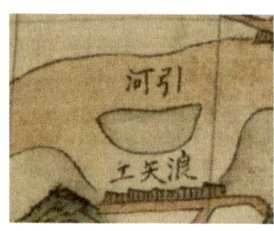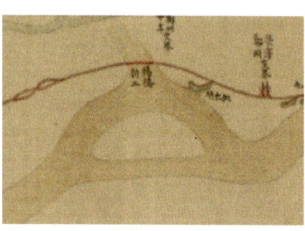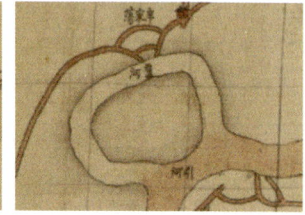

图7-12 《黄河南河图》徐州段、《豫省黄河全图》中牟段、《黄河南河图》仁和段引河示意图

图 7-13 《豫省黄河全图》仪封段、《黄运湖河全图》邳州段引河产生作用后的河道示意图

由于这些措施极大地增强了黄河河道的冲刷能力,所以在治黄中常常被采用,这使得黄河河道不再处于自然发育状态。尤其是人为对河流截弯取直,在很大程度上改变了明清黄河故道的弯曲率,加速了河流自然发育的周期,促进了河流自身的调整。如前文所复原的江南段黄河流路位置,从 1703 年到 1750 年再到 1780 年三个时间断面上都有明显的变化。其中,徐州以上毛城铺至管粥集的河弯南北摆动、徐州至宿迁河段的河弯曲直和河弯数量的变化都应与康熙至乾隆时期"开引河"与"淤边滩"的治河措施有关。显然,开引河与治边滩对黄河故道的影响并不是直接的,而是通过改变河流水文动力作用于河道。

3. 黄运关系对明清黄河故道的影响

明清两代定都北京,南北大运河是否通畅,成为中央政府的头等大事。而其畅通与否,与黄河下游河道是否稳定有着密切的关系。在明永乐之后,治理黄河的要务首先是保障大运河漕运顺利,因为明初黄河北决冲溃沙湾堤,破张秋运河,致使南北漕运完全中断,几乎影响到明王朝的安危;而保运就是使山东境内的会通河不受黄河北决或东决的影响,同时又要保证徐州至淮阴段运河有足够的水源可以通漕。因此,明弘治二年(1489 年)黄河大决后,明朝对黄河的治理就一改"分流为主"而为"北堤南分"分段式治理策略。这一政策对明清黄河河道的发育有着重要的影响。

此处所谓的"北堤",就是在河南段以修筑大堤为主。自弘治年间(1488—1505 年)刘大夏筑太行堤后,明清两代都对大堤随时增修、添筑。因为河南境内的堤距较宽,黄河在其中虽有一定的摆荡,但基本固定在堤内,使得此段河道较为顺直。

而徐州至淮阴一段,黄运合流,即这一段运河就是黄河河道,故此段黄河的顺畅与否直接影响到运河漕运是否通畅。明中期之前,徐州以上黄河道常南北分流,因此此段河道泥沙淤积并不严重。但嘉靖中叶以后全河入运,黄河中丰富的泥沙很快使河道淤高。因此,嘉靖之后这段黄河成为以保运为中心的河工重点,河工要害"不在山东、河南、丰、沛,而专在徐、邳"。[1]由是,万历六年、七年(1578—1579年)潘季驯第三次总理河漕时,即以本段河道为重点,采用"塞决筑堤、束水攻沙"的方法,通过人力束狭河道、提高流速,增强河水的挟沙能力,以达到冲刷河床、减缓淤积的目的。同时,修筑高家堰,抬高洪泽湖水位,蓄清刷黄。这些措施,直接造成徐州至淮阴段黄河河道变动剧烈。

4. 人工改道对河道发育的作用

清乾隆四十七年(1782年),由于下游曹县青龙冈决口,自兰阳三堡起至商丘七堡止,改河一百四十九里,将原有河道南堤改作北堤,另修一道新南堤,同时使黄河在商丘境回归原有河道。乾隆四十八年三月,开放兰阳十二堡新河,改河工程完成,黄河完成了一次人为改道。这就是著名的兰阳改河。[2]

兰阳改河后,由于人为造成了一个由东折南的大弯,使得兰考耿家寨以下流路位置由偏北改为偏南,靠近曹县位置又较1703年流路偏向北岸。虽然不一定认为这是导致铜瓦厢决口的必然原因,但东坝头经南北庄至二坝寨的南北向大坝成为阻挡黄河河道水势的重要屏障,一旦下流不畅,不仅河道泥沙淤积加重,而且极易造成决口。因此,人工改道加速了河道的发育速度,其影响更为直接。

三、明清黄河故道内部流路研究的总结

河床在自然情况下,发生的冲淤变化被称为河床演变。河床演变就其表现形式而言,有纵向变形和横向变形两种。纵向变形是河床纵剖面和横断面的冲淤变化。横向变形是河流在平面上的摆动。本研究着眼于铜瓦厢改道前明清黄河最后265年(1590—1855年)间的平面形态的变迁,通过多个时段黄河河道内行水位置的复原,试图对历史时期黄河河床横向变形的进一步研究作出一定的贡献。

河床演变研究的一般方法是通过对天然河道的实测数据进行分析,分析河道的历史演变过程;从河道形态、水流和泥沙特征,推断出今后一个时期的发展趋势。应用泥沙运动的基本理论和河床演变的基本原理,对未来

---

[1] 《明史》卷83《河渠志一》,第2040页。
[2] 翟自豪:《兰阳改河与铜瓦厢改道》,《黄河史志资料》1991年第4期。

的河床变形进行理论计算,再通过模型试验,对河床演变进行预测。[1] 历史时期的河道没有像今天一样的实测资料和数据,在研究分析手段方面也就无法应用今天的分析方法。

黄河下游河道的独特性还在于历朝历代对于本段黄河的治理都是水利大事件,于是对该段黄河的资料记载最为详细,其独特丰富的文献资料也是无可比拟的。对于黄河下游河道的历史演变过程,在一些研究中也有涉及,多以河流纵向形态与泥沙沉积量估算,在历史时期的平面形态分析中也只有较长时间尺度上的河道变化。对于河道相对稳定时期的研究,多以决口水患为切入点,在河道内河流平面形态上的研究较为少见。资料数据方面相关信息的缺乏应是主要原因。潘季驯治河后整理的《河防一览·全河图说》,以使用河图图说的形式开创了记载黄河河道全貌的方法。本研究正是基于河图,尝试了以历史地名考证与河图河弯信息提取的方法和思路,将历史河图资料中的地理信息还原到今天的地理标准上。在研究过程中,笔者对明清时期黄河河道图与相关文献资料做了大量比对工作,通过历史地名考证方法确定出沿河控制点位置;同时利用高程数据影像与相关区域内大比例尺地形图上的信息,对河水可能的流路进行判断。最终,复原出1590年、1675年、1703年、1761年、1820年五个时间断面的河南段黄河平面形态与1590年、1675年、1703年、1750年、1780年、1820年六个时间断面的江南段黄河平面形态。这些时间断面的复原,存在控制点的数量不足或精度太低等情况,但经过对比定位,还是可以实现在故道区域内将基本的平面河弯形态确定出来的目的。

依照河图信息、沿河地名区分出的河弯信息精度,虽不能与今日遥感影像信息提取的精度相媲美,但可以提供一个历史河道河弯信息提取的解决方案。历史上河工河道图的具体绘制方法今已不得而知,但从绘图的目的上也可窥见一斑。河工河道图是为了将已建河防工程和其起到的作用用图的形式汇报给上级,图上修建河工的关键位置需要重点呈现,之后黄河与堤工的相对位置关系也要表达出来,至此最基本的信息就可以帮助我们解决历史河道河弯信息提取的问题了。

黄河河道的研究从历史自然地理研究的角度来看,可以概括为弄清河道流向的问题;从今天水利工程研究的角度来看,可以概括为如何可以更好地掌握好规律,控制住黄河,使其再也不会成为一条"害河"。如何使经典的

---

[1] [加]雅林、席尔瓦著,戴文鸿、唐洪武、闫静译:《河流演变学》,中国水利水电出版社2015年。

历史河道研究转向对河道内水流的细节的研究,是一个值得探讨的问题。本研究完成了一次以多时段河道内流路位置复原为目的的尝试,以此证明利用历史文献与河图信息并结合多元数据综合进行河床演变的初步分析是可行的。

黄河在相对固定的河道内流路位置发生变动,也受自然与人为因素的共同影响,这是一个较为复杂的过程。黄河下游河段的特殊性在于这种复杂的"综合驱动因素"。而对于黄河本身的变化发展来说,无论是自然或人为,都属于外在因素,从河道变化现象到总结变化规律是一个成熟的河道研究的思路。传统上,利用河道经过的地名可以勾勒出河道的大致位置,但河道范围流路固定之后,对河道内行水位置的判定能否实现,又应当如何实现,正是本研究尝试解决的问题之一。但对于大堤内行水位置的变化,从变化现象到总结变化规律的方法还适不适用,正是本研究尝试解决的另一个问题。

以古地图作为文献资料进行历史地理学研究,首先需要对古地图进行考订,了解它们的制作背景即产生的条件,以便评价其在资料应用方面的准确性,进而论证研究的科学性。接下来,我们需要知道这些地图带给我们的信息,哪些是准确的,哪些是模糊的,哪些是可以与今天的资料体系进行比较的。而在历史地理研究中,常常关注的就是地名,通过地名考证做到古今对照,从而使图上其他诸如方位、里程等解释性的文字信息成为有效的研究信息。

历史河道研究属于历史地貌研究中的一个重要分支。在地貌学中使用遥感影像数据、数字高程模型(DEM)研究古河道,已经属于较为常见的方法。遥感数据在历史地貌的应用方面,使用较多的是DEM高程数据和多光谱影像。利用高程数据的高度差异性,在较大范围的区域内识别线状地物是非常方便的,河道两岸新旧堤防、故道内部的新旧河槽、故道之外的决口遗迹等都分辨得相当清晰。在前沿领域,对于较大空间尺度的河道识别,除目视解译外,还可应用ISODATA等非监督分类方法或决策树、最大似然法和支持向量机等机器学习方法,进行监督分类识别。

在实际的历史地貌研究中,我们不仅要知道古河道的位置,还需要分辨出古河道的时间,这对时间精度的要求比较高。历史资料的作用就在于确定每条分辨出的古河道的存在时间,提升研究的时间精度。类似于利用树轮数据研究古气候,历史资料需要帮助其确定具体的表达年份,然后得出的序列数据才能在时间轴上找到自己的确切位置。本研究在思路和方法上重视对河图有效地理信息的提取,在河宽信息不确切的条件下,利用河弯的位置变化对河道流路位置进行表达。研究工作证明,这样的表达在反映历史时期河道内流路变化方面是可行的。

这一工作还将河道变迁的研究推进到了河道内部的流路变迁,使得历史河道研究工作的基础精度由"线"进入了"面"。经过长期的河流地貌塑造,明清黄河故道的河床已然是高出周边平原地区的一片特殊的高地;而在其内部,原始河道流水形成的痕迹仍然存在,这就构成了一个狭长的"面"状研究区域。以明清故道黄河流路位置的复原为核心,从研究思路上尝试将线状河道变迁研究深入到河道内部,进行"面"上的流路变化研究,将历史河流地貌研究推进到一个更精细化的领域,为历史河道变迁研究与河流动力地貌及河床演变研究的结合作一些基础性的尝试。希望本书能通过人工干预下的黄河河道的发育特征研究,为今天的河道治理工作提供一些有益的思路。

一、古籍、档案资料

张廷玉等:《明史》,中华书局1994年。

刘隅:《治河通考》,顾廷龙主编《续修四库全书》,史部,第848册,上海古籍出版社2002年。

潘季驯:《河防一览》,顾廷龙主编《续修四库全书》,史部,第576册,上海古籍出版社2002年。

张光孝:《西渎大河志》,四库全书存目丛书编纂委员会编《四库全书存目丛书》,史部,第222册,齐鲁书社1997年。

顾祖禹:《读史方舆纪要》,中华书局2005年。

崔维雅:《河防刍议》,四库全书存目丛书编纂委员会编《四库全书存目丛书》,史部,第224册,齐鲁书社1997年。

朱之锡:《河防疏略》,顾廷龙主编《续修四库全书》,史部,第493册,上海古籍出版社2002年。

嵇曾筠:《防河奏议》,清雍正刻本,雕龙中国古籍数据库·六府文藏·史部·诏令奏议类。

张鹏翮:《治河全书》,清抄本,雕龙中国古籍数据库·六府文藏·史部·政书类。

张鹏翮:《黄河全图》,中国地图出版社2011年。

薛凤祚:《两河清汇》,《景印文渊阁四库全书》,史部,第579册,地理类,台湾商务印书馆1986年。

靳辅原著,崔应阶增补:《治河方略》,故宫博物院编"故宫珍本丛刊",海南出版社2001年。

陈潢:《天一遗书》,顾廷龙主编《续修四库全书》,史部,第848册,上海古籍出版社2002年。

汪份:《黄河考》,上海图书馆藏抄本。

周馥:《黄河工段文武兵夫记略》,载同作者纂《河防杂著四种》,复旦大学图书馆藏石印本,1922年。

傅泽洪辑录:《行水金鉴》,商务印书馆1936年。

黎世序等纂修:《续行水金鉴》,商务印书馆1937年。

武同举:《再续行水金鉴》,水利委员会,1942年;中国水利水电科学研究院水利史研究室编:《再续行水金鉴》,湖北人民出版社2004年。

《清实录》,影印本,中华书局1985年。

水利电力部水管司、科教司,水利水电科学研究院:《清代黄河流域洪涝档案史料》,中华书局1993年。

水利电力部水管司、水利水电科学研究院:《清代淮河流域洪涝档案史料》,中华书局1988年。

全国图书馆缩微文献复制中心:《清代黄河河工档案》,2008年。

全国图书馆缩微文献复制中心:《清四朝河道治理奏稿》,2008年。

沈怡、赵世暹、郑道隆编:《黄河年表》,国民政府军事委员会、资源委员会,1935年。

吴筼孙辑:《豫河志》,河南河务局,1923年铅印本。

二、明清方志

褚宦修,李希程纂:嘉靖《兰阳县志》,明嘉靖刻本。

徐恕修,王继洛纂:嘉靖《郑州志》,《上海图书馆藏稀见方志丛刊》,第167册,国家图书馆出版社2011年。

张鲤修,边有猷纂:万历《封丘县志》,《上海图书馆藏稀见方志丛刊》,第170册,国家图书馆出版社2011年。

张俊哲修:顺治《祥符县志》,顺治十八年刻本影印,天津古籍出版社1989年。

张重润修,黄正色纂:顺治《陈留县志》,《中国地方志集成·河南府县志辑》,第5册,上海书店出版社2013年。

于成龙等修,张九征、陈焯纂:康熙《江南通志》,《中国地方志集成·省志辑·江南》,第1—2册,凤凰出版社2011年。

管竭忠,张休纂修:康熙《开封府志》,《中国地方志集成·河南府县志辑》,第3册,上海书店出版社2013年。

高世琦修,王旦、傅上襄纂:康熙《兰阳县志》,《中国地方志集成·河南府县志辑》,第9册,上海书店出版社2013年。

马世英纂修:康熙《睢州志》,《中国地方志集成·河南府县志辑》,第31册,上海书店出版社2013年。

钟定等纂修:康熙《仪封县志》,北京大学图书馆编《北京大学图书馆稀见方志丛刊》,第240册,国家图书馆出版社2013年。

阿思哈、嵩贵纂修:乾隆《续河南通志》,清乾隆三十二年刻本。

尹继善等修,黄之隽等纂:乾隆《江南通志》,《景印文渊阁四库全书》,史部,地理类,第507—512册,台湾商务印书馆1986年。

崔淇修,王博、李维墧纂:乾隆《荥泽县志》,《中国地方志集成·河南府县志辑》,第2册,上海书店出版社2013年。

吴文炘修,何远纂:乾隆《原武县志》,《中国地方志集成·河南府县志辑》,第16册,上海书店出版社2013年。

谈谞曾修,杨仲震纂:乾隆《阳武县志》,《中国地方志集成·河南府县志辑》,第17

册,上海书店出版社2013年。

周尚质修,李登明、谢冠纂:乾隆《曹州府志》,《中国地方志集成·山东府县志辑》,第80册,凤凰出版社2004年。

刘王瑗纂修:乾隆《砀山县志》,《中国地方志集成·安徽府县志辑》,第29册,江苏古籍出版社1998年。

贡震纂修:乾隆《灵璧县志略》,《中国地方志集成·安徽府县志辑》,第29册,江苏古籍出版社1998年。

潘熔修,沈学渊纂:嘉庆《萧县志》,清嘉庆刊本。

王荣陛修,方履篯纂:道光《武陟县志》,《中国地方志集成·河南府县志辑》,第18册,上海书店出版社2013年。

董用威等修,鲁一同等纂:咸丰《邳州志》,清咸丰元年刻本,光绪二十一年重刻本。

吴若烺,路春林纂修:同治《中牟县志》,影印本,中州古籍出版社2007年。

顾景濂、段广瀛纂修:同治《续萧县志》,《中国地方志集成·安徽府县志辑》,第29册,江苏古籍出版社1998年。

梅守德修:嘉靖《徐州志》,明嘉靖刻本。

吴世熊修,刘庠纂:同治《徐州府志》,同治十三年刻本。

张兆栋修,何绍基纂:同治《重修山阳县志》,《中国地方志集成·江苏府县志辑》,第55册,江苏古籍出版社1991年。

陈嗣良修,孟广来、贾洒延纂:光绪《曹县志》,《中国地方志集成·山东府县志辑》,第84册,凤凰出版社2004年。

胡裕燕修,吴昆田、鲁贲纂:光绪《清河县志》,清光绪二年刊本。

姚鸿杰纂修:光绪《丰县志》,《中国地方志集成·江苏府县志辑》,第65册,江苏古籍出版社1991年。

侯绍瀛修,丁显纂:光绪《睢宁县志稿》,清光绪十二年刊本。

高延第、吴昆田纂:光绪《淮安府志》,清光绪十年刊本。

金元烺修:光绪《安东县志》,《中国地方志集成·江苏府县志辑》,凤凰出版社2008年。

李淇修,席庆云纂:光绪《虞城县志》,《中国地方志集成·河南府县志辑》,第32册,上海书店出版社2013年。

杨士骧等修,孙葆田纂:宣统《山东通志》,1915年铅印本,《地方志书目文献丛刊》,第13册,国家图书馆出版社2004年。

于书云修:民国《沛县志》,影印本,台北成文出版社有限公司1975年。

余家谟、章世嘉、王家铣、王开孚纂:民国《铜山县志》,《中国地方志集成·江苏府县志辑》,第62册,凤凰出版社2008年。

项葆祯修,李经野纂:民国《单县志》,1929年石印本。

严型修,冯煦纂:民国《宿迁县志》,1935年铅印本。

李佩恩修,张相文纂:民国《泗阳县志》,1926年铅印本。

张福谦修,赵鼎铭纂:民国《清河县志》,《中国地方志集成·河北府县志辑》,第72册,上海店出版社2006年。

赵华亭修,李世谟纂:民国《考城县志》,《中国地方志集成·河南府县志辑》,第7册,上海书店出版社2013年。

韩世勋修,黎德芬纂:民国《夏邑县志》,《中国地方志集成·河南府县志辑》,第30册,上海书店出版社2013年。

孟广赟纂修:民国《宁陵县志》,《中国地方志集成·河南府县志辑》,第33册,上海书店出版社2013年。

三、现代方志、地名志等

滨海县地方志编纂委员会:《滨海县志》,方志出版社1998年。

砀山县地方志编纂委员会:《砀山县志》,方志出版社1996年。

阜宁县县志编纂委员会:《阜宁县志》,江苏科学技术出版社1992年。

淮安市地方志编纂委员会:《淮安市志》,江苏人民出版社1998年。

河南省地方史志编纂委员会:《河南省地名志》,河南人民出版社1993年。

黄河水利委员会黄河中游治理局:《黄河河政志》,河南人民出版社1996年。

黄河志编纂委员会:《黄河水文志》,河南人民出版社2007年。

黄河水利委员会黄河志总编辑室:《黄河人文志》,河南人民出版社2000年。

黄河防洪志编纂委员会:《黄河防洪志》,河南人民出版社1991年。

江苏省地方志编纂委员会办公室:《江苏省通志稿·都水志》,江苏古籍出版社1993年。

江苏省地名委员会:《江苏省地名录》,1986年。

开封市地方志编纂委员会:《开封市志》,北京燕山出版社1999年。

开封市民政局:《开封市地名志》,2000年。

涟水县地方志编纂委员会:《涟水县志》,江苏古籍出版社1997年。

山东省曹县地方志编纂委员会:《曹县志》,中华书局2000年。

山东省单县地方志编纂委员会:《单县志》,山东人民出版社1996年。

商丘市地方史志编纂委员会:《商丘市志》,生活·读书·新知三联书店1994年。

山东省地名研究所:《山东省地名志》,山东省地图出版社1999年。

响水县地方志编纂委员会:《响水县志》,江苏古籍出版社1996年。

徐州市地方志编纂委员会:《徐州市志》,中华书局1994年。

徐州市民政局:《徐州市地名录》,中国矿业大学出版社2007年。

盐城市地方志编纂委员会:《盐城市志》,江苏科学技术出版社1998年。

郑州地方史志编纂委员会:《郑州市志(地名志)》,中州古籍出版社1999年。

四、专著

岑仲勉:《黄河变迁史》,人民出版社1957年。

杜省吾:《黄河历史述实》,黄河水利出版社2008年。

葛剑雄主编,左鹏著:《黄河》,江苏教育出版社2006年。

郭涛:《历代黄河论著提要》,收入黄河水利委员会黄河志总编辑室编《历代治黄文选》(上册),河南人民出版社1988年。

侯全亮主编:《民国黄河史》,黄河水利出版社2009年。

侯仁之:《历史地理学的视野》,生活·读书·新知三联书店2009年。

侯仁之主编:《中国古代地理名著选读》,学苑出版社2005年。

韩光辉:《历史地理学丛稿》,商务印书馆2006年。

华林甫:《中国地名学史考论》,社会科学文献出版社2002年。

华林甫、邹逸麟:《清代地理志书研究》,中国人民大学出版社2014年。

华林甫:《清儒地理考据研究》,齐鲁书社2015年。

华林甫:《德国普鲁士文化遗产图书馆藏晚清直隶山东县级舆图整理与研究》,齐鲁书社2015年。

韩昭庆:《黄淮关系及其演变过程研究——黄河长期夺淮期间淮北平原湖泊、水系的变迁和背景》,复旦大学出版社1999年。

河南黄河河务局编,王以显编辑:《河南黄河河道地图1∶100000》,河南黄河河务局,1993年。

黄河水利委员会黄河志总编辑室:《黄河人文志稿》,黄河水利委员会黄河志总编辑室,1993年。

黄河水利委员会:《黄河史志资料》,水利部黄河水利委员会黄河志总编辑室,1983年。

黄河水利委员会《黄河水利史述要》编写组:《黄河水利史述要》,黄河水利出版社1984年。

敬正书:《中国河湖大典·黄河卷》,中国水利水电出版社2014年。

刘伉、毛汉英、王守春:《世界自然地理手册》(修订版),知识出版社1984年。

钮仲勋:《黄河变迁与水利开发》,中国水利水电出版社2009年。

钱宁:《黄河下游河床演变》,科学出版社1965年。

钱宁、万兆惠:《泥沙运动力学》,科学出版社1983年。

钱宁、周文浩:《黄河下游河床演变》,科学出版社1965年。

饶明奇:《清代黄河流域水利法制研究》,黄河水利出版社2009年。

上海师范大学等编:《中国自然地理》(上册),人民教育出版社1979年。

谭其骧:《中国历史地图集》,中国地图出版社1982—1987年。

谭其骧:《黄河史论丛》,复旦大学出版社1986年。

谭其骧:《长水集》,人民出版社2009年。

王守春:《郦道元与〈水经注〉新解》,海天出版社2013年。

王颋:《黄河故道考辨》,华东理工大学出版社1995年。

吴君勉:《古今治河图说》,水利委员会,1942年。

许炯心:《黄河河流地貌过程》,科学出版社2012年。

许炯心、姚文艺、韩鹏等:《基于气候地貌植被耦合的黄河中游侵蚀过程》,科学出版社2009年。

许炯心:《中国江河地貌系统对人类活动的响应》,科学出版社2007年。

徐福龄:《长河人生》,黄河水利出版社2010年。

徐福龄:《河防笔记》,河南人民出版社1993年。

徐福龄、胡一三编:《黄河埽工与堵口》,水利电力出版社1989年。

徐海亮:《走近黄河文明》,中国人文出版社2008年。

辛德勇:《黄河史话》,中国大百科全书出版社2000年。

尹泽生、杨逸畴、王守春:《西北干旱地区全新世环境变迁与人类文明兴衰》,地质出版社1992年。

叶青:《黄河流域地表物质迁移规律与地貌塑研究》,地质出版社1992年。

叶青超主编:《黄河流域环境演变与水沙运行规律研究》,山东科学技术出版社1994年。

叶青超:《黄河下游河流地貌》,科学出版社1990年。

周振鹤主编,郭红、靳润成著:《中国行政区划通史·明代卷》,复旦大学出版社2007年。

周振鹤主编,傅林祥、林涓、任玉雪、王卫东著:《中国行政区划通史·清代卷》,复旦大学出版社2013年。

邹逸麟、张修桂、王守春:《中国历史自然地理》,科学出版社2013年。

邹逸麟:《千古黄河》,上海远东出版社2012年。

邹逸麟:《黄淮海平原历史地理》,安徽教育出版社1993年。

邹逸麟:《椿庐史地论稿》,天津古籍出版社2005年。

张修桂:《中国历史地貌与古地图研究》,社会科学文献出版社2006年。

张修桂:《龚江集》,上海人民出版社2014年。

张含英:《明清治河概论》,黄河水利出版社2014年。

中国河湖大典编纂委员会:《中国河湖大典》,中国水利水电出版社2014年。

中国水利史典编委会:《中国水利史典·黄河卷》,中国水利水电出版社2015年。

中国文化遗产研究院大运河淮安段遗产本体调查方法研究课题组:《大运河清口枢纽工程遗产调查与研究》,文物出版社2012年。

吴祥定主编:《黄河流域环境演变与水沙运行规律研究文集》第2集,地质出版社1991年。

曾昭璇:《历史地貌学浅论》,科学出版社1985年。

张小峰主编:《河流动力学》,中国水利水电出版社2010年。

张义丰:《明清黄河故道的河道变迁与沉积特征》,收入吴祥定主编《黄河流域环境演变与水沙运行规律研究文集》第2集,地质出版社1991年。

[法]保罗·克拉瓦尔著,郑胜华、刘德美等译:《地理学思想史》,北京大学出版社2007年。

[法]伊曼纽埃尔·勒鲁瓦·拉迪里著,杨豫、舒小昀等译:《历史学家的思想和方法》,上海人民出版社2002年。

[加]雅林、席尔瓦著,戴文鸿、唐洪武、闫静译:《河流演变学》,中国水利水电出版社2015年。

[美]理查德·皮特著,周尚意译:《现代地理学思想》,商务印书馆2007年。

[英]R.J.约翰斯顿著,唐晓峰等译:《地理学与地理学家》,商务印书馆2010年。

五、论文

白玉川、黄涛、许栋:《蜿蜒河流平面形态的几何分形及统计分析》,《天津大学学报(自然科学与工程技术版)》2008年第9期。

柴宝惠、李培军、张瑞洁等:《基于Landsat数据和DMSP/OLS夜间灯光数据的城市扩展提取:以天津市为例》,《北京大学学报(自然科学版)》,2016年第3期。

陈江、付建飞:《先进星载热发射和反射辐射仪(ASTER)——地质学家的最佳选择》,《地质通报》2006年第5期。

陈蕴真:《黄河泛滥史:从历史文献分析到计算机模拟》,南京大学博士学位论文,2013年。

董龙凯:《山东段黄河灾害与人口迁移(1855—1947)》,复旦大学博士学位论文,1999年。

郭涛:《潘季驯以水治沙的治河方策》,《人民黄河》1983年第1期。

韩仲文:《清末黄河改道之争议》,《中和》,1942年10月。

侯仁之:《靳辅治河始末》,《史学年报》第2卷第3期,1936年。

贾国静:《二十世纪以来清代黄河史研究述评》,《清史研究》2008年第3期。

吕天佑:《浅议明代中后期治理黄河的"两难"》,《历史教学》2001年第12期。

李可可、黎沛虹:《简论我国古代黄河泥沙运动理论及其实践》,《人民黄河》2004年第4期。

卢勇、王思明、郭华:《明清时期黄淮造陆与苏北灾害关系研究》,《南京农业大学学报(社会科学版)》2007年第2期。

李孝聪:《古代中国地图的启示》,《读书》1997年第7期。

李孝聪:《黄淮运的河工舆图及其科学价值》,《水利学报》2008年第8期。

刘青、韩墨林、牛英豪:《黄河故道》,《河南水利与南水北调》2011年第7期。

李广燕:《古代"黄河改道"文献考述》,南京师范大学硕士学位论文,2009年。

满志敏:《北宋京东故道流路问题的研究》,《历史地理》第21辑,2006年。

马雪芹:《明清时期黄河流域农业开发和环境变迁述略》,《徐州师范大学学报(哲学社会科学版)》1997年第3期。

马雪芹:《明清黄河水患与下游地区的生态环境变迁》,《江海学刊》2001年第5期。

钮仲勋:《历史时期人类活动对黄河下游河道变迁的影响》,《地理研究》1986年第1期。

钮仲勋:《黄河与运河关系的历史研究》,《人民黄河》1997 年第 1 期。

钮仲勋、杨国顺、李元芳、邹宝山、徐海亮、何凡能:《历史时期黄河下游河道变迁》,《黄河史志资料》1995 年第 4 期。

彭安玉:《试论黄河夺淮及其对苏北的负面影响》,《江苏社会科学》1997 年第 1 期。

钱宁:《1855 年铜瓦厢决口以后黄河下游历史演变过程中的若干问题》,《人民黄河》1986 年第 5 期。

秦荣昱、刘淑杰、王崇浩:《黄河下游河道阻力与输沙特性的研究》,《泥沙研究》1995 年第 4 期。

钱征寒、倪晋仁、薛安:《黄河断流严重程度分级与判别方法》,《地理学报》2001 年第 6 期。

覃影:《地图史上的"马湖现象"考》,《民族学刊》2010 年第 2 期。

饶明奇:《明清时期黄河流域水权制度的特点及启示》,《华北水利水电大学学报(社会科学版)》2009 年第 2 期。

施少华:《气候变化和人类活动对历史时期黄河决溢的影响》,《中国人口·资源与环境》1994 年第 2 期。

商鸿逵:《康熙南巡与治理黄河》,《北京大学学报(哲学社会科学版)》1981 年第 4 期。

孙琰:《清朝治国重心的转移与靳辅治河》,《社会科学辑刊》1996 年第 6 期。

申学锋:《光绪十三至十四年黄河郑州决口堵筑工程述略》,《历史档案》2003 年第 1 期。

宋秀园:《顺治初年黄河并未自复故道》,《历史档案》1983 年第 4 期。

谭其骧:《何以黄河在东汉以后会出现一个长期安流的局面——从历史上论证黄河中游的土地合理利用是消弭下游水害的决定性因素》,《学术月刊》1962 年第 2 期。

谭其骧:《〈山经〉河水下游及其支流考》,《中华文史论丛》第 7 辑,1978 年。

谭其骧:《西汉以前的黄河下游河道》,《历史地理》创刊号,1981 年。

唐博:《铜瓦厢改道后清廷的施政及其得失》,《清风学刊》第 3 辑,中国人民大学清史研究所研究生内部交流刊物。

田德本:《1855—1995 年黄河下游山东河段河道冲淤厚度浅析》,《人民黄河》1998 年第 4 期。

王京阳:《清代铜瓦厢改道前的河患及其治理》,《陕西师范大学学报(哲学社会科学版)》1979 年第 1 期。

王林:《黄河铜瓦厢决口与清政府内部的复道与改道之争》,《山东师范大学学报(人文社会科学版)》2003 年第 4 期。

王庆:《历史时期黄河下游河道演变规律与淮河灾害治理》,《灾害学》1998 年第 1 期。

王守春:《黄河下游 1566 年后和 1875 年后决溢时空变化研究》,《人民黄河》1994 年第 8 期。

王伟:《当代和清代黄河治理比较研究》,《安阳师范学院学报》2006 年第 2 期。

王英华:《清前期中期(1644—1855)治河活动研究:清口一带黄淮运的治理》,中国人民大学博士学位论文,2003年。

王英华:《康乾时期关于治理下河地区的两次争论》,《清史研究》2002年第4期。

王英华:《清口东西坝与康乾时期的河务问题》,《中州学刊》2003年第3期。

王永谦:《靳辅治河述论》,《清史论丛》第6辑,1985年。

王元林:《清代黄河小北干流河道变迁》,《中国历史地理论丛》1997年第2期。

王质彬:《明清大运河兴废与黄河关系考》,《人民黄河》1983年第6期。

王质彬:《潘季驯的治河思想及其实践》,《人民黄河》1981年第5期。

王质彬:《黄河史研究的回顾与展望》,《黄河史志资料》1988年第2期。

王振忠:《河政与清代社会》,《湖北大学学报(哲学社会科学版)》1994年第2期。

徐福龄:《黄河下游明清时代河道和现行河道演变的对比研究》,《人民黄河》1979年第1期。

徐福龄:《河南境黄河古堤》,《人民黄河》1984年第1期。

徐福龄:《黄河下游河道历史变迁概述》,《人民黄河》1982年第3期。

徐加强、师长兴、张鸾:《公元前602年至公元11年黄河下游冲积平原沉积特征分析》,《古地理学报》2008年第4期。

席会东:《欧洲所藏清代〈南河图〉研究》,《中国国家博物馆馆刊》2012年第7期。

席会东:《九曲黄河方寸中——美国国会图书馆藏〈江南黄河堤工图〉研究》,《殷都学刊》2013年第2期。

席会东:《美国国会图书馆藏〈豫东黄河全图〉与乾隆朝河南河患治理》,《西北大学学报(哲学社会科学版)》2013年第4期。

徐海亮:《明清黄河下游河道变迁(资料集述)》,载水利部黄河水利委员会《黄河志》总编辑室编《黄河史志资料》1992年第1期。

徐凯、商全:《乾隆南巡与治河》,《北京大学学报(哲学社会科学版)》1990年第6期。

夏明方:《铜瓦厢改道后清政府对黄河的治理》,《清史研究》1995年第4期。

谢永刚:《历史上运河受黄河水沙影响及其防御工程技述特点》,《人民黄河》1995年第10期。

薛春汀、刘健、孔祥淮:《1128—1855年黄河下游河道变迁及其对中国东部海域的影响》,《海洋地质与第四纪地质》2011年第5期。

庾莉萍:《元明清的黄河水患及治理》,《陕西水利》2006年第6期。

叶青超、景可、杨毅芬、陈永宗、张义丰:《黄河下游河道演变和黄土高原侵蚀的关系》,《世界科学》1984年第2期。

叶青超:《黄河三角洲的地貌结构及发育模式》,《地理学报》1982年第4期。

叶青超:《试论苏北废黄河三角洲的发育》,《地理学报》1986年第2期。

叶青超:《影响黄河下游河道决溢的环境因素(一)》,《人民黄河》1994年第9期。

叶青超:《影响黄河下游河道决溢的环境因素(二)》,《人民黄河》1994年第10期。

尹学良、陈全荣:《黄河下游河道纵剖面形成概论及持续淤积的原因》,《人民黄河》,

1993 年第 2 期。

颜元亮:《清代铜瓦厢改道前的黄河下游河道》,《人民黄河》1986 年第 1 期。

颜元亮:《清代黄河的管理》,收入中国科学院水利电力部水利水电科学研究院《水利史研究室五十周年学术论文集》,水利电力出版社 1986 年。

于云洪:《明清时期黄河水患对下游城市的影响》,《黄河文明与可持续发展》第 10 辑,2014 年。

姚汉源:《河工史上的固堤放淤》,《水利学报》1984 年第 12 期。

姚文艺、郑艳爽、张敏:《论河流的弯曲机理》,《水科学进展》2010 年第 4 期。

杨运来:《明代黄河水患发生的非自然原因及其区域地理环境变迁的影响》,郑州大学硕士学位论文,2006 年。

朱嘉伟、赵云章、闫振鹏、徐莉、田明中:《黄河下游河道地貌分形分维特征研究》,《测绘科学》2005 年第 5 期。

竺可桢:《中国近五千年来气候变迁的初步研究》,《考古学报》1972 年第 1 期。

周魁一:《潘季驯"束水攻沙"治河思想历史地位辨析》,《水利学报》1996 年第 8 期。

周名德:《废黄河泥沙特性与河床冲淤演变》,《江苏水利科技》1995 年第 3 期。

张仁、谢树楠:《废黄河的淤积形态和黄河下游持续淤积的主要成因》,《泥沙研究》1985 年第 3 期。

郑师渠:《论道光朝河政》,《历史档案》1996 年第 2 期。

张天义、朱嘉、盛吉虎:《地质作用·黄河悬河段水动力条件·遥感》,《国土资源遥感》1998 年第 3 期。

张含英:《黄河改道之原因》,《陕西水利月刊》第 3 卷第 4 期,1936 年。

张修桂:《长江城陵矶——湖口河段历史演变》,《复旦学报(社会科学版)》1980 年第 1 期。

张艳艳:《黄河水沙及河床演变的多时间尺度研究》,清华大学博士学位论文,2012 年。

张杨:《黄河下游河流自然发育规律试验研究》,华北水利水电大学硕士学位论文,2013 年。

赵世暹:《清顺治初年黄河并未自复故道》,《中华文史论丛》第 2 辑,1962 年。

周轩:《清代中后期河工流人略谈》,《史学月刊》1995 年第 2 期。

张小云:《清代黄河水患与黄河三角洲生态环境变迁的关系——以黄河东营段为例》,《中国水运(下半月)》2015 年第 10 期。

邹逸麟:《黄河下游河道变迁及其影响概述》,《复旦学报(社会科学版)》1980 年,历史地理专辑。

邹逸麟:《明代治理黄运思想的变迁及其背景——读明代三部治河书体会》,《陕西师范大学学报(哲学社会科学版)》2004 年第 5 期。

翟自豪:《兰阳改河与铜瓦厢改道》,《黄河史志资料》1991 年第 4 期。

周铮:《潘季驯〈河防一览图〉考》,《中国历史博物馆馆刊》第 17 期,1992 年。

图书在版编目（CIP）数据

明清黄河故道流路变迁研究/孙涛著.— 上海：上海教育出版社，2022.11
ISBN 978-7-5720-1313-3

Ⅰ.①明… Ⅱ.①孙… Ⅲ.①黄河故道-研究-明清时代 Ⅳ.①K928.648

中国版本图书馆CIP数据核字(2022)第167532号

责任编辑　董龙凯
书籍设计　陆　弦

明清黄河故道流路变迁研究
孙　涛　著

出版发行	上海教育出版社有限公司
官　　网	www.seph.com.cn
地　　址	上海市闵行区号景路159弄C座
邮　　编	201101
印　　刷	上海盛通时代印刷有限公司
开　　本	700×1000　1/16　印张16　插页5
字　　数	279千字
版　　次	2022年11月第1版
印　　次	2022年11月第1次印刷
书　　号	ISBN 978-7-5720-1313-3/K·0016
定　　价	159.00元
审 图 号	GS(2021)7694号

如发现质量问题，读者可向本社调换　　电话：021-64373213